CLÍNICA PSICANALÍTICA COM CRIANÇAS E ADULTOS

Blucher

CLÍNICA PSICANALÍTICA COM CRIANÇAS E ADULTOS

Este livro é fruto de encontros clínicos do grupo psicanalítico de Barcelona com Donald Meltzer por 5 anos.

Aurora Angulo Carrasco
Claudio Bermann
Miriam Botbol Acreche
Rosa Castellà Berini
Dolors Cid Guimerà
Nouhad Dow
Perla Ducach-Moneta
Lluis Farré Grau
Lucy Jachevasky
Carmen Largo Adell
Yolanda La Torre Guevara
Montserrat Martinez del Pozo
Dulce Ma. Rguez. Martínez-Sierra
Jesús Sánchez de Vega

Carlos Tabbia
Catharine Mack Smith

Organizadora
Marisa Pelella Mélega

Clínica psicanalítica com crianças e adultos

Publisher Edgard Blücher
Editor Eduardo Blücher
Coordenação editorial Jonatas Eliakim
Produção editorial Bruna Marques
Preparação de texto Ana Maria Fiorini
Diagramação Taís do Lago
Revisão de texto Luis Henrique Ferreira Mello (MPMB)
Capa Leandro Cunha

Tradução Grupo de estudos coordenado por Marisa Mélega:
Aparecida M. Adriatte, Cristina Possato, Celia Blini,
Lecy Cabral, Regina Gianesi, Vania Medina e Marisa Mélega
Revisão da tradução Marisa Mélega

Blucher

Rua Pedroso Alvarenga, 1245, 4º andar
04531-934 – São Paulo – SP – Brasil
Tel.: 55 11 3078-5366
contato@blucher.com.br
www.blucher.com.br

Segundo o Novo Acordo Ortográfico, conforme 5. ed. do *Vocabulário Ortográfico da Língua Portuguesa*, Academia Brasileira de Letras, março de 2009.

Dados Internacionais de Catalogação
na Publicação (CIP)
Angélica Ilacqua CRB-8/7057

Meltzer, Donald

Clínica psicanalítica com crianças e adultos / organizado por Marisa Pelella Mélega. Tradução por Grupo de estudos coordenado por Marisa Mélega: Aparecida M. Adriatte, Cristina Possato, Celia Blini, Lecy Cabral, Regina Gianesi, Vania Medina e Marisa Mélega – São Paulo : Blucher, 2021.

424 p.

Bibliografia
ISBN 978-65-5506-248-9

1. Psicologia; II. Psiquiatria; III. Psicanálise; IV. Crianças; V. Adultos; VI. Terapia;

\- CDD .

Índice para catálogo sistemático:
1. Psicanálise

Agradecimentos

Ao Grupo Psicanalítico de Barcelona
Ao Grupo Tarefa pela participação na publicação
À Celina Bianco pela montagem do livro

Conteúdo

Prefácio

Quando Catharine Mack Smith e eu tivemos os primeiros contatos com o Grupo de Barcelona, este já havia tomado forma sob a orientação do dr. Benito Lopez e posteriormente do dr. Leon Grimberg. Após alguns encontros, impressionados pela seriedade e o nível de preparo de seus integrantes, combinamos um contrato de cinco anos, três encontros por ano. Ficamos surpresos pelo trabalho duro, cuidadoso e consciente do grupo. A liderança benigna de Cláudio Bermann e a capacidade organizativa de Luís Farré favoreceram que gradualmente fosse se reunindo uma biblioteca de nossa experiência conjunta, que daria como resultado – apesar das intenções de dissuasão – a formação de um volume.

O conteúdo do livro, do qual participaram todos os membros estáveis do grupo, cobre tudo o que sei e que penso que sei ou que queria saber, os Seminários Clínicos, pontuados por breves conversas improvisadas, e tudo isto, em uma atmosfera muito receptiva, permitiu que me desenvolvesse e aprendesse muito. Espero que em espanhol o tom não seja demasiado assertivo, e tampouco excessivamente idiossincrático, que possa ficar fora do mapa da evolução psicanalítica.

Durante este período de trabalho conjunto, escrevi *The apprehension of beauty*, com Meg H. Williams, e *Claustrum*; nestes seminários se pode ver o desenvolvimento de ambos os livros. Mas penso que, sobretudo, mostram meu esforço pessoal por assimilar o trabalho de Bion e dar-lhe expressão clínica.

Estávamos tão impressionados pela capacidade do grupo de trabalhar junto nos intervalos entre nossas visitas que eu verdadeiramente queria que eles escrevessem sobre a organização e o funcionamento grupal, os quais davam a impressão de se ter conseguido a concretização de uma esperança, que frequentemente expressa que a aprendizagem da psicanálise, como formação de pós-graduação, pode se desenvolver em uma atmosfera de ateliê.

Donald Meltzer

Nota: O Grupo Psicanalítico de Barcelona (GPB) se referiu a esses encontros como os mais fecundos e estimulantes de toda a formação analítica.

Isto se deu não só graças à incrível penetração clínica de Meltzer, à sua fidelidade ao material e ao método psicanalítico, mas também às suas condições pessoais: respeito humano, generosidade, rigor científico e seu entusiasmo e carinho pela tarefa e a investigação clínica.

Prefácio à edição brasileira

Conheci o Grupo Psicanalítico de Barcelona (GPB) por meio de um convite em 2002 para participar da comemoração dos 80 anos de Donald Meltzer. Este grupo fazia seminários com Meltzer havia vários anos. Devem ter me encontrado por ser um dos analistas que faziam supervisão com Meltzer e provavelmente conheciam o livro *Pós-autismo: uma narrativa psicanalítica*, que editei em 1999.

Sob o título *Generation of Meaning in the Analytical Experience: Mystery, Turbulence and Passion*, o GPB promoveu um encontro internacional em 18, 19 e 20 de outubro de 2002. Nessa ocasião conheci o livro *Clinica psicoanalitica con ninõs y adultos* (1995), editado pelo GPB, que reuniu os seminários clínicos de Meltzer com o GPB ao longo de vários anos de trabalho conjunto.

Havia tempos eu vinha coordenando seminários temáticos acerca das contribuições de Meltzer, na Sociedade Brasileira de Psicanálise de São Paulo (SBPSP): vida onírica, explorações em autismo, simbolização, claustrum, metapsicologia ampliada, entre outros.

Mais recentemente, o interesse por seu livro *The apprehension of beauty* levou-me a organizar um grupo de estudos cujo tema era o conflito estético. À medida que o grupo avançava, percebi o quanto era necessário que o grupo conhecesse o trabalho clínico de Meltzer, seus conceitos e suas contribuições originais. A partir daí, o grupo de estudos dedicou-se a ler e debater os Seminários Clínicos de Meltzer contidos em *Clinica psicoanalitica con ninõs y adultos*. Com a participação de vários colegas, pudemos traduzir os Seminários para o português, a fim de facilitar a apresentação e a discussão clínica.

Após um tempo, surgiu a vontade no grupo de publicar a tradução deste livro, e recorri ao colega Carlos Tabbia, membro do GPB, que me pôs em contato com a Editora Spatia, de Sheila Navarro. Tive o prazer de conhecê-la em Barcelona durante o Congresso Bion 2020.

O Grupo de Estudos Clínicos de Donald Meltzer da SBPSP contou com o trabalho de tradução de: Aparecida M. Adriatte, Cristina Possato, Celia Blini, Lecy Cabral, Regina Gianesi, Vania Medina e da organizadora, Marisa Mélega.

Um comentário acerca da tradução: buscamos manter a linguagem coloquial dos seminários de Barcelona, que foram na ocasião gravados e possivelmente revisados. Conservamos, assim, a mesma estrutura linguística, ainda que em certas passagens isso tenha resultado numa tradução não usual de algumas frases para a língua portuguesa.

Vários colegas participaram da leitura dos seminários de Meltzer, que acontecem uma vez por mês, na sede da SBPSP: Aparecida M. Andriatte, Celia Blini, Elaine Guimaraes, Eunice Nishikawa, Graça Palmigiani, Lecy Cabral, Maria Cristina Possato, Maria Inês Baccarin, Niracema Atsuko Kuriki, Orlando Hardt, Patricia Schoueri, Raquel Pires, Regina Lacorte Gianesi,

Regina Rahmi, Sueli Alcalde, Suzana Ponciano e Vânia Medina Vieira Freitas.

São Paulo, Janeiro de 2021,
Marisa P. Mélega
Coordenadora do Grupo Psicanalítico de Estudos Clínicos de D. Meltzer

Introdução

Este livro reúne alguns dos casos apresentados em Seminários de Formação Psicanalítica conduzidos por Donald Meltzer ao longo de vários anos. Embora o contrato inicialmente estipulasse uma duração de cinco anos, uma vez cumpridos estes, decidimos prolongar os Seminários.

Sua publicação se justifica porque pensamos que serve para ilustrar o pensamento de Meltzer e sua forma de trabalhar com o material clínico. Queríamos que tivessem para os leitores a mesma função do intenso estímulo que teve para nós o estudo e o aprofundamento do pensamento pós-kleiniano.

Deu-se então o encontro entre a ideia de Meltzer de que a formação psicanalítica, livre de "servidão" institucional, deve estar centrada no trabalho clínico nas reuniões conjuntas e no estudo teórico fora deles, para favorecer nossas expectativas de aprendizagem e livre de "servidão" institucional. Hoje fica claro que estas últimas foram perfilando-se e adquirindo forma à medida que ia se desenvolvendo o Seminário e nossa relação com o mestre.

O grau de formação dos membros do grupo era, de início, heterogêneo, assim como as experiências prévias de aprendizagem, que, em alguns casos, seguiam um modelo tradicional. Antes de iniciar o trabalho com Meltzer, imaginávamos um Seminário como os que muitos de nós havíamos cursado: textos para ler, exposição teórica, perguntas, debates – se coubessem. Nossa primeira surpresa aconteceu quando ele não recomendou nenhuma leitura em particular, e, sim, nos pediu que apresentássemos, na primeira reunião, quatro casos clínicos com pouca história do paciente e duas ou três sessões do tratamento.

Tratamos de organizar a confusão e a incerteza que isso produziu em nós e preparamos algumas perguntas sobre temas teóricos que nos interessavam a partir de antigas e renovadas leituras de sua obra. Ao longo de nossos encontros, fomos vendo que as perguntas não eram necessárias, e que o que surgia espontaneamente nos encontros com Meltzer nós podíamos elaborar em nossos encontros grupais, nos intervalos entre as reuniões do Seminário. Tinham o valor de vivência imediata, a qualidade emocional que deve acompanhar a aprendizagem – de acordo com Bion. Para nós, as reuniões com Meltzer gozaram das características ótimas de temperatura e distância que ele menciona em um de seus trabalhos técnicos.

Não é alheia a sua técnica de apresentação: Meltzer – acompanhado eficazmente em sua tarefa por Catharine Mack Smith, como se poderá ver em algumas intervenções – prefere não conhecer previamente o material, porque, diz ele, não quer que isto influencie a captação que ele pode ter; assim, ele vai lendo a tradução ao mesmo tempo que quem apresenta o faz em voz alta: desta maneira, pode escutar as inflexões que vão acontecendo com a leitura, abrindo a possibilidade de imaginar o clima emocional que aconteceu na sessão. Seguem-se então as considerações teóricas, em estreita relação com a clínica.

O trabalho com Meltzer constituiu, para cada um de nós, o encontro mais estimulante e fecundo de toda nossa formação psicanalítica - necessariamente interminável, como assinalava Freud para a própria análise. Isto não diz respeito somente aos seus conhecimentos, à sua assombrosa penetração clínica, à sua fidelidade ao material e ao método psicanalítico, ou à sua capacidade de matizar (realçar) as observações, mas também às suas condições pessoais: respeito humano, generosidade, rigor científico e, *last but not least*, sua transmissão de entusiasmo e carinho pela tarefa e pela investigação clínica e confiança nas capacidades vitais e no crescimento dos pacientes. Assim, nosso "grupo informal" - assim preferimos nos denominar - foi eficazmente ajudado pelo mestre para ir encontrando algo mais do que apenas o estudo de teorias; sabemos que não deve haver contradição entre teoria e clínica psicanalítica, mas sentimos a ressonância daqueles versos de Goethe: "Gris, caro amigo, é toda teoria, e verde a áurea árvore da vida".*

A confecção, seleção e revisão do material é um trabalho coletivo dos integrantes do grupo. A cronologia dos casos segue a ordem em que foram apresentados - ao longo dos anos -; não há, por isso, indicação temática.

Na transcrição se reproduziram as intervenções tais quais aconteceram nas reuniões do Seminário; as modificações introduzidas tiveram a intenção de preservar a identidade dos pacientes.

---

* Johann Wolfgang von Goethe, *Fausto: uma tragédia*. Primeira parte. Trad. Jenny Klabin Segall. 3. ed. São Paulo: Editora 34, 2007. p. 195 [N.T.].

Queremos agradecer a eficaz ajuda dos tradutores, Inês Trabal, Patricia Griéve, Cristina Sanders e, muito especialmente, Françoise Soetens.

Grupo Psicanalítico de Barcelona

1. Casimiro: Vida no reto, fuga para o delírio[1]

O terapeuta inicia oferecendo uma breve história pessoal.

Paciente de 36 anos, solteiro, é o mais novo de quatro irmãos, que têm quatro, cinco e sete anos a mais do que ele. A segunda irmã foi diagnosticada com esquizofrenia e precisou de tratamento hospitalar. A mãe, muito hipocondríaca, piorou na gravidez de Casimiro e apenas o atendeu quando bebê. Nos cinco anos seguintes foi operada de: colecistectomia, laparotomia e histerectomia, tudo atribuído ao nascimento de Casimiro.

Ele foi cuidado pelos avós, em cuja casa os pais viviam desde que se casaram. Quando o paciente tinha 1 ano, a família teve que se mudar para outro lugar; então, ele passou a ser cuidado por uma mulher, para cuja casa a mãe o levava de manhã e onde o buscava ao entardecer, ao voltar de seu trabalho. Não brincava com outras crianças. Na escola, com frequência se escondia dos

---

1 Todas as intervenções realizadas na reunião do Seminário de Meltzer aparecem em itálico; as intervenções de terapeuta (T), participantes (Ps) e C. Mack Smith e a transcrição das sessões, com as intervenções de paciente e terapeuta, em caracteres comuns.

demais e do professor, ou fugia, queixando-se de que lhe diziam coisas ou faziam coisas para molestá-lo. Aprendeu mais por conta própria, sozinho, do que na classe. Aos 12 anos foi enviado à cidade, com uns tios, para trabalhar num bar. Mas tudo lhe pareceu ruim e mudou frequentemente de local de trabalho, foi trabalhar em outros bares ou restaurantes. Fez o serviço militar completo, trabalhando na cozinha; regressou em seguida à sua casa e se empregou numa fábrica têxtil. Começou a consultar vários médicos, com frequência, manifestando queixas físicas muito variadas. No Hospital Clínico foi tratado com o diagnóstico de "síndrome psicastênica".

Meses depois apareceram ideias delirantes, de tipo autorreferente e persecutório, e os sintomas referidos ao corpo se exacerbaram. Aos 24 anos, foi internado por dois meses e diagnosticado com esquizofrenia. Continuou o tratamento ambulatoriamente, de modo irregular. Consultou por conta própria distintos médicos, os quais ele logo acusou de não quererem curá-lo, e se mostrava muito agressivo, sobretudo com os pais. Aos 28 anos, foi novamente internado em uma instituição psiquiátrica; depois, passou alguns períodos em sua casa, mas com má tolerância familiar. Nos últimos seis anos, esteve continuamente hospitalizado.

Há cinco meses segue psicoterapia individual comigo, no início duas vezes por semana, com meia hora de duração; há quinze dias, está com a frequência de três vezes por semana. Em certas ocasiões, interrompe a sessão antes da hora e sai precipitadamente.

Meltzer: Esteve no hospital o tempo todo?

T: Sim, há seis anos não sai.

Meltzer: Qual foi sua adaptação ao meio hospitalar?

T: Há três meses está sendo possível que as sessões aconteçam no consultório do hospital e a adaptação é aceitável. Antes disso era visto em seu quarto, onde ficava vários meses após crise de agitação com grande agressividade e rejeição aos demais.

Meltzer: De modo que era um paciente mal-adaptado e agressivo. Como foi sua adaptação hospitalar? Não houve movimentos de cooperação, de ajuda?

T: Não, em absoluto. Sempre está afastado e não se relaciona espontaneamente com outros; aceita a presença passivamente.

Meltzer: Mas não diz que não o deixam sair? Não diz que está aprisionado contra sua vontade?

T: Não, ao contrário; quando o animam para que saia, sempre se queixa de como está mal e que não pode sair.

Meltzer: Não parece muito esquizofrênico... Parece bem mais uma personalidade "fechada"; toda a sua infância parece como se nunca saiu para o mundo. Qual é seu aspecto?

T: É alto, delgado. Tem como característica a precipitação, tanto para falar como para mover-se. Movimenta-se muito depressa e de forma pouco harmônica.

Meltzer: É agradável, cômico?

T: Sim, é cômico. E também agradável para comigo, porque tem uma expressão prazerosa, se aproxima muito para me escutar e costuma fechar os olhos quando falo. Seu rosto é como uma caricatura: pentagonal e com feições marcadas.

Meltzer: Que nível de escolaridade tem? Sabe ler e escrever?

T: Sabe ler e escrever perfeitamente. Quase sempre leva um livro consigo, e quando saía de sua casa, ia e vinha – com uma maleta carregada de livros.

Meltzer: E os lê?

T: Tenta fazê-lo. São livros complicados e técnicos de física: de motores. Escreve a editores preenchendo pedidos que saem nos periódicos e os envia pelo correio.

Meltzer: Sabe algo a respeito de alguma coisa? É inteligente ou pretensioso?

T: Mostra ter muito interesse e empenho em saber. As coisas que sabe são frases: nota-se que são coisas que sabe de memória, "ao pé da letra". De fato, quando lê algum livro, faz uma marca até onde leu, e estas marcas podem estar na metade de uma frase.

Meltzer: E seu aspecto é pretensioso? Atua como se fosse um homem muito ocupado, um cientista?

T: Não, nunca presume saber nada. O que faz é mover-se muito, mas andando sem uma atividade concreta.

Meltzer: Com sua maleta?

T: Antes sim; agora há tempos não o faz. De vez em quando faz anotações num papel, diz que é para não esquecer o que quer me dizer.

Sessão de segunda-feira

P: (Entra precipitadamente e começa a falar antes de sentar-se). Interessa-me, quando estou diante de você, ir bem folgado e com proveito, me atrevo e posso explicar-lhe o que me passa... Porque de repente quero pensar e encalho, tenho que olhar papéis e você prefere falar, não é verdade? (Retira uns papéis e começa a lê-los.)

T: Se você crê que eu prefiro falar das coisas e você as lê para mim, isso pode fazer com que se sinta mal comigo.

P: Não, aqui me sinto bem, estou à vontade aqui com você. Sou eu que estou mal, que tenho aqui (assinala sua região peitoral direita) como um bicho negro que não está totalmente morto e momentos atrás me doía. Agora está calmo. É um animalzinho que "se inicia e como que vai comendo do meu", não morre e necessito de um remédio que o mate totalmente e assim posso defecá-lo. E também aqui (peitoral esquerdo) noto uma madeira, plástico e a porcaria do olho de besugo, você lembra. Não sei se escrevi isto. (Pega novamente os papéis.)

T: Você estava me explicando bem suas preocupações e o que se passa com você, e o bicho se acalmou.

P: Bom, pois... (hesita mas logo segue com decisão). É que aqui na artéria coronária também há matéria negra e me dói o coração e estes ossos aqui... Toque estes ossos e veja como não são saudáveis, são duros! (Pega minha mão e leva à sua região peitoral direita.) São moles e enfermos, têm anidrido carbônico e restos do que a célula não quer. E logo está o bicho, e não sei se há remédio bom que mate tudo isto, que o decomponha em matéria fina. Não é verdade que é um bom método, se pudesse conseguir? E toda esta madeira e o plástico e o olho do besugo, decompor tudo em partes bem diminutas... pode conseguir?

T: Você me pede um remédio que faça isto e pensa que isto é possível...

P: Sim, sim! E você, o que pensa? Muito relaxamento faz a tensão mais violenta ou não? (Silêncio.) É que agora fiz um relaxamento mais intenso, e as válvulas ou alguns nervos do coração ficaram tensos... Ao refazer-me, como o nervo estava com porcaria, notava muita tensão.

T: Você relaxou com o que lhe disse?

P: Já. Digo... Bom... não sei se está informado... por culpa de... É que, às vezes, nos colocam umas lentilhas que inclusive põem matéria negra nelas... homem, é que, aonde vamos chegar! E com as judias (feijões) chegam a extremos "muy putas". Eu já como lentilhas e judias, porém que as ponham decentes, que as põem como se tivessem uns bichos diminutos com matéria negra que, ao chegar ao coração e passar pelas válvulas, se põem nervosos e as *cárdias*, e se isto continuar, morrerei. Eh!

T: O que lhe damos no hospital lhe adoece.

P: Bom, há pratos que gosto... Se as lentilhas fossem com um bom molho...! Mas se esta cozinheira não nos quer, nos quer matar...! (Começou sério e acaba rindo, divertido.)

T: O que a cozinheira lhe deu o adoeceu, e eu tenho que remediá-lo com um medicamento.

P: Sim, sim. Para que se vá todo o mal. (Longo silêncio.)

T: Que situação. No hospital lhe damos comida ruim, e você vem aqui dia após dia me pedir um bom remédio. E não lhe dou.

T: Isto do "bom remédio" digo porque ele sempre traz papéis; tenho uma caixa enorme cheia de seus papéis, e sempre me pede "remédio bom". Em sua história, lembro que seus maiores problemas eram que consultava médicos para que lhe dessem remédios e logo os acusava de não quererem curá-lo.

Então, o colega que cuidava dele antes de mim teve de enfrentar a agressividade do C., que pedia insistentemente que trocassem o remédio. Ele o fazia, mas não sabia se era para mudar ou não o remédio. No momento em que se dava outro remédio, instantaneamente Casimiro se encontrava inclusive pior. Quando o conheci, passei a não trocar o remédio. Foi como um achado o dia em que lhe disse: "Vou pensar", porque não sabia o que fazer, e ele o tolerou perfeitamente. Às vezes pressiona muito: peço-lhe que me deixe pensar acerca disto, e ele se conforma. Assim começou a psicoterapia comigo: propus-lhe que me deixasse pensar sobre o remédio, e, enquanto isto, poderia falar de outras coisas.

Meltzer: Sim. O problema é como pensar acerca disto tudo! Podíamos pensar em termos de Tela Beta. Parece como um fluxo de termos quase técnicos, sem sentido. Vemos pouco conteúdo afetivo, à parte o afeto que manifesta ao se relacionar com o T. como um colega e discutir questões médicas etc. Se bem que parece haver um delírio somático – o pequeno animal e tudo isto –, a principal questão acerca da relação contigo, parece claramente que você é bom, a cozinheira é má e tem que se livrar de matérias más e obter matérias boas, quantas mais, melhor, de outro modo morrerá. E isto é o mais claro. Nestes quinze minutos da sessão, vemos o fluxo externo verbal acerca do delírio somático com o animal. É interessante pararmos aqui e examiná-lo.

Minha impressão é que o processo se deteve no momento em que o paciente começou a dizer que o havia escrito e revolver os papéis. O conteúdo do fluxo verbal do paciente começou a se transformar em uma linguagem próxima da anatomia e da fisiologia. Neste contexto é que tomou sua mão e a levou ao peito. E aí o material da cozinheira má e do bom remédio.

Segundo minha experiência, com a maioria dos pacientes esquizofrênicos, nos primeiros minutos, sob a pressão da separação e do ressentimento, surge todo este material delirante, que logo vai cedendo lugar à parte não esquizofrênica da relação com o analista. Do ponto de vista técnico, sempre foi muito útil não prestar atenção ao conteúdo delirante (não ao elemento delirante); o melhor, realmente, é não prestar atenção. Por isso, é importante, no começo da relação do paciente que delira, conhecer o sistema delirante e logo ignorá-lo. E isto se deve a dois motivos: a tremenda solidão do sistema delirante, que sempre está tentando atrair a outra pessoa para compartilhar do delírio. Se nós nos interessarmos pelo delírio, somente o delírio que será escutado, e não aparecerão outros elementos. Além disto, o paciente vai se convencer aos poucos de que você, como analista, também está louco.

Penso que se eu estivesse na sessão, esperaria um pouco para que este material se dissolvesse e aparecesse o elemento transferencial. Este material transferencial está dividido entre a cozinheira má, as más lentilhas etc. e o bom remédio. A impressão é de que se trata de uma coisa muito quantitativa. Está sendo gerada continuamente uma certa quantidade de matéria má que requer, portanto, uma certa quantidade de matéria boa para poder defecá-la. Também parece claro que a forma que tem a porcaria são as palavras más que estão dentro da cabeça dele e que a matéria boa são as palavras boas que surgem da boca do analista.

Portanto, eu sugeriria que uma das conclusões de tudo isto é que, para o paciente, o analista não fala a quantidade necessária, não fala o suficiente. As comunicações do analista são muito breves para um paciente que as engole vorazmente, como um cachorrinho. Prossiga por favor.

T: Assinalo a ele a situação, em que vem, dia após dia, pedir-me remédio bom e acabo não o dando.

P: Bom é o remédio! O que acontece é que... Ontem às 23h estava desperto e a mim interessa dormir no máximo às 21h; que quando vem o sono não haja uma força maior que, ao dormir, me faça rezar e me desperte... Eu, a cada noite, tenho de rezar o "Eu, pecador", o "Senhor, meu Jesus Cristo", o "Deus te salve" (começa a rir) e o (não é inteligível, acaba em gargalhadas), por turno, quando quero algo, pretendo obtê-lo com a oração.

Meltzer: Há uma parte referida à hora má, a hora de ir dormir, e é a separação. O paciente se vê forçado a pretender que alguém: Deus, Maria..., mas em realidade todos sabemos que não é ninguém mais que o analista! Creio que a risada do paciente é porque "Eles creem que está rezando para Eles", mas ele sabe bem que está rezando para o analista. Isto é um chiste que o paciente dedica a seus perseguidores, os quais ele vence com habilidade. Não é uma risada hebefrênica. Prossiga, por favor.

T: E não dá resultado.

P: Bom, me dá resultados... eu rezo pedindo espaço... Entre mim mesmo... não sei explicá-lo... penso que terei tudo o que peço.

T: Assim você vem a mim também a rezar-me como se eu fosse um Deus.

P: (Interrompe com rapidez). É o que você é! Aqui você é quem manda mais; no hospital, não sei... ou seja, quero dormir sem me empenhar em despertar para rezar buscando a boa guia..., o básico... (Pega os papéis e lê rapidíssimo) quero evitar pensar e dizer coisas que prejudiquem meus amigos e família, e para isso lhe peço o bom remédio...

Meltzer: Isto é importante... evitar danificar a família, os amigos... Uma das conclusões é que, para o paciente, as coisas más ficam gravadas no papel. E é ali que entra o papel higiênico. Isto é terrivelmente importante para o paciente. O fato de gravar as palavras no papel é um modo de fixá-las para evitar que voem por aí e formem uma alucinação; é um método profilático contra esta.

Eu supervisionei a análise de uma criança que entrou em tratamento porque estava alucinando o tempo todo. Uma das coisas que se viram durante a análise é que foi capaz de iniciar a escrever as coisas, de "poder" escrevê-las, e quando havia um retrocesso se via que as palavras saíam do papel e se transformavam num animalzinho alucinado.

Ps: Porém, não é característico dos psicóticos e esquizofrênicos escrever muito?

Meltzer: É verdade que os paranoicos, por exemplo, escrevem grande quantidade de material contestador. Mas isto parece uma forma de profilaxia contra a alucinação. E o importante desta alucinação é que, provavelmente, está relacionada com o matar outros bebês que estão dentro da mãe. O menino de que falava antes fazia uma lista de todos os meninos que iam no ônibus escolar... tinha que escrever todos os nomes. Faltava um nome na lista; o menino cujo nome faltava começava a ser o objeto perseguidor em suas alucinações. Este material, portanto, parece relacionar-se com a vida interna do analista, ou seja, sua vida familiar fora do hospital.

É provável que o paciente, em sua parte não esquizofrênica, esteja vivendo em identificação projetiva. Diagnosticamente, tem uma enfermidade esquizofrênica, e a parte não esquizofrênica de sua personalidade tem uma enfermidade psicótica: uma enfermidade psicótica geográfica, vivendo em identificação projetiva. Isto quer dizer que suas outras vidas têm o significado de outros compartimentos do corpo da mãe, onde se mantêm os bebês. Ele está no reto, nas lentilhas. Portanto, um aspecto da relação transferencial com o analista é que ele seria como uma mãe dentro da qual ele está vivendo, mas também como o pai, é como o pênis do pai, que entra dentro da mãe. Esta função primitiva do pai, do pênis do pai, que ao entrar joga fora e expulsa toda a matéria má que os bebês puseram dentro da mãe, é o que chamo a função reguladora do pai.

Este é o aspecto da relação entre os pais que, na fantasia, é uma relação anal, na qual o pai ejacula e limpa, tirando todas as fezes fora da mãe. O protótipo do que descrevemos nós o achamos no mito de Hércules nos estábulos de Áugias. Trata-se de realizar uma função, a de limpar, que requer muita coragem e é muito heroica. O pai aporta toda uma torrente de sêmen que lava todo o mau. A situação transferencial com você (T.) parece deste tipo claustrofóbico. O analista é tanto o pai como a mãe e ao mesmo tempo o hospital: entra e sai do hospital três vezes por semana, e é quando cumpre a função heroica de lavar. E quando se pensa no perigo de sujarmos a própria mente com estes delírios, podemos dizer que é uma função heroica. Ou também boba. Se alguém trabalha com um esquizofrênico com todo este delírio e não se dá conta do perigo que isso implica para a sua saúde mental, então, se trata de uma pessoa boba!

O que parece que descobrimos é que estas ansiedades não esquizofrênicas são profundamente depressivas, em relação ao temor de danificar outros bebês. Penso que, aqui, você (T.) deveria mencionar todas as outras áreas de sua vida, a familiar, seus filhos, sua casa, seus filhos em sua mente e o temor que o paciente tem de danificá-los com toda a sua porcaria. É necessário primeiro fazer contato com o temor de estragar – que é o temor depressivo –, antes de poder estabelecer contato com toda a parte da inveja, com os sentimentos de ódio, de destrutividade, que estão gerando as más lentilhas... o que se pode dizer deste material até agora é que o paciente está profundamente comprometido na relação transferencial. O fato de aumentar as sessões para três vezes por semana deve ter enchido de esperança o paciente. Ao mesmo tempo, isto se equilibra com o temor que ele experimenta ao ver incrementada sua capacidade de estragar.

T: Chama minha atenção a mudança que se deu no trato que me dispensa. Meses atrás era muito agressivo. Um dia tive muito medo porque começou a golpear fortemente a mesa, dizendo que o bom remédio eu o guardava para mim. Sem dúvida, agora me olha sempre com uma expressão de encantamento, sorrindo. E quando fala de coisas muito reivindicativas, ri e faz brincadeiras sobre elas. Noto como se estivesse cuidando muito de mim.

Meltzer: O aspecto do riso se relaciona com o que o paciente diz a si mesmo e ao analista: "Evidentemente, tenho que tratar as demais pessoas do hospital (enfermeiros, médicos etc.) como se fossem deuses todo-poderosos, para proteger e esconder de algum modo o fato, a intimidade e a importância da relação com o analista. Porque se eles se derem conta deste vínculo amoroso dentro da relação analítica, vão cortá-lo". De fato, nesta visão há muita verdade institucional. A instituição costuma reagir mal frente a um médico que manifesta interesse por paciente psicótico.

Lembro-me de uma situação pessoal: visitei durante vários meses uma paciente psicótica numa pequena vila. Após um tempo vendo-a quatro vezes por semana, chegava à casa onde estava a paciente, batia na porta e ninguém respondia; após um tempo, abriam para mim e com grande indiferença perguntavam "Que você quer?", "O que você faz aqui?". Eu tinha que esclarecer meu papel, e isto durante meses e meses, sem dar importância. "Ah, sim! Tal paciente...", respondiam. Incrível! Era muito "cômico". O médico de Paulina! Outras vezes diziam: "Ah, sim, o médico de Paulina! Ela está aqui". A resposta imediata acontecia quando a paciente me tratava muito mal. Eles "sabiam" que ela ia me tratar mal, como um lixo. Quando eu chegava, esta paciente me olhava nos olhos, daí olhava para fora da janela e começava a falar com um interlocutor que estava fora da janela, e a fazê-lo de forma não audível. Quando eu interpretava, me dizia: "As imagens são tão boas como as pessoas". Quando conseguia ter um contato relativamente bom com o analista, sempre tinha um pedaço de papel higiênico bem pequeno próximo à pálpebra. A função que este papel cumpria era a de "lavar as alucinações", conseguir que as alucinações estivessem no papel e não em suas fraldas? Prossiga, por favor.

T: (Eu o interrompo). Casimiro, você me falava do que o preocupa, logo você se inquietou, pegou os papéis e começou a ler como se fossem orações feitas: o que aconteceu? Você pensou ou ia dizer algo prejudicial?

P: Não, pensava que, como as palavras estão escritas juntas, você não entenderia, e penso que se peço uma coisa e se você crê que seja outra, não se ajusta com o que peço... entende? (Repete.)

Meltzer: É que suas palavras estarem "muito juntas" expressa a ansiedade do paciente de que as sessões estejam demasiado juntas para a segurança do analista. Tem ansiedade pelo fato de que você chegue a receber demasiada porcaria que, em realidade, deveria estar só no papel e não na cabeça do analista. De modo que, neste ponto, é para ele muito importante a proteção e a segurança do analista. Prossiga, por favor.

T: Ou seja, em vez de um Deus que pode tudo, sou um Deus tonto que não entende o que você me pede.

Meltzer: Mais que tonto, seria vulnerável. Prossiga por favor.

P: (Ri. Silêncio). Outra coisa que se passa comigo é que não acaba a mania de que há gente na TV que me olha e fala mal de mim... porém, vamos à outra coisa que não ficou clara. Que não interrompa o sonho e deixe de lado o rezar.

T: Isto eu entendi, mas não o da TV, porque você interrompeu.

Meltzer: A TV é somente uma lembrança, feita ao analista de que o delirante está sempre ali, assim como a relação contigo é uma proteção contra isto. Poder sonhar; poder dormir: é função da relação com você, e a alternativa é estar alucinado e delirante, ter que rezar compulsivamente etc. O recordar é que o sistema delirante está ali, mas está um pouco afastado por sua relação com você. Prossiga, por favor.

P: É como se falassem mal de mim, me atacassem; como se pensassem: "Este tonto é um retraído ou um mal-educado", porque, ao rir de algum político, ou se tem razão, eu me empenhar em fazer-lhe pensar o contrário... Bom, isto que acabo de dizer, tome-o por não... Tome-o por não... Como se diz? (Ri, inquieto.)

T: Por não dito?

P: Sim, por não dito.

Meltzer: Ele não se sente seguro nem mesmo no consultório, com o analista. Sente que inclusive ali está sendo observado por meio de monitores. Prossiga, por favor.

T: (Suavemente). Mas pensou e, além disto, o disse. Às vezes pensa coisas contra pessoas ou políticos, pessoas com poder, que por ir contra eles, eles então irão contra você.

Meltzer: O que o preocupa não é tanto que se voltem contra ele, mas contra o analista.

P: Não, não, isto não. Porque há anos falavam mal do presidente Pujol e eu o tinha como um bom homem; mas como eu não estava bem e as porcarias más reagiam com sangue como que desvalorizando Pujol, como que dizendo...

Meltzer: Como que dizendo: "E o mesmo sucede internamente, a porcaria se depositou dentro". De modo que o perigo não está somente em que o analista seja atacado pela autoridade institucional, mas também no interior dele. Então, não pode nem dormir, nem sonhar: deve rezar. Prossiga, por favor.

P: ... Como que dizendo... Ah! Agora não sei se vou bem ou não... É que às vezes me vem uma diminuta porção de saúde e penso bem, como um prêmio Nobel, e o tenho que apontar, e se o aponto, sofro; e se não, sofro também; e sofro das duas maneiras e me interessa mais tranquilidade, sem soluções de prêmio Nobel, quero soluções de pessoa normal, ou que não me coloquem enquanto não estou bem da cabeça. Se me curo pode ser que pense coisas sobressalentes, e se sou "*pincho*" ("estimulado") arrancarei mais o dinheiro...

Meltzer: Aqui escutamos algo de sua incipiente grandiosidade. Vemos o perigo de que o paciente entre em identificação projetiva com o analista na função do pênis heroico do pai que realiza todas aquelas proezas de limpar e lavar fezes. Prossiga, por favor.

T: Se você for "*pincho*" vai arrancar mais o dinheiro?

P: Sim, como um prêmio Nobel que descobriu algo e sabe "sacar" o dinheiro. Este é um "*pincho*". Meu pai também falava de "*pinchos*" para falar de pessoas mais espertas (ágeis e inteligentes).

Meltzer: Provavelmente, "pincho" *significa, por um lado, pênis; mas também uma "farpa", um "espinho", um corpo estranho e irritante em outras pessoas, uma ideia nova que causa irritação. Certamente, aqui está entrando o pênis do pai.*

Ps: Queria perguntar, não sei se aqui se usa o termo "pinche" de cozinha.2

T: Sim, eu também pensei nesta tradução. Mas o que o homem explica é diferente.

Ps: Não, perdão. Este homem é catalão, não?

T: Sim.

Ps: "Pinxo", em catalão, é uma expressão muito peculiar deste país, que significa algo assim como ser "vivo", "esperto", que sabe ganhar a vida...

T: Para mim ficou claro que "pincho" era eu, uma pessoa que sabia tirar partido das coisas. Vou prosseguir.

T: Então, a pessoa que é ágil você a chama de "*pincho*", a que sabe, quem descobre as coisas. Se for *pincho*, é que pincha.

2 *Pinche* de cozinha é um ajudante de cozinha [N.T.].

P: Bom, se há matéria boa brigam os dois para tê-la e fazem um desafio, e o que mata é o que fica com tudo. Isto também é "*pincho*", não?

Meltzer: Outra vez o elemento heroico do qual falava antes. Como uma corrida de touros. Prossiga, por favor.

T: Parece ser ele quem tem as coisas e sabe, pode ser morto por quem não as tem; ou ser pincho e matar para que não as peguem.

P: Sim... E quero dizer outra coisa, que aqui há matéria negra e carniça e tinta de calamares... e me interessa... queria saber quantas horas teria para me inteirar do que dizem... eu queria seis horas por dia, embora não seguidas, poderia ser um tempo na TV. E se não me fizer mal algum inteirar-me de tudo o que dizem, mais de seis horas.

Meltzer: Ali está sua avidez: tem a sensação de que, embora o analista tenha aumentado o número de sessões, eles também aumentaram a porcaria. Prossiga, por favor.

T: Mas é como na TV, você pensa mal de quem pode dizer algo bom para você; e logo pensa que vão atacá-lo, é difícil que esteja atento: estará intranquilo, na defensiva...

P: Não, isso é pela matéria negra, que está no crânio sob uma grossura de milímetro e pressiona e não deixa me inteirar; ou o xixi ou as fezes, que estão abaixo, às vezes saem da cabeça e pressionam a matéria negra, e penso que os outros querem me atacar.

Meltzer: Aqui, vemos outra vez uma pequena eclosão de um elemento delirante. Pode ser por algo incorreto que o analista disse anteriormente. Você lhe interpretou sua ansiedade, de que o analista chegue a transformar-se em perseguidor. Porém, a meu ver, a ansiedade não é esta, e sim de que os perseguidores aumentarão seus ataques, tanto interna quanto externamente, e vão suspender suas visitas e a relação com você. A ideia de ter seis horas com você – ou seja, empregar seis horas com ele – não seria uma boa ideia, porque conseguiriam desgastá-lo e estragá-lo, sem conseguir seu propósito. De modo que, na mente do paciente, existe um equilíbrio muito precário: ele é o produtor da matéria má, você é o produtor da matéria boa; mas, ao mesmo tempo, você é muito vulnerável, e ele tem que ser muito cuidadoso para protegê-lo, não desgastá-lo, estragá-lo e expô-lo à inveja... deve estar fazendo malabarismos com ambas as partes. A ideia das seis horas está relacionada com a anterior grandiosidade incipiente. Pode penetrar neste elemento pensando que o paciente é um gênio em potencial que você está fazendo crescer. Você se transformaria em um desses pais que abandona tudo em prol da educação deste menino que é um gênio, que será um ás do xadrez ou o que seja; e faria tudo para criar este menino. A consequência será que todos os outros meninos serão abandonados. Embora se sinta contente e excitado por receber todo este interesse, ao mesmo tempo se sente um pouco inquieto pela instabilidade ou insegurança que vai criar na estabilidade mental do analista. De maneira que vemos uma pequena eclosão de material delirante, a cujo conteúdo eu não prestaria atenção, e sim pensaria: "Veja, aqui há algo que interpretei mal!". Prossiga, por favor.

T: Antes você me pediu que desse por não dito e que eu me esquecesse de algo que você disse. Você, sim, parece que o esqueceu; mas disse que às vezes pensava contra gente poderosa como a que aparece na TV...

P: (Aperta os olhos como se estivesse se concentrando e repete textualmente o que eu disse). Sim. Quando aparecem políticos (ri) e o governo plenamente, se me olham, me sinto culpado... perdi o contato... É melhor que me vá... Estou tonto... A mim me interessa que me ajude e que as palavras... que como você é forte pode resistir aos nomes das porcarias e aos nomes da caquexia, piógeno e tudo isto não me faz adoecer. Que falar de... que mais há? De carbúnculo, de bacilo de Koch, da peste... é que um pouco de peste e de pus tenho, contudo, aqui (crânio).

Meltzer: Aqui vemos a ansiedade que experimenta o paciente ao ver que o analista não entende, que não o está seguindo. A partir do que diz o paciente surge a ideia de que o analista, do ponto de vista do paciente, teme os políticos. E que você tem medo de que ele brigue com os políticos. Então, diz: "Quem sabe seja melhor que me vá, estou tonto, não presta atenção em mim... O que, sim, me interessa claramente são as palavras boas do analista, que são capazes de lutar contra as palavras más que estão dentro de minha cabeça e vencê-las".

Aqui, a tentação seria de interpretar em termos de bebê e peito, mas não é este o caso. Trata-se de uma situação de estar dentro, onde está o pênis do pai, e as ansiedades homossexuais relacionadas com isto e que já saíram conectadas com o material. A ansiedade e a acusação aos políticos seriam que ambos estão enredados numa relação homossexual. Você tem que ter muito cuidado com sua linguagem, já que as palavras, como sêmen ou pênis, podem chegar a conformar uma imagem muito concreta para o paciente, algo assim como se você estivesse ejaculando dentro dele. O cuidado consistiria em não introduzir palavras com conotações eróticas. Prossiga, por favor.

T: Você me dizia que o olhavam e se sentia culpado...

P: Agora me parece que não me interessa falar disto e que quero ir por outro lado. Creio que se são do governo, ajudam que a nação seja rica, e são bons. Mas às vezes ouço vozes que dizem: "A este Casimiro, não dê bom remédio, que morra; se viver nos tirará tudo e nos meterá no calabouço"... não sei... não consigo seguir... estou como um regador, não sei o que dizer... não sei formar esta frase sem me equivocar, é que não quero nem fazer dano a eles, nem o fazer a mim.

Meltzer: Outra vez o elemento grandioso! A questão é que ele não está só no elemento grandioso, e sim na relação dos dois juntos, formando uma revolução que de fato estão preparando: inverter o governo de seu mundo interior. Tenho dúvidas de que seja útil falar-lhe em termos de mundo externo e mundo interno, já que para o paciente que vive em identificação projetiva perde totalmente o sentido falar de dentro e de fora, uma vez que se trata sempre de compartimentos e não de interior e exterior. Prossiga, por favor.

T: Você também pensa que eu, como os do governo, temo que, se você se curar, se se tornar vivo, esperto, possa me fazer estragos.

Meltzer: Creio que é certo, mas de forma bem mais indireta. Ou seja, que seria danoso para você se os poderes de pensar dele se desenvolvessem; isto se converteria em terríveis inimigos, e você estaria em grande perigo. Duvido que esteja em perigo direto.

T: (Respondendo a Meltzer) Aqui, como vem a continuação, faço referência ao que ele me disse uma vez diretamente: que não temesse que se ele se curasse fosse tirar meu lugar. Porque esta era a explicação que ele encontrou em um determinado momento, para que eu não o quisesse curar.

Meltzer: Mas estes são os políticos em realidade!

T: Sim.

Meltzer: Mas o problema, aqui, está em vocês dois juntos; e seu temor de que esta relação seja perigosa, de alguma maneira, para você. Por um lado, porque você recebe toda a porcaria que ele põe em sua cabeça e o estraga e estraga seus bebês; por outro lado, porque vocês dois podem chegar a ser objeto de antagonismo para políticos. De modo que ele está deprimido ao sentir que é um perigo para você, mas mais indiretamente que diretamente. Prossiga, por favor.

P: Pois, não... não me inteirei bem disto, creio que entendi, não... Melhor ir-me porque não me inteiro de nada...

T: Isto é algo frequente no paciente: escolhe perfeitamente as palavras e pode repeti-las, mas não as entende.

Meltzer: Aqui novamente o está protegendo: "O único modo que tenho de expressar meu amor a você é afastar-me, e assim você estará mais seguro". Prossiga, por favor.

T: Tem a ver com o que você me disse há tempos: "Não tema que, se você me curar, eu lhe tire o lugar".

P: (Pausa). Não entendo. (T. repete.) Ah! Sim: não tema que se você me curar vou lhe tirar o lugar. Mas seria tonto se, ao ajudar-me, eu o tratasse mal.

T: Você não quer fazer danos, mas para estar bem parece que tem que ser "*pincho*", lutar para tirar do outro o bom que tem.

P: Mas pensava que tendo comida e riquezas para todos... Se os têm sem atacar, são felizes, são felizes sem serem guerreiros, sem serem "*pinchos*". Isto eu falo agora, mas às vezes me ocorre tudo ao contrário.

T: Temos que interromper. Até quarta-feira.

Meltzer: É uma sessão muito boa e muito bonita.

T: Fiquei surpreso ao final, quando disse isto de que às vezes lhe ocorre o contrário.

Meltzer: O paciente teve uma criação horrível, mas não sinto que tenha um temperamento forte: é muito doce, realmente.

T: Aqui temos uma amostra de seus escritos. (Mostra letras e desenhos.)

Meltzer: Ele tem uma escrita bastante boa: surpreende-me que não seja mais infantil no tipo de escrita e nos animais que desenha. Escreve de forma gramaticalmente correta?

T: Sim, com algumas ressalvas. Seus escritos são preces, súplicas, são petições que me dirige, e sempre os termina de forma igual: "... para conseguir isto, peço um bom remédio".

Ps: E que possibilidades você vê para este paciente?

T: Às vezes me dá a impressão de que há muito pouca comunicação por meio da linguagem quanto ao sentido e significado das palavras, a propósito da identificação projetiva da qual falamos. O tom e os gestos são o mais importante para ele.

Meltzer: ***Não estou de acordo com você. Penso que o escuta com muita atenção e reage às suas palavras. Creio que escuta atento e cuidadoso o que o analista diz. Isto não tira que o tom de voz de intimidade seja de muito significado para ele, mas as palavras concretas também são importantes. Devemos destacar que presta tanta atenção ao sentido das palavras; seria diferente no caso de que fosse para ele algo somente concreto. Diz "sim", "penso", "pode ser", "não", e pensa seu significado.*** *Para uma pessoa tão terrivelmente privada emocionalmente durante a infância, minha impressão é que seu temperamento é muito doce e que todo seu comportamento é mais uma pretensão: é aparência. Ele é tão imensamente frágil que é difícil imaginar que possa levar uma vida que não seja muito protegida, como a que tem no hospital; por exemplo, uma vida independente. E tem 36 anos,* não? *É interessante o paciente.*

T: Sim, e parece mais jovem.

Meltzer: Quem sabe aparente ter uns 25 anos.

T: Sim.

Meltzer: Alguma vez agrediu fisicamente alguém?

T: Nunca.

Meltzer: É outra amostra de seu temperamento. Penso que a estrutura de sua personalidade e de sua transferência aparece muito claramente. A matéria principal da situação transferência-contra-transferência está dentro da identificação projetiva. E o outro compartimento do qual você procede e sua importante função ali, como o pênis do pai, não devem ser postos em perigo pelas grandes demandas que ele lhe faz para que realize esses trabalhos heroicos em seu próprio compartimento. Por isso, a situação depressiva e o delicado equilíbrio entre o que é segurança para você e também bom para ele têm uma margem muito delicada. Eu, indubitavelmente, me concentraria neste problema depressivo. E se existe alguma possibilidade de que ele saia da identificação projetiva, e de que se dê alguma chance de que saia do hospital e tenha uma vida independente, isto se conseguiria desenvolvendo e aumentando sua capacidade para tolerar as separações, particularmente nos cortes e nas férias.

Quando um paciente deste tipo em um estado psicótico geográfico desenvolve sua capacidade de mostrar preocupação e gratidão para com você, para permitir que tenha férias, então é que saiu desta situação. Mas, claro, o problema que se coloca são os aspectos depressivos da situação de separação, que o tiram desta outra situação de identificação projetiva. Evidentemente, nos encontramos ante um vaivém, já que ao paciente, ao enfrentar o mundo exterior real, os problemas o empurram novamente para dentro; e durante os próximos anos você estaria trabalhando vendo de dentro para fora e outra vez para dentro.

De modo que eu trabalharia intensamente nesta tão estreita margem de preocupação depressiva, e preparando especialmente a separação para suas próximas férias, esclarecendo ao paciente a necessidade de o analista ter férias para que, por sua vez, ele seja capaz de apreciar e compreender isto: que não se trata de eliminá-lo pelas políticas, mas, sim, de que ele é capaz de discriminar que necessita delas para sua própria saúde.

Comentários posteriores

Durante os meses seguintes, continuou a trazer material relacionado com seu temor de danificar o T., que logo apareceu de forma direta e que fundamentando sua petição de ajuda: "Para não sentir raiva e vontade de agredir você".

Em minhas intervenções, procuro falar-lhe muito e com relativa lentidão; ele segue-me muito atento e inclinado ao que lhe digo.

As sessões têm determinadas sequências. Há uma precipitação inicial, com uma descarga delirante. Faz um trajeto por seu corpo, assinalando as zonas que têm "matéria má", para que o ajude a limpá-las. São sempre as mesmas zonas, e utiliza idênticas expressões. Quando termina, revê, "para ver se disse tudo". Minha atitude é de tolerância e de espera que termine sua descarga, sem dizer nada nem fazer caso do conteúdo.

Esta descarga inicial, embora persista, vai ocupando geralmente menos tempo da sessão; aparece ocasionalmente algum comentário jocoso no qual expressa suas dúvidas de que o que pede é possível ou "coisas que se lhe ocorrem", e inclusive: "Me parece que peço coisas impossíveis".

Continuando, cada vez com maior frequência e duração, fala de outras coisas. Coloca o que fará no futuro, que não pode dar conta dele e que não vai poder viver. A isto costuma seguir-se uma nova entrada no delírio; embora, às vezes, mas adotando um tom engraçado, fundamente sua incapacidade em dificuldades concretas: não pode ler, reter, apreender etc. A este material não delirante dou muita atenção e interesse.

Costuma descrever comigo relações "de pensamento a pensamento" durante minha ausência; nelas lhe digo coisas carinhosas ou quero que fique com raiva. Ultimamente diz: "São coisas misteriosas e que podem ocorrer a ele". Esta diferenciação é mais clara em relação aos insultos e desprezos que ouve lhe dirigir o pai: não sabe se os ouvia, ou se os escutava em seu pensamento, ou se era seu próprio pensamento.

Começou a interessar-se por minha vida privada; mostra alguma preocupação por mim: se me canso passando tanto tempo sentado, se gosto disto ou daquilo.

Nestes anos, pois, o paciente parece iniciar uma pequena separação do sistema delirante, no sentido de recorrer menos a ele e de estar mais próximo do T. Parece que a percepção que tem de mim vai se modificando. Isto me faz pensar que há certa mudança em seus objetos internos, que ponho em relação com a intenção de esclarecer alguma confusão e não porque hajam adquirido qualidades ou capacidades como a de pensar. Parece insinuar-se uma certa construção da realidade, com alguma diferenciação entre realidade externa e interna.

2. Victor: Dor mental, raiva e silêncio

T: Apresentarei duas sessões do tratamento de um menino que tem 4 anos e 8 meses. O pediatra o enviou com urgência porque, desde outubro, data em que entrou na escola, estava com mutismo, muito sério. Dois meses antes, a mãe tivera um bebê; nesse momento foi diagnosticada uma infecção renal e teve que ser internada em hospital. O bebê foi mantido em incubadora, porque era prematuro, em hospital diverso do da mãe.

Meltzer: Estamos diante de uma situação bastante trágica.

T: Sim. Diante disto, o menino e o pai se mudaram para a casa da avó paterna, e morre um tio paterno com o qual Victor tinha um relacionamento estreito.

Meltzer: Esta sessão, que número é da terapia?

T: É a primeira sessão. Pediram-me que o visse com urgência, a fim de que o menino pudesse verbalizar algo, ou que alguém lhe falasse da situação.

Meltzer: Você pode descrever um pouco o menino?

T: É baixinho para a sua idade. Seu aspecto é ligeiramente hipotônico. O desenvolvimento das feições e dos membros do corpo é muito harmônico. Tem a pele clara e o cabelo e os olhos pretos. Tem o rosto sério e olha com a cabeça inclinada para diante.

Meltzer: Se movimenta com graça?

T: Sim. E dá a impressão de uma delicadeza extraordinária, apesar do aspecto sério de seu rosto.

Meltzer: Quando deixou de falar?

T: Ao entrar na escola, e somente na escola: trata-se de um mutismo eletivo. Deixou de falar em outubro, e o que vou relatar aconteceu em março.

Meltzer: Quando foi que a mãe teve o bebê?

T: Nos primeiros dias de setembro.

Meltzer: O paciente foi o primeiro filho?

T: Sim, foi o único até o nascimento do irmão.

Meltzer: Bem, podemos começar.

Primeira sessão

O pai o traz pontualmente. Na sala de espera, o pai está sentado e o menino em pé, apoiado nas pernas do pai.

T: Venho buscar Victor, como outro dia. (Victor se recosta sobre o pai. Dirijo-me ao pai:) Quem sabe você pode acompanhá-lo até o consultório? (Enquanto o pai o empurra em minha direção, Victor oferece resistência.) Como é o primeiro dia em que você está sozinho comigo, talvez seja mais fácil se você (o pai) o acompanhar até o consultório. Depois pode esperá-lo aqui, e quando terminarmos eu o trago de volta. (O pai se levanta. Victor vem e entra na sala, onde uns quinze dias atrás havia estado com o pai. Adianta-se até à mesa. O pai diz adeus.) Quando terminarmos, eu o acompanho até você. (Me dirigindo ao pai.)

T: (Enquanto vou fechando a porta.) Esta é a caixa que lhe disse que prepararia com algumas coisas dentro. (Enquanto lhe digo isto, ele já tinha subido na cadeira com rodinhas. Toca a caixa. Olha-me. Como a fechadura era complicada, digo-lhe:) Se abre assim (enquanto desengancho o fecho).

P: (Levanta, temeroso, apenas dois centímetros da tampa. Enquanto me sento, ele desce da cadeira e se coloca em pé frente a mim.)

T: Coloquei algumas coisas para que você possa brincar ou contar-me o que você quiser; coisas que você se lembra, que gosta ou que não gosta. Tudo o que lhe ocorrer, ou sonhos, ou se quiser brincar.

P: (Com a língua meio fora, lateralmente contraída, passava-a de um lado a outro da boca, presa aos lábios; parecia-me que a sugava. Com temor e abrindo a caixa, olha-me; com angústia, faz um pequeno movimento levantando a tampa, olha-me; para e volta a repetir, de forma que a abertura da caixa se torna cada vez mais angustiante e poderia não acontecer, pela sua lentidão.)

T: (Com expressão de medo e em voz muito baixa.) Ai, ai! A senhora está... como será? E me deixará abrir a caixa? Ou vai lhe parecer mal que eu o faça? Ou me diz: "Esta caixa é para que você faça coisas com o que tem", e depois, se não gostar do que fiz, vai brigar comigo.

P: (Levanta a tampa. A caixa tem o formato de pasta e tem duas partes laterais fixas. Ele explora com muita suavidade;

pode-se levantar estas tampas laterais; vai deslizando a mão como em uma carícia temerosa, até que descobre que são fixas. Retira de dentro da caixa grande uma outra, com tocos de madeira; é a típica caixa de arquitetura. Destapa-a com cuidado, olhando-me dissimuladamente um par de vezes, depara-se com outra tampa, que é de plástico e presa na caixa, e fica parado, com a caixa em cima da mesa, depois de dar voltas observando-a e buscando por onde abri-la. Pergunto-lhe se quer que o ajude a arrancar o plástico; ele assente com cabeça e lhe desprego uma parte; o restante ele desprega.

Na tampa havia um modelo de construção, e começa a copiá-lo exatamente. Agarra as peças com suavidade, olha o modelo, corrige...)

Meltzer: O menino parece haver respondido à forma pela qual você escolheu se comunicar, manifestando em voz baixa e de modo infantil o que ele podia sentir: ou seja, verbalizando-o. Na realidade, o que você faz é dramatizar o que ele sente, o que você pensa que está sucedendo na mente do menino, e ele responde imediatamente.

Isto é interessante, porque a primeira brincadeira que ele realiza é construir, identicamente, algo que você fez antes: copia o modelo de forma idêntica, o modelo de construção que havia na tampa. Prossiga, por favor.

T: Olha, olha... que com esta senhora terá que ser feito tudo como ela quer... terá que ser em tudo um menino obediente? Ufa!... Se é assim! Que medo! Que me saia algo mal.

P: (Deixa a cópia sem terminar e vai explorar dentro da caixa.)

Meltzer: Você lhe interpretou, desta forma dramatizada, que ele crê que você quer que ele seja obediente. Então, lhe respondeu.

Suspeito que se identificou com o modo pelo qual você interpretou, ou seja, dramatizando. Quem sabe esteja manifestando uma identificação adesiva, bidimensional. Não é que eu esteja convencido disto, mas estou tendo esta ideia. Não se trata de obediência, mas de "concordar" de forma automática; satisfazer não no sentido do que você espera dele, mas em função de como ele opera, ou seja, com mímica.

Isto que estou pensando surgiu menos do material do que da descrição que você fez do menino, deste menino que dá uma imagem de um pequeno homenzinho. Dá a impressão de que se apresenta diante de você em um estado de identidade adesiva com o pai.

Destas duas interpretações, a obediência versus *a identificação adesiva, a primeira estaria mais de acordo com seu comportamento, enquanto a segunda se relacionaria mais com o que sabemos de seu mutismo eletivo e a forma como se comporta no colégio. Porque, em todo caso, poderíamos chegar a pensar que ele escolhe ser mudo na escola, escolhe ser não obediente, não fazer o que fazem as outras crianças, não fazer o que se espera dele. Portanto, está manifestando uma perturbação de seu estado mental. Bem, continuemos...*

T: Pensei em colocar uns animais; outro dia os colocarei.

P: (Retira com muito cuidado a caixa de lápis de cor; abre-a, toca os lápis e os olha como se fossem uma novidade, como se fosse algo desejado que estava tendo pela primeira vez.)

Meltzer: Isto você inferiu pela sua expressão facial?

T: Sim, e também pelo modo como os tocava.

Meltzer: Parece fascinado: "Lápis verdadeiros, finalmente".

P: (Vai retirando-os e esparramando-os por cima da mesa; retira, com medo, de uma sacola transparente uns bonecos – pai, mãe, enfermeira, menina, menino – e os esparrama por cima da mesa.)

Meltzer: Retira-os da sacola?

T: Sim, e esparrama-os.

P: (Se interessa pelos invólucros em que estão colocadas as folhas e me olha interrogante.)

T: São para que possa guardar o papel.

P: (Com toda a metade da mesa próxima a ele ocupada e em desordem, pega o Bebê, põe os braços para a frente e encurvados e o faz abraçar o pescoço da mãe; separa-o duas ou três vezes; com a cabeça do bebê dá golpes na cabeça da mãe. Põe o bebê abraçado às coxas da mãe, de forma que o rosto fica preso ao ventre da mãe).

T: O bebê quer estar bem preso à mamãe e se aborrece com ela quando não pode. Aborrece-se com ela quando não pode estar agarrado à mamãe.

P: (Estando o rosto do bebê pressionado contra o baixo ventre da mãe, aproxima por trás desta a figura do pai, ficando o ventre deste pressionado pelas nádegas daquela. Mantém uns instantes as três figuras assim apertadas com a mão. Solta-as e com a cabeça do pai dá golpes à mãe.)

T: (O bebê quer estar muito junto ao papai e à mamãe. Se não está junto com eles, o bebê se aborrece muito e arma uma briga).

P: (Segue o jogo com excitação e confusão por um tempo, até que se dirige à caixa, retira algumas folhas do invólucro e as põe sobre a mesa esparramadas; enquanto a figura do bebê cai ao chão, vão caindo também os lápis coloridos, fazendo barulho em sua queda. Ele, como se nada tivesse caído, mudava as folhas de um lado a outro, dava uns passos à direita e à esquerda. Num dos movimentos pisa no bebê; nem se altera, nem dá a mínima mostra de atenção ao fato de que pisou em algo.

Acentua-se o movimento da língua e dos lábios que já descrevi. Segue indiferente ao que havia no chão.)

Meltzer: Todas as suspeitas que se podiam ter acerca da possibilidade de autismo foram apagadas pela maneira como começou a brincar e a comunicar-se, manifestando suas preocupações como a gravidez da mãe. Podemos pensar em uma perturbação neurótica, e isto é de muito melhor prognóstico.

É muito dramático e chamativo ver como responde à sua forma de dirigir-se a ele, e quando você manifestou permissividade e interesse, facilitou-lhe o caminho e o libertou para que manifestasse suas preocupações. Estas corresponderiam mais às de uma criança pequena de uns 2 anos e meio. Chama realmente a atenção o muito que se abriu. Prossiga, por favor.

T: Há coisas que lhe dão medo, muito medo pensá-las, e você não lembra delas: coisas que caem. Faz você sentir medo o que pode acontecer, e você o esquece.

P: (Olha o chão, recolhe: põe as coisas sobre a mesa e põe o bebê a caminhar, perpendicularmente à parede. O faz brincando e olhando-me.)

Meltzer: como resposta à sua primeira interpretação você o liberou; isto lhe permitiu manifestar em seu jogo uma série de coisas que tinha dentro e que eram muito significativas, particularmente o brincar com o bebê, a mãe e o pai.

Se entendi bem, esses lápis, que a princípio lhe pareceram tão maravilhosos, logo os deixou cair ao chão, não é isto?

T: Sim, é isto.

Meltzer: Caem os lápis, ele ignora. Cai o bebê, também o ignora. Ignora o que está pisando. O que você interpreta é que ele teme algo; então o deixa cair de sua mente e o ignora. Quando depois recolhe o bebê e brinca novamente com ele, você se encontra sem saber se fez uma interpretação correta e, então, a criança estaria elaborando-a, ou se recolhe o bebê juntamente para mostrar a você que não é uma interpretação correta.

O problema está colocado da seguinte maneira: ele brincou, há um corte; você interpreta e ele retoma a brincadeira para mostrar a você que a interpretação foi correta. A situação contrária seria: ele jogou, há um corte, você o interpreta e ele não retoma a brincadeira, mas produz uma nova versão para mostrar a você do que se trata. Entende a diferença? Este é o tipo de decisão ou questionamento que o terapeuta deve colocar-se acerca da brincadeira e das respostas à interpretação em crianças pequenas.

Minha impressão é que provavelmente sua interpretação esteja errada. Eu pensaria nos lápis em termos de como se sente o bebê maravilhoso que tem a mãe; que desperta nela uma série de emoções e como logo, apesar de toda a beleza, ela o afasta, o deixa cair, o pisa, lhe é indiferente, o ignora. Você interpreta a agressividade que sente por causa do nascimento do bebê, enquanto eu estou interpretando o abandono da mãe por ter tido um novo bebê.

Sem dúvida, porém, não são interpretações incompatíveis e me inclinaria mais pela segunda interpretação, porque o menino vê você na consulta, em seguida, após uns dias, pela segunda vez, na entrevista: estou pensando na transferência que evocou tudo isto. O que ele está dizendo é: "Eu sei de tudo isto, eu sei que as mães têm interesse e se preocupam em algum momento. Ou seja: vi você antes, estou vendo você agora; mas quem sabe quando o verei de novo? Também você pode me deixar cair".

Segundo a descrição que fez M. Klein acerca de como se estabelece a situação analítica com as crianças, podemos contemplar dois processos básicos. Por um lado, há a necessidade de fazer interpretações mais profundas naqueles casos de crianças que se vêm paralisadas por sua própria angústia ou inibidas por esta; por outro, há o processo com aquelas crianças que simplesmente estão inibidas, se sentem inquietas e incomodadas. Neste último caso, o correto é mostrar-lhes que estamos conscientes de como se sentem, facilitar-lhes o iniciar a brincar e interpretar-lhes no brincar a transferência que aparece.

Penso que este menino pertence à segunda categoria: que não está paralisado pela ansiedade; você interpretar a transferência a partir de seu brincar, brincar que tem claras referências à situação vital que está atravessando, com a mãe que tem um novo bebê, que está longe etc.

Voltemos ao que se falou no caso do paciente anterior, apresentado na mesma reunião do Seminário, acerca de como se usa o material que recebemos: olhar e observar a transferência e, a partir daí, utilizar para interpretar o que sucede na vida externa, e não o contrário. Embora mostre-se difícil trabalhar com crianças ignorando o que sucede em sua vida externa, é muito desejável fazê-lo. O ideal, quem sabe, seria que esta informação fosse do conhecimento de quem teve a primeira consulta, mas sempre seria desejável que quem faz propriamente a terapia trabalhasse no escuro e encontrasse sua própria luz por meio das observações, no brincar, no material etc. Frequentemente acontece, em casos como este (em crianças pequenas), que se tem uma primeira sessão maravilhosa, que prenuncia uma terapia muito interessante, e numa segunda sessão a criança simplesmente se planta diante de nós sem produzir nada.

As crianças pequenas são tudo transferência: à mínima mostra de interesse que se manifeste, imediatamente aparecem e respondem na base dela.

Bem, vamos ver o que sucede com este menino.

P: (Deixa o bebê depressa e rapidamente faz um desenho.)

T: O desenho em que coloca Victor (seu nome), Ramón (o do irmão) e algo no meio que não pude entender o que era. Só há um bonequinho.

Ps: O do meio também termina em "tor".

Meltzer: Aparentemente não faz referência ao apelido...

T: Não, não é apelido.

Meltzer: Bem, sigamos.

T: (Pergunto-lhe se este outro nome é o do bebê que a mamãe teve. Não responde e vai brincar com os bonecos. Fazendo referência ao desenho, digo-lhe:) Este é você, e o que você quer é que eu saiba o que se passa com você, que você se sente mal.

P: (Coloca carinha de pena. Pega a figura da enfermeira em uma mão e na outra a do pai e as junta, de forma que parece que se cumprimentam beijando-se de um lado a outro; se abraçam;

junta-as com a figura da mãe, do bebê, das crianças; se abraçam, se batem, se golpeiam com a cabeça.

Deixa-os todos esparramados e rapidamente retira o bebê de entre as pernas da mãe, o joga do lado, o recolhe e o põe a golpear a mãe. A enfermeira leva a mãe, e volta a armar-se outra briga entre todos.)

T: Quando sua mãe teve o bebê, soube-se que ela estava passando mal e você pensou que o bebê tivesse feito mal à mamãe, e você teve raiva deste bebê e pensou: "Mau bebê que fez mal à mamãe".

P: (Põe os pais na horizontal, um junto ao outro, junta-os e os separa rapidamente; parece que se beijam e se batem. Acrescenta a enfermeira a esta representação.)

T: E você pensaria: "Maus os pais que dormem juntos e trazem bebês; e má enfermeira que tem a mamãe; e maus todos que levam embora a mamãe".

P: (Faz uma demarcação na qual coloca os pais, o bebê e as crianças. Aproxima, andando, a enfermeira e diz:) Tim-tim. (Gira uma das peças que representam abrir uma porta, coloca dentro a enfermeira e fecha a porta.)

T: Você gostaria que estivessem todos juntos em casa, e fora a enfermeira que vem para cuidar da mamãe; você fica mal quando mamãe não está.

P: Mamãe já está em casa. (Enfático.)

T: Ah! Eu não sabia.

P: (Pega a figura do pai numa mão e a da enfermeira na outra, aproxima a cara do pai de um lado da cara da enfermeira e imediatamente começa a golpeá-la, especialmente dando golpes na cabeça.)

T: As crianças se aborrecem com os pais que trazem tantos bebês.

P: (Na extrema direita da mesa próxima a ele, pegado à parede, coloca em linha horizontal a mãe e na continuação o pai, de forma que os sapatos do pai quase tocam a cabeça da mãe. Na caixa dos lápis, colocada junto à mãe, põe horizontalmente, em paralelo, o par de crianças.

Na esquerda próxima a ele, apoiando-se na caixa de material que me tirava a visibilidade, faz uma construção com peças de madeira; tenho que me elevar um pouco para vê-lo, quando está colocando umas peças triangulares; pergunto-lhe se é uma casa e ele me responde que sim. Coloca dentro desta construção a enfermeira e o bebê horizontalmente em paralelo.)

T: Que os papais que possam trazer bebês não estejam juntos; que somente estejam juntos se é como criança que não trazem bebês; e que deixam o bebê e sua mamãe juntos, como estava você antes com sua mamãe.

P: (Retira a enfermeira, desfaz a construção de madeira e faz de novo uma construção com peças colocadas em equilíbrio instável; no centro coloca uma peça plana de madeira, me olha e me diz:) É a cama. (E coloca em cima o bebê. Esta construção está apoiada à caixa de guardar o material que está entre aquela e meu braço direito. Em cima da caixa de material, junto à borda que delimita a construção onde está o bebê, coloca o par de crianças – que até agora estava no outro extremo da mesa – na tampa da caixa.)

T: Que medo quando o bebê pensa que os papais não cuidam dele, ou quando está aborrecido com eles; tem medo, muito medo que aconteçam coisas que o assustem.

P: Sim! (E, assinalando o bebê, continua.) Caiu da cama e bateu a cabeça.

T: Quando sua mamãe não estava podendo escutar você ou pegar você nos braços, era como cair da cama e bater a cabeça. Como este menino que está sendo cuidado por crianças tem que ter medo de que não o atendam, que o deixem só, que não o escutem quando está furioso, que o empurrem e que o esqueçam. Como você, que passou mal: quem vai me aguentar? Quem vai me abraçar quando estou furioso?

P: (Pega o bebê e o põe de novo na cama, e diz:) Mas agora está no hospital e vão curá-lo. (E imediatamente se dirige ao lápis longo, e com o apontador começa a girá-lo, mas sem apontá-lo – já tinha a ponta. Naquele instante se mostrou como um menino resolvido.)

T: Daqui a pouco termina nossa hora hoje, e na sexta-feira você volta; vamos recolhendo.

P: (Fica teso e tenso, e com voz rouca diz:) Não (enquanto move a cabeça negativamente).

T: Você está com pena de que hoje não vamos continuar.

P: (Duro e tenso na musculatura, ele me olha fisicamente e permanece imóvel).

T: Vou ajudar você a guardar.

P: Não, eu sozinho (e começa a recolher as peças de madeira, seguindo o modelo da caixa com cuidado, perfeição e lentidão).

T: (Vou pensando que atrasaria meia hora, pois começou a guardar lápis por lápis na caixa. Sem dizer nada, vou recolhendo as folhas e as figuras.)

P: (Guarda as duas caixas.)

T: (Fecho a caixa grande. E uma vez fechada, digo-lhe:) Agora o levo até o papai. (Ao mesmo tempo que me levanto, ele vai se dirigindo para a porta, olhando fixamente a caixa. Caminha lento e hipotônico; entrego-o ao pai e digo:) Até sexta-feira, às 14h30.

T: (Entro na secretaria um instante; quando saio, encontro o pai em pé com Victor nos braços e seu rosto perto do rosto do pai; olha-me, levanta o braço com a mão aberta e a palma para mim e sacode a mão de um lado e do outro. Sorri, e faço o mesmo gesto com a mão.)

Meltzer: É uma sessão realmente muito bonita. É uma verdadeira descrição da ética com que os adultos tratam as crianças. Os adultos ficam fascinados quando têm bebês, mas logo os deixam cair, e tudo que resta é que gostam de fazer bebês, simplesmente o produto. A acusação do Victor consiste em lhe dizer que na realidade você não é diferente dos outros adultos. Você se interessa, está próximo a ele e quando chega a hora, o despacha. Ele sente ferver dentro dele: "Não, agora não!".

Eu retomaria a transferência. O menino viu você previamente na consulta, logo ficou um intervalo em que não ocorreu nada e depois tem esta sessão. Nela, você se apresenta como uma pessoa interessada por ele, com a caixa-peito repleta de coisas muito interessantes, atrativas e boas. Você deixa que ele abra a caixa, veja o que há dentro, brinque com o que há, mas quando realmente está imerso, você o corta com o final da sessão.

Vemos que ele reage muito intensamente às finalizações, de maneira que qualquer término se transforma numa traição.

Por exemplo: está feliz dentro da mãe, vem o nascimento: corta-o; está feliz em casa, vem o novo bebê: corta-o; o mesmo na escola...

seu mutismo eletivo parece ser a maneira de dizer: "Não, isso é ir demasiado longe, já basta...".

Deixá-lo ao cuidado de outros adultos que são como crianças e, além disso, junto com todas essas crianças é demasiado para ele e não vai aceitar.

C. Mack Smith: parece que é como um período de desejar ser um bebê não nascido, calado, novamente?

Meltzer: Não, no lugar disto, seria um período de uma busca de uma situação sem princípio nem fim, com a mãe, de movimento perpétuo.

C. Mack Smith: O menino viu o bebê?

T: Sim, o pai o levou para vê-lo na incubadora.

Meltzer: O bebê está bem?

T: Sim. Isto eu sei por sessões posteriores com Victor.

Meltzer: Parece que é um bom menino, muito inteligente, vivaz, com muita determinação. Também me dá a impressão de que não compreende o que aconteceu, e de que sua percepção do momento é de estar numa situação de descuido. Pelo que ele manifesta ao final da sessão, parece dizer: "Aprendi a lição: se a gente quer fazer as coisas bem, deve fazê-las a gente mesmo, e com cuidado"; e é o que faz.

A situação criada com a mãe que teve de ir ao hospital, que teve o bebê etc. o impressionou muito. Para ele, é mais um descuido. Foi uma desilusão que os pais não tiveram capacidade para mantê-lo numa situação que ele desejava.

Um fato muito interessante que costumamos ver aparecer durante uma análise é o nascimento do bebê seguinte; mesmo que tenham se passado muitos anos, sempre é interpretado como uma desilusão, como se a criança soubesse que finalmente os pais terminariam por substituí-la por outra. Penso que isto, mais do que corresponder ao que Freud denominou "compulsão à repetição", é um reflexo da tendência inata da criança de ser conservadora, pensar que se algo é bom terá que se repetir infinitamente, uma e outra vez. M. Klein sempre insistiu na necessidade de um nível ótimo de dor mental para que se dê o desenvolvimento. O desenvolvimento que é impulsionado pela ansiedade sempre se produz na busca de algo que se perdeu, e, portanto, sua natureza é profundamente conservadora: para dizê-lo de outro modo, é a busca do Paraíso Perdido. Isto é característico das partes infantis da personalidade: estar perpetuamente buscando um estado anterior de total felicidade.

A parte adulta da personalidade funciona na base de um sistema de valores inteiramente diferente. Tem o suficiente desprendimento do corporal, do sensual, para buscar a repetição. O desenvolvimento da parte adulta da personalidade, além disto, não é impulsionada pela ansiedade, mas pelas aspirações e pela admiração para com as figuras parentais.

Isto define o que Bion chama de "aprender da experiência" e também vem a representar uma espécie de espírito de aventura, de tratar de enfrentar novas experiências e aprender a partir delas. O paradoxo é que, ao desenvolver-se a parte adulta da personalidade, ao ter experiências, se desenvolvem paralelamente os objetos internos, de maneira que estes estão sempre diante da realidade.

Podemos ver as partes infantis da personalidade buscando um paraíso perdido, um estado anterior de felicidade, e, portanto, de repetição contínua de que havia. No entanto, as partes adultas perseguem um fim linear, infinito, para diante. No caso deste menino, se existe patologia, estaria relacionada a uma independência prematura: "Se você quer que algo saia bem, faça você mesmo". Podemos passar à sessão seguinte. Qual é?

T: Trata-se da segunda sessão.

Meltzer: Você segue vendo o paciente?

T: Sim. Primeiro havíamos pensado em uma terapia de uns quatro meses e ver então como evoluía; e depois, ver se continuamos ou não.

C. Mack Smith: Manteve-se a intensidade e o impulso que vimos?

T: Sim, e até mais.

Meltzer: Bem, vejamos esta segunda sessão.

Segunda sessão

P: (Entra resolutamente. Tenta abrir a caixa: não consegue; olha-me.)

T: Abro para você?

P: Sim. (E se coloca frente a mim. Como no dia anterior, começa a copiar o modelo da arquitetura. Deixa o modelo; faz uma construção sobre a mesa, meticulosamente simétrica, que me parece um corpo humano com dois peitos no lugar da cabeça. Com a boca fechada, ele parece sugar a língua. Vem para o outro lado da mesa, à minha direita, pega a figura da mãe e coloca-a perto da construção, onde ele estava antes, e diz:) A enfermeira fica ali. (Esparrama todo o conteúdo da caixa em cima da mesa: está muito sensível a respeito do que cai no chão; e caem alguns dos animais que eu pusera, e ele os recolhe. Pega a enfermeira e diz:) Ah, esta não é a mamãe! (E a coloca onde antes havia colocado a mãe. Toma a mãe, faz um gesto de tirar-lhe algo debaixo da blusa, pega o bebê, o aproxima da mãe).

T: O que você está fazendo?

P: (Pega a figura materna e paterna e, mostrando-as, abraça uma à outra, representa que se beijam e as retira.)

T: Se abraçam e se beijam.

P: Sim. (E segue com abraços entre mãe e bebê, que começam a golpear-se, e coloca todas as figuras humanas numa batalha. Pega a galinha e tenta colocá-la num carro, não consegue, e a coloca em cima, dizendo: "Quiquiriqui"; e com o carro atropela o pai; ataca-o com o porquinho, com as patas da ovelha, que aproxima de seu rosto.)

T: Quando você vê a mamãe mimando o seu irmãozinho, às vezes você sente uma fúria, que parece não vai parar e vai armar uma briga muito grande.

P: (Coloca os cordeirinhos e os porquinhos para dormir e diz:) Estão dormindo. (Aponta para uma ovelhinha e diz com pena:) Está morta.

T: Que pena!

P: Todos estes a mataram. (Coloca deitadas todas as figuras humanas e de animais e me diz:) Estão todos dormindo.

T: Um tumulto e uma raiva tão grandes, que você pensa que não pode aguentar. Ou durmo, ou estou aborrecido; e havia uma ovelhinha morta.

P: Agora está viva. (Faz uma construção plana, põe as peças triangulares uma contígua à outra; duas duplas de cilindros verticais, um mais alto que o outro. Coloca no centro a enfermeira e, junto a ela, o bebê.)

T: Isto, o que é?

P: O hospital.

T: Você sabe que onde nós estamos é um hospital?

P: Sim. (E vai colocando os animaizinhos deitados ao redor da enfermeira; a galinha cai no chão e rapidamente ele a recolhe, dizendo em voz alta "quiquiriqui".)

T: Resistiu ao golpe (sorrindo).

P: (Beija com muita ternura três vezes a mão e uma vez o rosto da enfermeira; tira-a de lá e põe em seu lugar a figura do pai).

Meltzer: Houve uma disrupção do jogo e uma mudança em sua forma de brincar. É muito importante a observação que você fez de sua primeira construção: ou seja, que se trata de uma figura simétrica, com dois peitos no lugar da cabeça, e que durante todo este tempo ele parece estar sugando a língua.

Resulta também interessante ver o que faz no início da sessão, e que também fez no começo da sessão anterior: seguir um modelo pouco imaginativo, no qual não intervém a fantasia. Isto parece ser o "leitmov" *da sessão: vem a ser como o título do capítulo de um livro. Nesta sessão seria: "No peito". Sob este título de estar no peito, vemos uma série de processos no jogo, em que há no início figuras femininas como a mãe e a enfermeira, e também beijocas, brigas e mudanças.*

C. Mack Smith: Sim, falamos deste título, "No peito", e então a ilustração começa antes do que você diz. Quando o menino entra, não sabe o que fazer e a T. lhe diz: "Quer que o ajude?". Ou seja, obtém ajuda imediata.

Meltzer: Sim, sim... se este é o caso, há que avaliar se é um pouco difícil abrir a caixa.

T: Agora não é para ele. Mas quem sabe no início, sim: havia um gancho bastante fechado com uma cola e era um pouco difícil. Uma vez que ele aprendeu, já não era mais difícil.

Meltzer: Mas se trata de um fecho normal que qualquer criança poderia abrir?

T: Sim, quem sabe sim. A primeira vez, não; porque o gancho estava muito apertado, a cola está dentro e é difícil ver por onde se tira. Mas quem sabe com a experiência do primeiro dia, se eu o tivesse contido mais e deixado fazer, no segundo dia haveria conseguido.

Meltzer: Porque parece que mais tarde, ao brincar, tira algo de debaixo da blusa da mãe, não é isto?

T: Sim.

Meltzer: Como se no início pedisse permissão... não é que não soubesse como fazê-lo, mas que está pedindo permissão para estar no peito.

Também você observa que é muito sensível às coisas que caem: não as pisa nem as ignora, como fazia anteriormente, mas as recolhe e as põe sobre a mesa.

Se seguirmos com o título "No peito", vemos que todas as figuras querem o peito e se estabelece logo uma luta (entre o pai, os animais etc.) pelo peito. Também aparece então o perigo de que isto penetre no peito: a luta pode lhe fazer dano. Do tema do peito, que é danificado, pisoteado até matá-lo, passa ao tema do hospital. Faz uma nova construção, que também tem um par de cilindros em posição vertical, e diz: "Isto é um hospital".

C. Mack Smith: Qual é o vínculo que ele faz entre a morte e o dormir?

Meltzer: A incerteza é o vínculo entre a morte e o dormir.

Fazendo um resumo, temos, até agora, o peito, com o interesse que todos têm por ele, e o dano que podem causar-lhe, e a alternativa do hospital como mais segura. Ou seja, o hospital é um peito alternativo, para o qual se pode enviar crianças que caem do peito verdadeiro para que possam sobreviver, como a galinha, que sobreviveu à queda.

Há outro indício que nos permite pensar que há uma figura alternativa: seria o pai. Vemos a criança beijando a enfermeira com ternura e se volta para o pai. As estruturas cilíndricas da construção do hospital seriam peito-hospital. A conjunção de mamilo e uma estrutura fálica, em forma oposta ao peito original, que é o mamilo do peito em si.

O impacto que produz este material na T. é o de levá-la a pensar: que diga pouco ao paciente e melhor se concentre em pensar no que está ocorrendo. Quem sabe também você permaneceu em silêncio porque havia recebido projeção que a criança havia feito de toda a confusão entre o peito e o pênis como algo que suga, como a língua que tem em sua boca.

Cabe supor que a disrupção da brincadeira se deva à confusão que ele percebe em você. Então, muda e faz um desenho, como um mecanismo que organiza para mostrar a você o que está se passando com ele. É como se houvesse entendido que você não compreende o que está ocorrendo, e então tenta fazer o desenho para fazer você compreender. Prossiga, por favor.

P: Vou desenhar! (Desenha rapidamente.) Um homem! E aqui um carro; vou fazer uma casa, um menino, e aqui em cima da porta está um menino, e aqui fora outro menino. Este menino em cima da porta tem um olho fechado, assim (olha-me fechando um olho); não, tem os dois fechados (olha-me de frente e fecha os olhos).

T: Com os dois fechados, você não pode ver. O que será que não pode ver?

P: Este daqui (assinala o menino que está fora) tem cabelo (desenha-o); pegou a este (de cima da porta) e sai sangue dos olhos. Sabe? Meu irmão não tem cabelo.

T: Você, sim, tem cabelo.

P: (Aproxima-se sem chegar a se apoiar em mim. Diz doído, baixinho:) Eu, deste que sai sangue dos olhos, sim, posso ser seu amigo, e deste mau, que bate, não posso ser amigo (desenha mais cabelo). Olha quanto cabelo.

T: Quando fica com raiva de seu irmão você se sente mau, feio, se sente mal, e com medo de que eu não vou querer você.

P: Aqui há um cabeleireiro que lhe está cortando um pouco o cabelo (desenha) e olha quanto cabelo tem (faz com o lápis). A este lhe ponho um telefone, e a este (o pequeno), não.

T: Você gosta, e quando tem raiva pensa que ninguém pode querer você, e que ninguém vai escutar vocês, como que expulsam você de casa ou tiram você da cama.

P: Agora ponho um telefone (ao pequeno de cima)... olha (rabisca, apagando, passando a borracha pelas linhas que desenham a casa), a casa se quebra por aqui, e por aqui se rompem (assim várias vezes).

T: Você tem medo que o que se passa na sua cabeça, a raiva, quebre a casa?

P: (Pensativo). Não (desenha uma linha horizontal); este é o chão, a casa está em pedaços, e é esta bola (desenha) a que vem, a empurra e a quebra.

T: Quando nasceu seu irmão, sua mãe teve que ficar no hospital, ficou doente; depois seu tio morreu; parecia que sua família se quebrava, foi terrível o susto que você passou.

P: Sim.

T: Vamos guardar porque agora está na hora.

P: (Vira a página, pega rapidamente um lápis amarelo e desenha um sol; dá-lhe um beijo terno e começa a guardar o material. O faz tão lentamente que lhe digo que vou eu guardar e o acompanho até o pai.)

Meltzer: ***É outra sessão muito bonita.***

Fez um desenho que esclareceu muitas coisas. Estava o pequeno dentro da casa, expulsou para fora o maior e criou uma cisão no maior: ficou o bom-grande abaixo, com o telefone, e o mau-grande acima, sem telefone, e com muito cabelo. Isto ficou assim até que veio um cabelereiro que retirou um pouco de cabelo do de cima e lhe deu um telefone. Logo começa a explicar, de maneira bastante detalhada, como surgem estes processos de cisão. O faz mediante uma analogia: é como se tivesse vindo uma enorme bola que empurrasse a casa e a quebrasse em pedaços. Parece que está apresentando a você, como terapeuta, teorias alternativas acerca de como aparecem estes processos de cisão.

A primeira explicação é que foi sua masturbação que chegou, quebrou a casa e criou a cisão. Logo diz: "Não, não foi isto, na realidade"; mas que foi quando viu o ventre inchado da mãe; isto foi o que terminou de derrubar e fazer cair a casa.

No caso Schreber, vemos que Freud tinha também duas teorias alternativas acerca de como surgia a destruição do mundo na fantasia de destruição do magistrado. É muito interessante no momento em que diz que apareceu quando Schreber retirou as catexias do mundo, e a partir disto este mundo caiu. Mas na nota ao pé da página cita uma poesia de Goethe que fala do punho de Deus que quebrou a casa em pedaços.

O menino também representa duas teorias alternativas homologáveis. Na primeira, sua masturbação ataca a mãe, cria uma cisão nele e destrói a casa; a primeira teoria é uma teoria ativa.

Já a segunda é passiva; o fato de ver o ventre da mãe inchado fez retirar seu interesse no mundo, e com isto quebrou toda a casa em pedaços.

Claramente, no menino-mau-cabeludo, que não tem telefone, que não tem meio de se comunicar e que este meio não lhe possibilita, há uma referência ao mutismo na escola. A figura de baixo, que, sim, tem telefone e que está claramente vinculada com o sol desenhado do outro lado da folha, permitiu, de algum modo, que o menino de cima, que era mau, tivesse um pouco de cabelo cortado e recebesse um telefone para que pudesse se comunicar.

É interessante ver como já na segunda sessão aparecem imagens que surgem nos sonhos e nas análises de crianças.

Por exemplo: o terapeuta é o cabelereiro; temos o sol como imagem boa que ilumina, embora, porém, não possamos esperar que a esta altura ilumine muito... não é possível imaginar que se resolveram os conflitos que estavam presentes: ainda não houve suficiente trabalho analítico para resolver o problema com o irmão, com a mãe, com o hospital etc. O que, sim, podemos imaginar é que o menino encontrou um objeto que o encheu de esperança. Isto parece refletir-se na sua diferença entre a primeira e a segunda finalização das sessões. A segunda vez não diz "não", nem recusa a ajuda da T. Segue fazendo as coisas ele mesmo muito lentamente, o que obriga a T. a ajudá-lo para poder terminar a sessão. Isto é indicador da necessidade de mais sessões: o menino pede a T. que não o deixe cair, que há muitas coisas para falar, que não desapareça etc.

Na primeira parte do material, a criança utiliza – ante o perigo de que o peito seja pisoteado e danificado porque todos o desejam – o mecanismo de encontrar peitos alternativos. Isto funciona como uma chupeta ou a língua que ele chupa.

A destruição do objeto materno está representada, no desenho, pela destruição da casa que tem o bebê dentro. Neste caso, a alternativa ao peito não se acha num objeto similar, nem num objeto transicional, mas num objeto que promove o crescimento e o desenvolvimento ao regular a agressividade: isto é, um objeto que corta o cabelo, que ilumina as coisas etc., ou seja, alternativas de outra ordem.

Todo este processo implica uma magnitude de pensamento considerável, levando em conta que se trata de um menino depois de somente duas sessões e com tudo que aconteceu na realidade.

Quando há conflitos de rivalidade, existe, por um lado, a opção de ter soluções concretas e, por outro, uma alternativa diferente como é o pensar. Esta última alternativa se faz possível quando se tem um objeto que ajuda a pensar. Óbvio, não é nada novo na vida deste menino ter um objeto que o ajude a pensar, dado que tem uma grande capacidade de formação simbólica, de comunicação, de representação das coisas. Mas por ter tido que estar no hospital, a mãe não esteve disponível para o menino.

Mesmo que seja um menino com uma grande capacidade para pensar, esta não foi ainda suficientemente internalizada para poder funcionar sem um objeto externo que o ajude. Esta situação se dá também em qualquer criança sadia e bem desenvolvida. A necessidade de ter um objeto externo, por exemplo, a mãe, que o acompanhe de noite quando vai dormir, que o alimente etc., mostra, com muita evidência, que é fundamental para manter vivo o objeto interno pensante. Enquanto persiste, a separação com a mãe produz uma desorganização enorme para este menino. Isto foi descoberto de forma inequívoca durante a Segunda Guerra Mundial, quando houve evacuações maciças de crianças, que eram separadas de suas mães para afastá-las dos perigos das bombas. A consequência foi que elas se salvavam da destruição das bombas, mas se rompiam em pedaços. Isto se dava inclusive quando as crianças eram enviadas à casa de familiares suficientemente conhecidos por eles. Tive uma paciente que, durante sua infância, foi enviada para a Escócia, para a casa de uma tia de quem gostava muito; sem dúvida, esta experiência teve um efeito tremendamente desorganizador, que a afetou durante toda sua vida.

O contexto em que se movia a criança que acabamos de ver a desorganizou muito: o novo bebê, a mãe no hospital, a morte do tio. Entrou em terapia como uma pessoa que se está afogando. Este caso é completamente diferente do da criança que é trazida à terapia por problemas neuróticos ou aspectos psicóticos: ali o terapeuta se encontra imediatamente com um sistema defensivo, e todas as formas de organização do paciente se estabelecem como uma barreira contra a terapia.

Outro ponto interessante são as duas categorias, que podemos encontrar neste caso, acerca da teoria da cisão. Esta manhã nós falávamos de identificação projetiva, que também se pode categorizar em ativa e passiva. No caso da cisão também se distinguem duas categorias.

M. Klein, em seu artigo de 1946 sobre os processos de cisão, os descreve de modo parecido a como havia feito Freud em 1938, como um sadismo voltado para a pessoa que, a serviço da defesa, cria a cisão. O trabalho com crianças mostra, sem dúvida, que o sadismo que se volta contra o sujeito é o menos comum. É certo que se dão casos de cisão unida à identificação projetiva: neles se cindem partes que, sendo indesejadas, são projetadas de maneira identificatória. Isto forma parte da teoria original da identificação projetiva de Klein. Este tipo de cisão com identificação projetiva realmente ocorre, e dela resulta uma mutilação do Eu.

Sem dúvida, o que mais frequentemente se vê nas consultas é que o primário é uma cisão do objeto, como mecanismo defensivo, em uma parte superior/inferior, dianteira/traseira, e/ou boa/má, e disto, secundariamente, resulta uma cisão do sujeito.

Também é certo que há processos que impactam a pessoa, e que inclusive poderíamos chamar de traumáticos, por exemplo, uma gravidez da mãe, um acidente, uma morte, doenças... todos estes acontecimentos golpeiam de forma traumática e causam uma fragmentação do Eu.

Neste menino, o que surge do material é o carro do desenho. Ocupa muito espaço e na realidade não sabemos nada a respeito, salvo que as duas rodas são similares ao discador e ao disco que há no telefone, o que daria a indicação de que o carro se transforma em telefone e de que há algo da relação boca-peito conectada com a ação de sugar que o menino realiza.

Um problema que se apresenta com os desenhos das crianças é que é difícil interpretá-los e tirar algo deles se o paciente não permite que o terapeuta veja a sequência em que os desenhou. Frequentemente, as crianças com muitas defesas e que apresentam resistências voltam as costas ao terapeuta: não o deixam ver como e em que sequência desenham, e logo mostram o produto já acabado ou, inclusive, o rasgam antes que o analista possa vê-lo. Penso que isto é parecido ao que ocorre com os sonhos nos pacientes adultos: é muito importante que o sonho seja apresentado em ordem cronológica e sequencial, e, no caso de não ser assim, o analista pode confundir-se muito, já que nos sonhos de uma mesma noite – e também nos das noites sucessivas – existe uma estrutura narrativa. Assim como neste desenho, há este carro que ocupa grande parte do espaço e do qual não sabemos nada; o mesmo acontece nos sonhos de pacientes adultos. Muitas vezes, o analista pensa, como no desenho, que há muito que se possa esclarecer e compreender, não obstante, permanece um núcleo completamente obscuro. Em tais casos, creio que estes núcleos são, precisamente, os pontos mais condensados dos sonhos, e será de grande ajuda persegui-los, buscá-los e, por exemplo, pedir ao paciente que explique e descreva um pouco mais a imagem. É muito provável que desta explicação mais a fundo apareçam coisas interessantes que, logo, é possível seguir.

C. Mack Smith: É interessante observar que, embora a T. não tenha feito nenhuma interpretação tão elaborada como a que surge a partir do desenho, o contato foi muito profundo, a ponto de permitir aparecer o peito.

Meltzer: Sim, a recompensa foi o desenho do sol. O qual coloca novamente o problema do que é a interpretação. Aqui está acontecendo algo muito importante, sem medir interpretação.

T: Eu pensei que era algo que ele me viu tentando entender.

Meltzer: É o ambiente, a atmosfera criada por uma pessoa que está realmente tratando de pensar, o que possibilita que, por sua vez, funcione a mente do paciente. Quanto à interpretação, penso que é fundamental que o paciente tenha a experiência de uma pessoa que está lutando para entender, para ver o material e compreendê-lo. De fato, o terapeuta silencioso engendra uma transferência muito negativa e muito persecutória. Certos analistas descrevem isto como algo bom e, inclusive, chegaram a formar parte da tradição psicanalítica norte-americana. "O silêncio é ouro"... Isto significa que se faz mais dinheiro!

Falando seriamente, a questão é colocada em torno do que agrega a interpretação ao conhecimento de si mesmo por parte do paciente. Qualquer interpretação que seja aproximadamente correta é simplesmente uma verificação de algo que já está pré-formado na mente do paciente. Embora sirva para atrair sua atenção a respeito e, portanto, torná-lo mais consciente, no meu modo de ver não determina um incremento de seu autoconhecimento. O que, sim, logra, e isto é essencial, é ilustrar o paciente acerca do modo como pensa o analista; e isto é, por sua vez, integrado em sua própria forma de pensar e transferido aos objetos internos, que adquirem então capacidade analítica para observar e pensar. Isto é, na verdade, a base da autoanálise, que pode se dar quando os objetos internos adquirem esta capacidade analítica de observar e de pensar.

Se a apreciação é correta, penso que justifica algo que eu faço muito... que é falar muito... Como vocês podem ver. Penso que vale a pena, em termos de como funciona a análise, revelar ao paciente tudo o que se pode acerca de como se pensa analiticamente. Um analista não deveria formular uma interpretação e dá-la como um médico receitaria uma injeção, como algo concentrado e específico, que, assim, haveria de consistir em uma interpretação mutativa.

Quando temos que decidir fazer uma interpretação ou não, creio que o critério nunca pode ser pensar se é correta ou não, já que jamais seria possível sabê-lo, dado que, em qualquer momento determinado, é possível que tenhamos um amplo leque de coisas a dizer acerca do material. Como não é possível verbalizar tudo o que nos ocorre, existem dois critérios para escolher o que se vai dizer. Um é que a interpretação cubra adequadamente a maior parte do material. Outro é que resulte interessante.

Sei bem que, se isto se refere à interpretação, pode-se generalizar a uma grande quantidade de comentários que podemos fazer ao paciente e que não são estritamente interpretações, mas uma maneira de colaborar na exploração da mente da pessoa. Quando vamos "al grano" *e olhamos realmente o que são as sessões, nos damos conta de que, na verdade, trata-se muito desta colaboração--exploração. Também, de uma tarefa de tradução, seja do brincar, das ações, dos sonhos do paciente, e menos de uma estrita interpretação. Esta cabe quando a gente pensa que pode cobrir o material e dizer algo interessante.*

O mesmo sucede no que se refere aos sonhos. A maior parte da tarefa consiste em fazer uma leitura do sonho, traduzir a imagem visual em imagem verbal. Quando estamos explorando um sonho, a parte interpretativa vem depois do dar-se conta, por parte do analista, da tradução e de ter logrado encontrar o sentido do sonho. Depois poderemos encontrar o sentido do tal sonho na transferência, na vida interna da pessoa etc. *A primeira parte da interpretação, que é a leitura e a tradução, não oferece nada ao paciente, já que é o sonho do próprio paciente. Por outro lado, a segunda parte, que é a exploração do significado do sonho dentro da transferência, oferece um incremento do conhecimento ao* self *do paciente, ao permitir-lhe relacionar e juntar as coisas. Trata-se de um verdadeiro incremento, porque se consegue vincular coisas que, por terem estado separadas no tempo em diferentes sessões, tinham, na realidade, vínculos muito frágeis entre si.* ***Com a segunda parte da interpretação, consegue-se uni-las em uma única peça.***

Portanto, poderia dizer que um progresso analítico não é um incremento de autoconhecimento, mas um desenvolvimento que permite um aclaramento de confusões e uma melhor organização. Esta visão "desenvolvimentista" da análise é

fundamentalmente kleiniana e contrasta claramente com a visão freudiana, na qual, predomina inconsciente × consciente. Uma das consequências disto é que os analistas kleinianos estão relativamente pouco interessados em psicopatologia e, por isso, tendem a escrever poucos artigos sobre a estrutura dos sintomas em psicopatologia. Bem, vamos ver outro caso.

Comentários posteriores

O tratamento terminou cerca de meses depois: os pais consideraram que Victor já estava em condições físicas e psíquicas para eles mesmos atenderem-no.

Na evolução do tratamento, ele foi manifestando muita agressividade contra mim (representante materna); cuspia-me, insultava-me a gritos, lançava-me o que havia na caixa de jogos; fazia-me sentir que eu não entendia nada e que era incapaz de contê-lo.

Pegava de volta as peças do chão... para atirá-las em mim de novo, e ao ir-se esparramava tudo, se a caixa estava em cima da mesa, jogava-a no chão e me dizia: "Agora recolhe você, quando eu for embora!". Quando estava muito colérico saía como um raio até a sala de espera, onde estava o pai, e este o devolvia à sala.

No dia anterior à despedida, desenha a curva de uma avenida e me diz: "É a autopista. Papai vigia para que não haja nenhum acidente porque é curva; uns vêm nesta direção, os outros na outra, e não se enxerga bem".

Tempos depois, soube que na escola falava com a professora só o imprescindível e que em relação às outras crianças não observavam nada em especial.

VICTOR

3. Jordi: Da bi à tridimensionalidade

É um menino atualmente com 15 anos: começou o tratamento aos 11 anos, com frequência de duas sessões semanais. Vive em uma cidade industrial perto de Barcelona, na qual também está a instituição que o atende.

O pai tem 45 anos, e a mãe, 43. Tem um irmão de 13 anos e uma irmãzinha de 6 meses de idade. A mãe teve abortos espontâneos, o primeiro antes de Jordi nascer, e o último pouco antes de engravidar da pequena.

A maior preocupação dos pais concentra-se na exagerada timidez, inibição e medos de Jordi, considerando secundária sua dificuldade de aprendizagem. Parece que uma motivação importante pela busca de tratamento era que eles se envergonhavam porque as pessoas pensariam que não era um menino normal.

Trata-se de uma família de classe média, muito conhecida na cidade por ter um negócio bastante prestigiado, no qual trabalham os pais e os avós maternos. Este negócio condiciona muito suas vidas, segundo dizem, por estar sempre rodeado de gente, o que usam como argumento para sua dificuldade em colocar limites ao menino, sobretudo no que se refere à alimentação: "Come o que quer – que é quase sempre o mesmo – e não admite variações"; quando tentam, ele arma um escândalo e, para não dar um espetáculo, devem aceder às suas exigências.

Jordi nasceu depois de oito anos de matrimônio, pouco tempo após o aborto mencionado. Foi um bebê inquieto, com tendência ao vômito; não podia ficar sozinho; sempre despertava aterrorizado e dormia muito pouco. Foi alimentado ao peito até os 6 meses, ainda que aos 3 meses tenham iniciado com as sopinhas; era muito guloso e, para que não chorasse, tinha que dar uma colherada em seguida à outra, pois não suportava pausas.

Aos 20 meses, aproximadamente, levaram-no a uma creche porque a mãe estava novamente grávida; frequentou a creche por quatro anos, mas nunca se adaptou e chorava quando o levavam.

No primeiro dia da creche, ao voltar para a sua casa, esta não mais existia, pois havia sido derrubada; os pais aproveitaram para mudar de casa. Tratava-se de uma casa muito antiga e a demoliram.

Até 2 anos era um menino que "ia com todo mundo", "era bastante sério, não ria nunca". Quando estava com 26 meses nasceu o irmão, e parece que, a partir daí, o tiraram do quarto dos pais e foi dormir com os avós. Nunca conseguiu dormir sozinho e atualmente dorme com o irmão.

Na creche iniciou o controle dos esfíncteres; esporadicamente tinha enurese noturna; às vezes, encoprese, e a mãe explicava que era porque ele tinha vergonha de pedir.

Os pais o descrevem como muito inibido e inseguro, e às vezes tirânico: não aceita que se negue nada, conseguindo sempre o que quer. Aos 11 anos, quando começou o tratamento, não havia se tornado independente em hábitos cotidianos, como: a mãe o levantava, vestia, dava banho, amarrava os cordões dos sapatos etc. Atualmente, terminou o ciclo básico escolar e está cursando o primeiro ano de formação profissional, com especialização em Informática, pois tem especial habilidade com os computadores.

O pai é cálido e comunicativo; sente-se culpado em relação ao filho, pois não lhe pode dar suficiente atenção por causa de seu trabalho, mas tenta comprar tudo o que Jordi lhe pede, o que é criticado pela mãe. "Ela é fria, distante", muito preocupada em ocultar a problemática do menino para que "os outros não saibam"; se queixa de ele não ter adquirido hábitos, de que ela deve fazer-lhe tudo e de que ele os tem ameaçado com seus golpes de "gênio"; diz também que ele é bom, que "não tem malícia" e que pode ser enganado por qualquer um.

Estando Jordi em tratamento, a mãe teve um parto prematuro no oitavo mês (o feto estava morto no útero); depois disso, ficou novamente grávida e há uns seis meses deu à luz uma menina.

Meltzer: Pela história, parece um menino muito bidimensional. Gruda na superfície, sem diferenciar as pessoas. Gruda nas pessoas e tem muito pouca capacidade para aprender. Prossiga, por favor.

T: É um menino loiro, de lindos olhos azuis que parecem transparentes pela sua inexpressividade. Tem estrutura física grossa, mas não gorda. Seu corpo dá a impressão de ter uma bolsa nas costas; é muito rígido em seus movimentos. Quando começou o tratamento era mais baixo que eu, e atualmente me ultrapassa mais de uma cabeça.

Jamais desenvolveu uma conversação espontânea; às perguntas, responde com monossílabos. Quando interpreto, tenho a sensação de estar dizendo bobagens, apesar de que me escuta e diz "sim"; mas é provável que na sessão seguinte repita parte do que lhe disse, ainda que sem lhe dar sentido.

Meltzer: Esta repetição é também uma característica da criança bidimensional: aprende por imitação. Prossiga, por favor.

T: É muito pontual e, às vezes, chega antes da hora; então tem que esperar, mas apenas ouve meus passos, se levanta e vem ao meu encontro com uma atitude de "cãozinho espancado". Quando entra no consultório se senta, abre sua caixa e inicia retirando alguns brinquedos ou fazendo um desenho, mas, no quer que faça, é lento e minucioso; às vezes, se entretém durante muito tempo fazendo pontinhos com a caneta hidrográfica ou bolinhas de massinha. Permanece sempre com a cabeça baixa e só me olha de esguio.

O ritual que prevaleceu durante todo este tempo é o de ir à privada pouco tempo após iniciar a sessão; nos últimos meses, em alguns dias ele não foi à privada.

Meltzer: Para urinar ou defecar?

T: Ultimamente é para urinar. No começo defecava, com um cheiro muito forte que inundava a sala.

Meltzer: Bem, prossiga, por favor.

T: Quando faz uma espécie de jogo ou quando desenha, dá a impressão de que vai surgindo naquele momento, como se não existisse nenhuma intenção, como algo alheio a ele, embora logo o explique como se fosse algo que ele tivesse querido fazer.

Fez uma série de envelopes de papel nos quais vai colocando seus desenhos para que não fiquem soltos na caixa; quando o envelope está muito cheio, ele o cola, de maneira que não é mais possível retirar os desenhos; ficam como que arquivados.

Meltzer: Parece a imagem de sua unidade de memória, como se fosse um computador. Prossiga, por favor.

T: Durante este tempo de tratamento, muitas vezes me senti impotente ante uma situação amorfa, lutando, por um lado, contra o tédio e, por outro, buscando uma maneira de aproximação. É como se, apesar de sua falta de emoção e de expressividade, houvesse algo que me impulsionasse a querer tocá-lo, como uma forma de entrar em contato com o sentimento de que minhas interpretações se perdem no vazio e carecem de sentido para ele.

Meltzer: É a contratransferência que ele evoca: uma oscilação entre tédio e uma espécie de desejo de ter um contato físico para fazer com que ele se volte para você. Há algum tipo de semelhança com a mãe, que continua vestindo-o e prestando-lhe outro tipo de serviço por necessidade de contato corporal. Provavelmente a atitude do pai, de comprar-lhe sempre coisas, tem a mesma função, parecendo haver necessidade de estabelecer algum tipo de contato que provoque alguma resposta por parte do menino.

É um menino com uma emocionalidade muito empobrecida; passa somente por diversos estados de excitação: ou está tranquilo, ou está furioso.

Não modula, e não há nada da complexidade que corresponde a um estado emocional. Obviamente, não é um deficiente mental.

Sessão de quarta-feira

T: (Chega pontualmente. Abre sua caixa, retira a mesma folha da sessão anterior – era desenho de figuras geométricas: círculos, quadrados, retângulos etc. –; pede-me a cesta de lixo e eu a alcanço; procura os lápis de cor e vai tirando as pontas, e outra vez começa com sua interminável rotina de pintar...)

Meltzer: Como ocorre isto do cesto de lixo?

T: O cesto de lixo está mais perto de mim. Como se ele não pudesse se levantar; pede-me o cesto de lixo e eu o pego.

Meltzer: Provoca uma resposta automática em você porque uma criança como esta produz o efeito de turvar, de achatar o pensamento, e de não deixar material para pensar. Sua mente não funciona porque há muito pouco material de observação.

T: Todo este desenho é em cores, e ele o executa muito lentamente. Começou o desenho na sessão anterior e o terminou nesta.

Meltzer: Bem prossiga, por favor.

T: (Digo que me parece muito importante a tarefa de pintar, muito entretido; e que por uma parte me parece que é o desejo de que tudo esteja bem pintado, mas que também serve para que nós dois estejamos muito tranquilos, que não vai suceder nada que o possa perturbar.)

Meltzer: Parece-me uma boa interpretação. O que ele diz?

T: Aparentemente me escuta. Diz "sim" e continua pintando; é como se não lhe importasse o que lhe disse; segue pintando detalhadamente. Quando acaba, pega outra folha e se põe a traçar linhas usando uma madeira como régua.

Meltzer: Na sessão anterior, utilizou a régua para fazer o desenho?

T: Sim.

Meltzer: Prossigamos.

P: (Não coloca no envelope a folha que havia terminado de pintar, mas a coloca em cima de outras folhas em branco.)

Meltzer: Geralmente coloca-a num envelope?

T: Geralmente sim. Neste caso não, como se o desenho não estivesse terminado (fiz uma cópia para trazê-lo à supervisão, pois ele tem tudo bem controlado).

Meltzer: Prossiga, por favor.

P: (Ele aponta os lápis plastidecor:[3] ele gosta que estejam com ponta bem afiada. Começa a pintar com a cor marrom a franja que havia desenhado, e logo recorta a parte central, deixando uma espécie de marco. Pergunto por que o faz.) É uma moldura para o desenho de outro dia.

T: O do outro dia é um desenho que você fez após o fim de semana, e agora você faz uma moldura; parece-me que você queria que eu fosse como esta moldura que pudesse ajudá-lo a conter as coisas dentro de você; os pensamentos, os mucos, os cocôs que saem de você.

P: (Olha-me de soslaio.) Sim.

T: É hora, temos que terminar.

Meltzer: Provavelmente, quando diz que é uma moldura para o outro desenho, para ele seja muito material que deu a você. Fez molduras alguma outra vez?

T: Sim.

3 Lápis de uma espécie de cera plástica [N.T.].

Meltzer: É parte de seu ritual habitual?

T: Não, não exatamente. Alguma outra vez fez uma moldura, mas não faz com frequência.

Meltzer: Fazer uma moldura quer dizer que está satisfeito com o desenho?

T: Não, creio que não.

Meltzer: Provavelmente, a moldura é para um quadro que é a sua imagem, e ele está de acordo com a interpretação que você lhe faz.

A paz e a tranquilidade ininterruptas são, para ele, uma necessidade, assim como o método de alimentação com as duas colheres ou o dormir no quarto dos pais. Também mostra que ele experimenta sua interpretação como algo que faz deste quadro uma grande entidade e o converte em algo memoriável. A teoria do pensamento de Bion é muito aplicável a um menino como este; é um jovem que tem uma capacidade simbólica muito limitada. Bion distingue a função cerebral, que opera como uma espécie de grande computador (que armazena informação para lembrar), do aparato mental, que cria símbolos a partir de experiências emocionais que estão disponíveis para o pensamento, para o sonho e para a memória. De certa forma, faz uma distinção entre a memória, que é um processo para reconstruir as experiências emocionais, e a capacidade de recordar, que equivale a trazer trocas de informações à tela do computador.

Se seguirmos esta linha de pensamento, o que você lhe disse criou uma moldura ao redor de seu desenho, convertendo-o, assim, em um quadro que pode ser pendurado na parede. Isto convida a mais interpretações. Uma vez que se lhe deu esta moldura que o converte em algo equivalente a um sonho, então, se torna disponível para que seu significado seja interpretado. Até agora você o interpretou como um produto de seu desejo de paz e tranquilidade entre vocês dois. Isto se prestaria a explorar mais acerca do que significa para ele "paz e tranquilidade". Poderia, então, conduzir para uma exploração no nível descritivo do que está representado no desenho, da mesma maneira como um paciente relata um sonho. Teria que explicar seu desenho, embora você tivesse que lhe perguntar: "Que é isto, e o que é isto? E o que é isto?", até que se tenha construído uma imagem descritiva deste desenho.

C. Mack Smith: O menino responderia?

Meltzer: (à T.) Você tentou?

T: Sim. Disse: "Este é um quadrado", "este é um retângulo".

Meltzer: Ele lhe dá respostas geométricas. Dá a você respostas do mundo externo?

T: Na outra sessão saiu algo relacionado a isto.

Meltzer: Se somente dá respostas geométricas, resta só a sua imaginação para dar significados ao desenho.

É frequente em crianças no período da latência fazer desenhos geométricos e não responder à investigação do T., e este tem que usar sua imaginação. Um dos fatores que inibe o T. é o temor de que se equivoque. No caso de um menino como este, que é diferente de um latente típico, que responderia algo como: "Não, é só uma forma, só uma forma", fica bastante claro que não é simplesmente uma forma ou um padrão, mas que é o desenho de algo. Creio que você pode estar segura de que ele não sabe o que está representado no desenho. É um quadro que está em sua mente e que ele reproduziu no papel como se se tratasse de uma fotocópia: ele não sabe o que é.

Você está numa situação similar a quando um paciente lhe descreve um sonho. Alguns sonhos são simplesmente um quadro, não há nenhuma narrativa, e parecem que não têm significado. Você pode superar sua inibição e compreender que o menino tem este quadro em sua cabeça, mas não sabe o que representa o desenho. Você pode usar sua imaginação para compreender o significado. Em termos da teoria do pensamento de Bion, isto significaria que você se comprometeria a desempenhar a função alfa para ele.

O mais notável é que se trata de um desenho arquitetônico. Também tem implicações de perspectiva, basicamente de olhar para dentro, olhar para baixo... onde você atende o menino? Como é o lugar?

T: É um andar de um edifício.

Meltzer: Em que andar?

T: No primeiro andar.

Meltzer: Quantos andares há?

T: Cinco andares.

Meltzer: Tem elevador?

T: Sim. Mas ele não o toma, pois estamos no primeiro andar.

Meltzer: Então já ficaria eliminado, por exemplo, que tivesse algo que ver com olhar para baixo, pelo vão do elevador. Este desenho é claramente arquitetônico e é um mirar para baixo e para dentro. Sobre isto, você poderia fazer-lhe alguma pergunta acerca da curiosidade para com você: quem você é?, como opera sua mente?, o que você tem dentro de você? É uma forma de trabalhar que eu utilizaria com este menino.

Parece-me muito significativo que ponha molduras nos quadros; é interessante pensar se tem algo a ver com suas interpretações. Se não me equivoco, ao pensar que esta moldura é uma resposta à sua interpretação, a repetiria de diferentes formas para explorar o que significa sua necessidade de calma e tranquilidade.

Esta é uma das formas como podemos usar a teoria do pensamento de Bion com crianças cuja vida mental não se desenvolveu, no sentido de que a formação simbólica não conseguiu se desenvolver ou está desenvolvida numa forma rudimentar. São crianças essencialmente bidimensionais, aquelas que a senhora Bick descreveu como que usam a pele como continente; não se relacionam com a mente de outra pessoa, mas o fazem por meio de corpos e de funções corporais. São crianças que não têm mundo interno e que se mantêm unidas por uma pele mental.

Veremos se, com a sessão seguinte, pode-se estender e instrumentar esta aproximação.

Sessão da segunda-feira seguinte

P: (Chega cinco minutos antes do horário e tem que esperar; assim que entra, me pede para ir ao *toilette*; vai e volta bastante rápido.

Retira o desenho da sessão anterior, faz alguns retoques (colore um pouco mais a moldura), põe seu nome e o guarda em uma das sacolas. Tira a massinha (era uma torta em três andares, feita em uma sessão anterior) e, muito lentamente e com muito cuidado, corta-a em pedaços.)

Meltzer: Corta-a como uma torta, em segmentos seguindo o círculo?

T: Não.

Meltzer: Com suas mãos?

T: Sim.

Meltzer: Sim. E lentamente e com cuidado. Em partes iguais?

T: Mais ou menos, sim.

Meltzer: Ficam como se fossem arrancadas?

T: Sim. Dos pedaços faz uns óculos, um nariz e uma boca e os coloca sobre a mesa (como uma cara, mas sem contorno).

Meltzer: Coloca-os sobre a mesa de modo que tenham relação entre eles?

T: Sim, o nariz, a boca...

Meltzer: Não tem moldura, nada envolta?

T: Não.

Meltzer: Bem, prossigamos.

P: "Já — É uma cara".

T: (Digo que é uma cara na qual os óculos, o nariz e a boca estão como se estivessem soltos; os fez de uma torta de três andares que fizera numa sessão passada; depois do fim de semana e de ter que esperar, parece que nada podia ficar unido; que, além disto, na quarta-feira não vai poder vir, e me parece que são todas estas separações e esperas que fazem que se destroce tudo dentro dele.)

Meltzer: Espere, vamos pensar sobre esta interpretação. Quanto tempo fazia que ele havia feito a torta?

T: Parece-me que fazia uma semana.

Meltzer: Esta sessão é, então, depois de um fim de semana em que teve que esperar pela sessão?

T: Além disto, não poderia vir à sessão seguinte a esta.

Meltzer: Por quê?

T: Tinha que ir a uma consulta médica.

Meltzer: Você está interpretando que, por causa do fim de semana e da espera, nada pode se manter unido. Não me parece correto, porque ele faz um rosto, que mostra estar unido. Para ele, o que antes era uma torta, agora é um rosto. Não é uma destruição, mas, sim, uma transformação que ele efetua com suas mãos. Prossiga, por favor.

P: Sim. (Olha-me e fica esperando para ver se digo algo mais; pega este conjunto de massinha, desgruda da mesa, mas sem que se desmanche o que havia feito, e põe lentamente na caixa.)

Meltzer: Está desiludido porque você não lhe disse mais nada. O que você poderia ter-lhe dito?

T: Nesse momento não me ocorreu mais nada.

Meltzer: Quando você trabalha com ele, usa óculos?

T: Não.

Meltzer: Da família, quem usa óculos?

T: O avô.

Meltzer: Ele não usa?

T: Não.

Meltzer: De dormir no quarto dos pais passou a ir ao quarto dos avós. Quando chegou, o bebê foi retirado do quarto dos pais, passando ao dos avós. Quem sabe podemos interpretar que este rosto com óculos seja do avô.

Sente que passou o fim de semana, durante o qual ele esperou você, no entanto, mudou. Pensou ser a torta, como o peito da mãe que alimentava, e se converteu no avô.

Todas as interrupções, todas as rupturas, têm para ele o significado de um lugar onde o novo bebê se intromete. Não sabemos se é verdade ou não, mas isto dá uma oportunidade para pensar um pouco por ele, para dar significado a suas imagens. Isto é o que significaria desempenhar a função alfa por ele, e não é o mesmo que a interpretação. É um tipo de conjectura que fazemos por ele. Na interpretação se usam os símbolos, pode-se discernir seu significado e tentar compreender o que é que representam para a pessoa. Neste caso, ele tinha um quadro seu na mente, e o troca por outro, mas não sabe o que significa este último. Ele vê que há uma mudança de quadros, embora sua configuração ocorresse sem que pudesse entender a relação entre um e outro. Tem os óculos, o nariz e a boca na mesa; quando levanta tudo isto e põe na caixa, o coloca na mesma configuração?

T: Não.

Meltzer: É que você o decepcionou e ele retirou a utilidade deste rosto; pode ficar destruído. Por outro, lado ele guarda e cuida do outro quadro. Se chega à situação em que parece ficar desiludido ou decepcionado porque você não lhe diz mais nada, e você não sabe o que lhe dizer, podia expressar-lhe perfeitamente que ele está desiludido porque você não tem nada mais a dizer-lhe. Prossiga, por favor.

T: (Aviso-o que é hora de guardar.)

P: (Guarda tudo, fecha a caixa e se levanta.)

Sessão de segunda-feira

P: (Chega antes da hora e tem que esperar. Entra na sala, abre sua caixa, retira a massinha – os óculos de outro dia –, tira mais massinha da caixa e fica pouco tempo amassando-a; retira um frasco de cola que usa como molde para fazer rodelas; faz muitas rodelas. Pega os animais da caixa e vai pondo as rodelas no pescoço dos animais; pergunto o que está fazendo.) São colares de animais.

Meltzer: Você usa colares nas sessões?

T: Sim, muitas vezes, sim.

Meltzer: Bem, prossiga, por favor.

T: (Eu os relaciono com as rodelas/buracos que desenhou em sessões passadas, com o fato de não ter vindo na quarta-feira, com o sentimento de ficar vazio como estas rodelas/buracos e sua necessidade de ter uma espécie de dono, alguém que sempre esteja ao seu lado, que não o abandone e que não o deixe tanto tempo no vazio.)

P: (Olha-me sem dizer nada, espera até estar convencido de que não direi mais nada, então, retira uma folha branca e se põe a desenhar usando um pedaço de madeira como molde. Desenha uma espécie de construção, primeiro com lápis e logo a repassa com caneta hidrográfica – tudo isto muito lentamente.)

T: O que está fazendo?

P: É um castelo.

T: (Interpreto a necessidade de sentir-se forte, protegido, sem abandonos nem separações que o deixam sem proteção – na parte da base do castelo havia desenhado as rodelas/buracos. Aviso que é hora de terminar; guarda tudo lentamente.)

Meltzer: É uma sessão muito boa. Os óculos também são como círculos, como rodelas. Também são anéis nos quais há olhos que olham. Isto foi mudado por anéis nos quais se põe a cabeça dos animais e pelo que chama de colares. Há dois níveis: no primeiro, o colar é uma decoração, e neste sentido é um objeto bidimensional usado simplesmente como uma decoração na superfície. Sem dúvida, podemos ver que o animal põe os olhos ali, que foram como moldes para fazer biscoitos. Imagino que este menino, praticamente, nunca olha você nos olhos; mas aqui estão os olhos, os anéis, os óculos, seus olhos olhando-o e também seus olhos se olhando para dentro.

Em nível tridimensional, isto significaria colocar seus (dele) olhos nos teus óculos, ou pôr seus olhos ou sua cabeça dentro do mamilo da mamãe e ver o que tem dentro. Isto nos leva ao quadro anterior e também ao marco, que é o marco dos óculos. É um material rico para um menino como este. Ele está ansioso para ouvir suas palavras, espera por elas, e quando não as recebe se sente desiludido, e o que quer é olhar para dentro de você para ver se encontra as palavras que você não lhe dá.

Podemos pensar, com certeza, que cada interrupção é, em seu pensamento, uma interrupção na qual um bebê pode se intrometer. Esta é uma situação parecida à que produz sua intolerância à espera da comida; não pode haver uma interrupção entre uma colherada e outra porque cada interrupção significa que está sendo dada a outro bebê: se você não está levando a colher para fora, está levando-a para dentro para outro bebê.

Se seus olhos não o estão olhando e sua boca não está falando, isto quer dizer que seus olhos estão olhando para dentro e sua boca está falando, dirigindo-se para dentro, ao outro bebê que está dentro de você.

Não sabemos se isto é correto ou não, mas é um modelo do que temos de fazer para trabalhar com um menino com o qual temos que desempenhar a função alfa. Você, T., tem que encher os quadros dele de significado. Com um menino como este, é muito provável que não tenha nenhum tipo de resposta imediata que possa lhe dar alguma chave para saber se você está dizendo bobagens ou não. Você tem que ver tudo isto por você mesma e ver também como a ideia que está gerando pode produzir distintas partes de material, que você há de reunir para dar-lhe algum sentido. Todo o trabalho analítico é assim; a única coisa que nos leva a abrir a boca para formular uma interpretação é a ideia de que há algo interessante para dizer. Todavia, com a maioria dos pacientes pode haver alguma resposta que nos indique se escutaram o que nós dissemos ou não, e se o abandonaram imediatamente. Com um menino como este, a resposta vem na sessão seguinte; tem que esperar a sessão seguinte. Neste tipo de trabalho, há de se procurar deixar livre a imaginação do terapeuta e falar de forma tão contínua quanto possível.

C. Mack Smith: É difícil: você tem que se haver com o sentimento de que ele quer paz e tranquilidade.

Meltzer: Sim, naturalmente; é um trabalho difícil. Ele não quer paz e tranquilidade propriamente ditas; para ele, paz e tranquilidade querem dizer não haver interrupções durante as quais outros bebês possam se intrometer. Você tem que criar, a partir de uma situação aborrecida, algo fascinante. Trabalho duro!

Ps: O castelo que desenha, poderia ser um pouco o lugar no qual se refugia e se retira da realidade para ficar tranquilo?

Meltzer: Creio que não. Penso ser um quadro que representa a T., experimenta dela uma concepção tridimensional, como tendo bebês dentro. Neste menino há uma evidência de progresso, já que seu objeto começou a ser tridimensional. O castelo é como um quadro da T., uma imagem dela. Já começa, para ele, a ter o sentido de um objeto tridimensional; tem um "dentro", um interior no qual estão os bebês. Tem a ideia de que a T. está falando o tempo todo com eles, ao passo que com ele só fala duas vezes por semana. Esses quadros são, em sua mente, como sonhos: não conhece seus significados. A terapeuta também poderia explicar-lhe isto!

Ps: Poderia estabelecer-se uma relação com a situação da casa em que se criou, um negócio em que a mãe estava sempre atendendo os clientes e tinha muito pouco tempo para atendê-lo, para ocupar-se dele?

Meltzer: Certamente. É possível que a insistência do menino em ter uma dieta muito especial e limitada seja uma forma de diferenciar-se dos clientes que comem essa outra comida. Dá a impressão de que estes pais não criaram um lar, mas que têm um lugar para dormir e um negócio, que é seu lar emocional. Se sentem culpados por não terem criado um lar para este menino. Compensam esta culpa de distintas formas: comprando-lhe coisas, vestindo-o, deixando-o dormir em seu quarto, deixando que vá dormir com os avós etc., mas, fundamentalmente, se sentem muito culpados em relação a ele.

É interessante que um menino assim se interesse por computadores e manifeste talento para isto. Lembro-me do caso de um menino assim, que fazia desenhos arquitetônicos maravilhosos, a ponto de o reitor da Escola de Arquitetura de Londres os publicar. É um menino do Caribe, creio que da Jamaica. O pai era arquiteto, mas morreu em um acidente de moto quando o menino tinha 3 anos. Após esta tragédia, a mãe ficou totalmente destruída, pois adorava o marido, e o menino "desapareceu", submergindo num estado autista.

T: Algo que chama a atenção é que eu estou sentada no consultório, de modo que atrás de mim há uma janela, e ele se senta em frente. Diz que desenha o que vê pela janela.

Meltzer: Incluindo você?

T: Não.

Meltzer: Como se olhasse através de você.

T: Sim, através.

Meltzer: A janela é também seu quadro. Mesmo que você não esteja nele explicitamente, está implicitamente, como um belo quadro de Bellini em que somente aparece o fundo e falta a figura, como um buraco onde está o objeto...

Provavelmente este menino foi bidimensional desde o nascimento. Poder levar um menino assim, desta idade, à tridimensionalidade, é um grande acontecimento. Crianças como estas, em geral, até os 8 ou 9 anos, são excluídas por serem tidas como deficientes mentais; somente aprendem por imitação, falam como papagaios, se movimentam como robôs etc. Este é um caso muito interessante.

C. Mack Smith: (Para T.) Você não parece muito convencida!

T: É que estou muito preocupada por aquilo de ter que cumprir a função alfa para o menino.

Meltzer: Sim, você tem que deixar livre sua imaginação.

Ps: Lembro-me do livro de Joyce MacDougall no qual ela o conceitualiza de modo distinto, mas fala de pacientes "normopatas", que quase não têm uma relação simbólica com o mundo e aos quais se tem que emprestar a função alfa.

Meltzer: É muito diferente da função da interpretação, que consiste em desvelar o significado simbólico. Este tipo de trabalho consiste em encher de significado algo que está vazio disto. Com crianças não desenvolvidas e com os autistas, temos que fazer isto constantemente. Ao dar-lhes significados, também lhes estamos dando símbolos. Supõe-se que isso é o que a função alfa da mãe dá, permitindo, desta forma, ao menino introjetar o pensamento e desenvolver seus próprios símbolos.

Há dois tipos de símbolos. De um lado, estão os que recebemos da experiência cultural e que usamos regularmente. De outro, quando falamos de uma experiência mais íntima e apaixonada, necessitamos de símbolos mais pessoais e individuais, pois os outros não se prestam para isto. Este menino necessita de símbolos mais idiossincrásicos. Ele desenha um castelo, e isto pode ter muitos significados, mas você precisa dar-lhe um significado muito idiossincrásico.

Isto dos anéis, os óculos... relaciona-o muito com o negócio, em que é primordial cozinhar, a doçaria etc. Isto é algo que deve ter muito significado para ele. A diferença entre o colar, como adorno bidimensional, e o anel ou os óculos, ou inclusive o círculo dos seus olhos, dos quais ele pode se aproximar e olhar dentro, é um material muito rico: vê-se a passagem da bidimensionalidade à tridimensionalidade. Você está realmente cruzando a bidimensionalidade em direção à tridimensionalidade e está a ponto de poder trabalhar analiticamente com ele. Nesta situação, é importante que a T. fale de forma contínua e descritiva. À medida que isto for acontecendo, vão surgindo os símbolos. Isto requer um estado mental de observação. O que tem que fazer, por exemplo, com o desenho de uma criança é olhá-lo, olhá-lo e olhá-lo, até que, de repente, comece a descobrir o significado das coisas.

Ps: Quanto a esta problemática de olhar dentro, que o dr. Meltzer assinalava, na história deste menino há duas coisas importantes: o nascimento de um irmão e a morte de um irmão dentro da mãe.

Meltzer: Sim, isto está certo, porém, eu ficaria em dúvida ante a intenção de sair da situação e usar a história para interpretar. Ao saber a história, nós tendemos a formar interpretações preconcebidas, e isto bloqueia a imaginação criativa. Também temos que pensar que se está tratando de uma família que manteve em segredo que sua casa seria demolida. Temos que tomar muito cuidado ao interpretar usando a história de um menino cuja família quer esconder segredos dele. Na hora de utilizar relatos (contos, quem sabe) históricos para interpretar, temos que ir com muita precaução, a não ser que a criança os traga. É provável que o nascimento do último irmão o tenha empurrado para diante, no sentido de provocar seu instinto epistemofílico; agora ele vê a sua mãe mais tridimensional.

T: No início fiquei muito desconcertada porque havia uma quantidade de material no qual ele fazia como se se tratasse de um outro menino, ou teria pensado em termos de aspectos sádicos. Mas neste caso não coincidia, eu dizia para mim mesma: "Não, não tem a ver com ele".

Meltzer: Isto era pelo vazio de sua fantasia e de sua vida emocional. Não é o tipo de criança que, com cara imutável, pode fazer coisas sádicas; é uma criança "lisa", "plana". É um caso interessante: dá vontade de segui-lo; mas todos têm que ter a oportunidade de apresentar casos.

C. Mack Smith: Seria interessante saber se teve resposta a interpretação que você fez sobre os colares dos animais. Que se passou ali?

T: Tive a impressão de que ele havia captado que algo tinha a ver com ele.

Ps: O fato de que se pôs a desenhar é uma resposta.

T: Eu pensei na resposta do desenho posterior, porque me disse: "É um castelo". Poderia ter-me dito como de outras vezes: "São coisas redondas", "São quadradas" etc., mas agora lhe dá uma forma e me diz: "É um castelo".

Meltzer: Você pode começar a falar-lhe acerca de seu interior, para consolidar a concepção tridimensional.

Ps: Pode ser muito positivo para seu desenvolvimento iniciar a especializar-se em computador.

Meltzer: Não gosto muito dos computadores, mas pode-se dar uso mais criativo ou imaginativo a eles. O mundo dos computadores está dividido em software *e em* hardware, *e é no software que pode haver lugar para um pouco mais de imaginação. Há muita gente que aprende a trabalhar em* hardware *e depois perde o interesse e passa ao* software; *a aplicação interessante do* hardware *está na Física Experimental.*

Ps: Em Madri, estive trabalhando bastante na grade negativa.

*Meltzer: Em meu último livro (*Metapsicologia aplicada, *1986), explico algo disto. A maior compreensão da grade positiva permite ver aquilo "contra de" o qual trabalha a grade negativa. Por meio da grade negativa, o instinto de morte se transformou em seu lado mental, em sua funcionalidade; passou do nível instintivo ao nível mental.*

Comentários posteriores

O tratamento de Jordi foi interrompido dez meses após esta data em que se apresentaram tais sessões. Durante este tempo, pôde-se apreciar um lento avanço para a tridimensionalidade.

Um número considerável de sessões foi dedicado a "tapar buracos" (janelas de carrinhos, de aviões, de ônibus; o orifício da máquina para apontar lápis, a boca aberta dos animais etc.).

Também trabalhou arduamente para fazer um recipiente de massinha, dentro do qual colocou um pequeno ursinho que deixou totalmente coberto, enfiado dentro. Todo este material foi interpretado como a busca de um continente com interior e sem buracos.

Quando fixamos a data para a interrupção, iniciou um pequeno "diário", não escrito, mas com desenhos, como se fosse a história de nossa relação. E, finalmente, uma moldura para uma folha em que havia escrito um chiste (muito simples), que ele me havia contado e que eu valorizei muito; figurava a janela e a paisagem que ele via atrás de mim. Entendi como evidência da tridimensionalidade, como se fosse o ursinho dentro do objeto continente olhando para o exterior.

4. Yolanda S.: Vicissitudes e fracassos da simbolização

T: É um caso já apresentado em outras ocasiões. Nesta, uma das sessões foi reconstruída, certo tempo depois; da outra sessão farei somente comentários.

É uma paciente que está em tratamento há dois anos e meio, com duas sessões semanais. O diagnóstico era basicamente o de uma "*borderline*". Nestes últimos tempos, há uns dez meses, iniciou uma relação com um rapaz inglês, William, que está se estabilizando. A cada certo tempo, um dos dois viaja e passa em torno de uma semana na cidade onde mora o outro.

Meltzer: Em pessoas nas quais a identificação projetiva é uma parte importante de seu caráter, entrar e sair do país tem muita importância. Às vezes, estão claustrofóbicas quando saem de seu país; às vezes, se sentem claustrofóbicas em seu país e ficam impulsionadas a sair deste. Na paciente anterior havia algo deste tipo, com o metrô de Nova York. Prossiga, por favor.

T: Desde a última vez que a apresentei, há quatro meses, trouxe somente dois sonhos, que são de uns três meses atrás.

Um deles é mais ou menos assim: **"Havia uma cópula de cães – com esses termos – ao lado dela. Logo ela sentia que estava grávida e tinha uma criatura que nascia crescida, grande, como uma criança de um ou dois anos. A criatura se mexia muito, e ela queria ir ao médico para que se desse uma injeção na coluna e com isto se tranquilizaria."**

Associou a criatura à sua irmã. Esta, no momento, está em Roma e vem periodicamente. O antecedente é que sempre teve muito ciúme desta irmã, que é catorze meses mais nova. Interpretei a raiva que sente pela relação sexual dos pais e, ao mesmo tempo, sua própria inquietude e raiva, e a fantasia de que eu fosse como uma pessoa que a tranquilizara. O sonho antecede a vinda da irmã.

Meltzer: Ela tem algum sintoma gastrointestinal?

T: Às vezes, sim: dores de estômago, má digestão e ocasionalmente diarreias.

Meltzer: Provavelmente isto é a hiperatividade.

T: A chegada da irmã se deu porque estava passando por dificuldades econômicas. A avó, que não reside em Barcelona, presenteou-a com 10 mil pesetas, o que desencadeou na paciente recriminação à sua mãe, a qual havia sido a agente deste presente. Recusou-se a reconhecer – coisa que a mãe a lembrava – que a avó lhe presenteara com uma joia muito mais valiosa.

O outro sonho foi posterior ao fato de que desapareceu, na faculdade, um pequeno estojo no qual guardava uma caneta esferográfica, que apreciava muito, e uma régua. **No sonho, ela via a régua em uma bolsa, dizia: "Esta é minha régua", e procurava nesta bolsa, finalmente encontrando a esferográfica.** Eu interpretei: a busca raivosa também era em relação ao nascimento da irmã.

Agora a primeira sessão, à qual chega oito minutos atrasada.

P: (Após algo que não lembro. Por outro lado, assinala o estado de tensão em que se encontra no momento.) Sexta-feira eu briguei com meus pais. Meu pai estava em Madri e queria falar com minha mãe. Então, a partir das 16h, durante uma hora e meia, a cada dez minutos, chamou, porque minha mãe não estava em casa. Atendi, e ele me disse para não atender. A cada dez minutos chamava, e o telefone tocava umas vinte vezes. Fiquei histérica. Porque se fosse uma coisa urgente, ou para deixar um recado, ou sei lá, mas para dizer-lhe o que comeu hoje não tem tanta necessidade, porque ele vai ver minha mãe à noite. Por fim, atendi o telefone: disse que eu não aguentava, que não tinha sentido e que eu não tinha porquê suportá-lo. Eu estava bastante nervosa com os exames e não tinha que aguentar a tensão do telefone, que tocava a cada dez minutos! Caiu uma... e forte, porque foi até as narinas.

Também estava irritada com minha mãe, porque normalmente vai ao cabelereiro. E eu pensava... porque lhe propus que à tarde... eu queria que fôssemos ver umas saias juntas. Disse-me que não, que tinha que ir ao médico, mas não me lembrei disso.

Porque não foi uma coisa específica que me dissera; de repente me inteirei de imediato. E ultimamente tem o costume de, quando vai ao médico, não avisar ninguém. Meu pai não sabia, e eu havia esquecido. E quando ela veio, com todas as compras que havia feito, "le cayo una buena."[4]

Meltzer: Aqui estão novamente os cães.

4 Le cayo uma buena, expressão idiomática. N.T

P: Mas o bom do caso é que então foi culpa minha, que tinha que aguentar o telefone que tocava, ou então lembrar-me de que ela estava no médico. Finalmente lhe disse que me deixasse em paz: uma discussão histérica. Disse-lhe que não queria saber mais.

Meltzer: Aqui temos a cena primária auditiva. A menina vê que a mãe tem muita vontade de se deitar, que papai tem muita vontade de se deitar e logo ela tem que escutar a noite toda estes ruídos. Esta sessão, a que dia da semana pertence?

T: Segunda-feira.

Meltzer: Após o fim de semana. Continue por favor.

P: "Mas não há nenhum motivo para que fique nervosa!", disse-me ela. E a você, o que lhe parece? A tensão que provoca um telefone que toca constantemente é inigualável, não? O que me mais me incomodou é que jogou toda a culpa no fato de que eu estava em exames. Não quis discutir mais porque não valia a pena. E, depois, como não podia resistir à tentação de me mostrar as suas compras de roupas, ela mesma me fez fazer as pazes e, com a desculpa de ver as compras etc., vinha vestida com o que havia comprado. Não me fiz de rogada. Mas me incomodou muito que a culpa foi dos exames. Eu me organizo: se não vou estar em casa, deixo um recado.

Com meu pai a bronca foi igual. Quando chegou, à noite, estivemos falando, e eu lhe disse que não considerava normal que uma pessoa, quando não encontra a outra, chame a cada dez minutos se não é urgente: já é loucura.

Meltzer: Parece que a mãe trata de se envolver numa relação como de irmãs. Embora busque diminuir os ciúmes da paciente, o que consegue é convidá-la a um estado de identificação projetiva. Prossiga, por favor.

T: Poderia pensar que há algo dentro de você que a molesta por seus pais estarem bem, ou que seu pai está ansioso por falar com a mãe, por assim dizer, por falar com sua mãe.

P: Mas não o considero ansioso... porque é para não lhe dizer nada, exatamente para isto. No sábado se passou algo parecido. Aos sábados, em geral, eles vão ao cinema; e eu, se não tenho nada para fazer, normalmente sumo. E ultimamente meu pai vai dormir. Minha mãe tinha que ir ao supermercado: como ela não estava na hora que ele queria, se aborreceu; e cada vez que se aborrece vai dormir a *siesta*. Aí, nós fomos ao cinema, e eu queria ver uns sapatos na saída do cinema. Como em *Las Ramblas*[5], há lojas para ver, propus que fôssemos subindo. Ao sair do cinema, era em torno de 19h, disse a ela que até às 20h tínhamos tempo. Aí minha mãe: "Como até às 20h? Não sabe que seu pai está esperando em casa?". Eu digo: "Meu pai, se quiser, que fique, e se quiser, que saia, mas não temos que estar à sua disposição para nada". Ela: "Não, não, você sabe que não deixo seu pai", e coisa e tal. Eu alucinava por um vestido tubinho. Porque, na verdade, tudo está programado para fazer o que ele quer! Chegamos em casa, e ele não nos fez caso. Estar bem com ele é só estar presente. Estar ali, mas falar nada! É como uma estátua. E eu tinha que deixar de estar com minha mãe... é algo que me tira do sério.

Chegou a um ponto a relação entre eles... eu não considero que isto seja se entender bem, porque a minha mãe vem e me diz: "Seu pai está aborrecido, não quer ir a tal festa, não se pode fazer nada".

---

5 *Las Ramblas*: Ponto de turismo e comercio em Barcelona. N.T.

Portanto! "Sim, sim, sim, tenho que ir com ele, aí não sei quê, aí não sei quanto." A mim, que me "deem morcilha" (chouriço).

Meltzer: Parece que os pais a involucram na relação entre eles. Como se sua participação fosse uma parte importante em sua vida sexual. Que não desfrutariam fazendo amor sem sentir que ela está escutando, e que ela entra numa raiva histérica; é parte do prazer deles.

Muitas vezes é a posição do filho único; e a irmã lhe deixou este lugar ao partir, deixando-a como filha única. Prossiga, por favor.

T: Parece que quando eles estão juntos você teme ficar de fora.

P: É que fico! E sempre... sempre temos ficado de fora. Porém, disso, sim, se queixam e se autocriticam e se falam de tudo. Eu me incomodo mais. Esta semana coincidiu um montão de coisas: e chegou ao limite.

Que fiquem entre eles dois. A mim não me pegam neste panorama. (Pausa.) E qualquer coisa que acontece há de ser culpa dos exames. Engraçado! Nunca é culpa dela. (Pausa.) No sábado, ela veio me mostrar umas blusas. Eu pensava: "Está me tomando por uma idiota".

Meltzer: Que tipo de relação transferencial com o terapeuta é esta em que se está produzindo uma evacuação da situação de ciúmes do bebê que está metido entre os pais? Quem sabe espera que o T. faça algo para que os pais se comportem bem? Ou quem sabe o T. ponha uma injeção na coluna para que se anestesie diante (da cena) dos pais? Ou é simplesmente uma evacuação?

Parece mais esta última: uma evacuação maciça de irritabilidade pelo fim de semana. Como na paciente que vimos ontem, ***aqui vemos um padrão muito estabelecido de transferência infantil em relação aos pais e de estar colocada dentro da relação que estes mantêm. O problema de trazer isto para a transferência é muito, muito difícil. Temos que utilizar os poucos sonhos que traz para investigar a transferência.***

Do contrário, ficamos no papel de ser simplesmente um comentarista da vida externa, ou, pior ainda, escutar a queixa contínua de que não se presta atenção a ela, mas somente aos seus pais. Neste sentido, tratar de levar adiante uma análise com esta moça se converte num trabalho aborrecido.

O sonho no qual ela está grávida porque os cães copulam junto a ela poderia ser útil para mostrar-lhe algo da transferência. Eu me basearia no que disse quanto à questão de que estão ao seu lado; relacionaria com a justaposição do paciente e terapeuta na consulta. *O sentimento de tê-lo, o terapeuta, como estes dois cães copulando, é o de tê-lo realmente ali sentado, pensando. Quando ele fala, está representado por esta injeção que põe nas costas do seu bebê. A impressão é que este bebê está padecendo de hiperatividade ou que é um bebê hiperativo, e eu me inclinaria a vincular isto com a hiperatividade de seu intestino. Não é somente sua tripa que está hiperativa e produz diarreia, mas também sua tripa mental que sofre de hiperatividade e diarreias. Prossiga, por favor.*

T: Esses dias você está nervosa e tensa. Talvez você esteja me dizendo que eu não lhe diga nada que a deixe tensa, ou, melhor dizendo, nada que não seja proporcionar que você esteja tranquila. Eu teria que ser como uma mãe que trabalha para sua tranquilidade.

Meltzer: E isso teria que fazê-lo como uma mãe, que vai diminuindo os ciúmes dela fazendo-lhe sentir que está participando de sua vida e como se não tivesse nenhum tipo de segredo para com ela. E agora vai golpeá-la.

P: Não, você não pode ser minha mãe, ninguém pode ser minha mãe. Somente tenho uma, e a que tenho não cumpre nenhum papel. Não busco minha mãe em lugar algum, então, não pode você ser minha mãe.

Meus pais eu não posso mudar: são como são, e é isto. Não posso substituí-los em nenhum outro lugar. O que me pode dar uma amizade ou uma relação sentimental são coisas diferentes; nunca será o que meu pai e minha mãe deveriam ter-me dado. Isso, nunca.

Meltzer: E aí ela lhe castiga. Provavelmente lhe castiga cada vez que você interpreta algo que não seja um sonho. Os poucos sonhos que ela lhe trouxer terão que ser utilizados uma e outra vez. Prossiga, por favor.

P: (Silêncio.) Esta manhã eu também vomitei. Deixei de tomar o tratamento que me deram, de potássio e comprimidos para a pressão; e não sei se é culpa disto ou... à noite, tomei um tranquilizante para poder dormir, porque ontem à noite não consegui.

(Silêncio.) Minha mãe me alucina. Domingo eu lhe disse que estava contente com como vou levando os estudos, e ela interpretou que estava adiantada com meus estudos. Interpreta o que quer e como quer.

Meltzer: Qualquer coisa que qualquer pessoa lhe diga se chama "interpretação". Quanto tempo faz que ela teve o sonho dos cães?

T: Faz uns meses.

T: E isso se parece comigo, segundo você se se queixa.

P: Não, você não vê as coisas, não as vive. A partir do que eu lhe conto, você imagina. É muito diferente vivê-lo de imaginá-lo, não é?

T: Quem sabe você tema, quanto aos vômitos, que eu possa lhe dizer, como sua mãe, que devem ser os exames?

P: Não, minha mãe não sabe o que se passa. Seria uma desculpa, contra os exames. A última coisa que ela quer é ajudar; nunca deu ajuda em sua vida.

T: Quando você me fala de seus pais, parece como quando uma pessoa fala de seus filhos: que saíram "assim", "peculiares", como você diz...

Meltzer: Isto está bem.

P: Sim, em certa medida, sim.

T: Você olha para eles como crianças.

P: Não, não são crianças; desgraçadamente, são adultos, demasiado grandes para mudar.

T: Parece que protesta porque são seus pais e porque você é a filha.

P: Não, simplesmente um protesto pelo que não me deram. E porque o que predominou foi sua maneira de ser egoísta. Jamais pensei em ter outros pais que não eles. Fizeram-me passar muito mal, mas não deixam de ser meus pais; são assim e não há outra possibilidade.

T: (Depois a paciente perguntou insistentemente o que eu pensava acerca da origem de seu estado de tensão. Quando indico que ela prevê a resposta, que não são os exames, como diz a mãe, se aborrece. A sessão termina mais ou menos abruptamente. Na sessão seguinte começa com raiva e logo vai se acalmando.)

Meltzer: Não poderia estar grávida?

T: Eu pensei nisto, mas não. A sessão na qual veio com a queixa era quinta-feira. A sessão seguinte seria segunda-feira, mas foi feriado. Na quinta-feira à noite, depois desta sessão, passou mal. Havia também um fator externo: o noivo havia telefonado dizendo que pensava vir a Maiorca. Ela estava muito angustiada e preferia que ele não viesse; disse que "para tê-lo tão próximo e não estar com ele, preferia que não viesse...".

Meltzer: Ele queria que ela fosse a Maiorca?

T: Não, porque estava em exames e não poderia ir a nenhum lugar. Passou muito mal. E lhe perguntei se não havia tido a fantasia de chamar-me e pedir uma sessão, tendo em conta que estava tão mal e que na segunda-feira seria feriado. Disse-me que sim, mas que não o fez, não recordo bem porquê; creio que me disse que seguramente eu estaria fora, que eu teria um final de semana prolongado etc.

Meltzer: Temos que dizer uma coisa: duas sessões por semana não é, verdadeiramente, bom para uma paciente como esta.

Na primeira sessão da semana é ver o que ocorreu no fim de semana; a segunda sessão, é o fim de semana que já chega; necessita, pelo menos, de uma sessão no meio. Nesta sessão não haveria somente uma espécie de vômito que ela faz.

Também não serve tomar o conteúdo desta evacuação como se fosse uma comunicação; você há que tratar de examinar com ela que impacto se supõe que isto exerce em você, ou o efeito que ela teme que tenha sobre a sua pessoa. Pode ter uma consequência angustiante, como sentir que você quer deixá-la ou desfazer-se dela. Ou levar você a uma ação equivalente a dar-lhe uma injeção ou comprimidos; ou de fazer com que você saia de sua atitude analítica e vá conversar com os pais para que se portem bem com ela. Diferente disto, a única coisa que se pode fazer é utilizar uma e outra vez os poucos sonhos para tratar de clarificar, por meio deles, a natureza da situação transferencial. Uma das dificuldades com esta paciente, além deste tipo de comunicação, é sua muito limitada capacidade para a formação de símbolos. Nem mesmo pode usar as palavras como símbolos. Por exemplo, as palavras "mãe" ou "pai" estão tão concretamente apegados ao significado específico de mãe e pai que se convertem em palavras não utilizáveis para descrever a transferência. Você terá que criar, primeiramente, um vocabulário próprio para a comunicação com ela.

Há duas possibilidades de fazê-lo: a primeira é usar a linguagem dos bebês, utilizar expressões de bebê, como "papai", "mamãe", "peitos", "pintos"... A outra seria tomar essa linguagem do bebê para acrescentar-lhe pedaços de formação de símbolos que ela traz nos sonhos; por exemplo, a "mamãe-cachorra", o "papai-cachorro". ***Desta forma pode-se criar na sessão analítica uma pequena zona de formação de símbolos, de formação de símbolos idiossincráticos, que poderá "atrair" a transferência à situação analítica.*** *Eu me inclinaria a não dizer, nunca, uma palavra acerca de* *sua mãe real ou de seu pai real.* ***Em outras palavras, não trataria suas evacuações como comunicação acerca de sua vida externa; escutaria-as da mesma forma que se escutam os sonhos. Procuraria que as evacuações me "impactassem" na tela de minha imaginação e veria assim como fantasias oníricas o que ela transmite como "fatos". Desta forma, isto ajuda, na contratransferência, a descolar a realidade psíquica da adesão que a paciente tem a estas figuras externas.***

C. Mack Smith: É a técnica que J. poderia utilizar com sua paciente (caso apresentado em outra sessão deste mesmo Seminário), que está o tempo todo falando de L.

Meltzer: O que ocorre com a paciente de J. é que está envolvida em atuar uma transferência infantil narcisista na qual há uma mudança constante. As crianças querem brincar de ser a mamãe e assim inverter a situação etc. Não tem uma qualidade tão concreta como Yolanda, não está tão apegada aos pais externos, todos os significados de seu mundo interno.

No caso da paciente de J., não diria que não se utilize o nome de L. em referência ao material. As características vão mudando nesta espécie de atuação narcisista do material: agora é L., mais adiante será outra pessoa etc. Você não pode imaginar a paciente de J. fazendo um discurso como este: "Meu pai é meu pai, minha mãe é minha mãe e você fica com o seu".

Nos pacientes que trazem muito poucos sonhos, é muito útil escutar e tratar o material como se fossem sonhos. Inclusive, podemos dizer: "Falarei do que você me disse não como um fato, mas como um sonho". *Desta forma, nos poupamos de que o paciente experimente o que lhe dissemos como se fosse um comentário acerca de sua realidade externa:* ***"Não estou falando de L., e, sim, da fantasia que surgiu em minha mente quando você falava de***

L.", por exemplo, acerca desta relação quase mãe-filha, que é o jogo de L.

Uma paciente como a que estamos vendo nos coloca o problema do paciente que não é em si uma pessoa interessante ou que não traz material interessante. Em quase todos os pacientes há períodos nos quais trazem material muito pouco interessante em si, muito superficial. Então, quando nos aborrecemos, podemos estar seguros de que o que está se passando é algum tipo de atuação na transferência. Um material de pouca densidade, superficial e aborrecido, que perdeu seu valor de comunicação. E o analista terá que utilizar sua imaginação para manter o interesse que vai aparecendo, porque não está obtendo comunicação interessante.

Quando se adquire experiência em escutar o material anedótico como se fosse material onírico, é possível alertar que se adquiriu o hábito de escutar das duas maneiras, como antes falei. *É como ter duas classes de telas oníricas na mente. Uma é a tela onírica na qual se pode projetar material anedótico; a outra seria a tela onírica na qual se tem a qualidade fluida dos sonhos, e na qual os símbolos, a implicação simbólica, vão nos impressionando. Isto é exatamente o que sucede quando observamos as crianças brincando: os vemos brincar com estes brinquedos determinados, vemos suas brincadeiras particulares e, ao mesmo tempo, na tela onírica, isto vai adquirindo uma implicação simbólica, em forma inteiramente inconsciente.*

Com crianças na etapa da latência aparecem situações que são, em essência, equivalentes: aparece o tédio, quando as crianças param de brincar, param de se comunicar, às vezes se sentem dando-nos as costas e se põem a ler ou coisas deste tipo. E ficamos apenas com os recursos de nossa imaginação e de nossa contratransferência para criar em nossa mente uma cena dramática

que dê conta deste tipo de ação e de conduta, para se chegar a algum significado.

Perguntamos a vocês, em pacientes como esta e também até certo ponto na paciente de J. – que em algum momento parece estar falando de coisas sem sentido, ou pelo menos assim me pareceu –, se não nos encontramos frente a um transtorno do pensamento. Por exemplo, não se pode dizer da paciente de J. que padeça de uma perturbação do pensamento, mas, por um momento, pensei que pode invocar uma capacidade para um transtorno do pensamento, para castigar a terapeuta.

Na sua paciente, Yolanda S., que tem uma limitada capacidade de formação de símbolos, creio que temos que pensar que a perturbação do pensamento tem um lugar em seu estado psicótico, e que não se trata simplesmente de que esteja numa* folie-à--trois *– com seus pais.

Faz vinte anos que Bion descreveu a área que poderia ser chamada "perturbação do pensamento". ***Nós podemos constatar que há uma área de sintomatologia ou de psicopatologia que podemos chamar de perturbação do pensamento, uma falha na formação de símbolos.***

Por um lado, nos ajuda a reconhecer que há momentos de transtornos do pensamento quando o paciente se encontra em uma situação emocional que não pode converter em símbolos que possam ser pensados e sonhados, mas que produz uma evacuação. Isto nos ajuda também a reconhecer e a enfrentar momentos de transtornos psicossomáticos, momentos de acting-out, *particularmente em relação aos grupos de suposto básico e especialmente em grupos políticos ou em momentos de alucinose. Poderíamos nos perguntar se esta paciente tem momentos de alucinose, mas, neste momento, eu não creio que tenha.* ***Yolanda S. parece ter uma perturbação básica do pensar, e é provável que tenha podido continuar sua***

educação utilizando métodos que excluem a formação de símbolos e o pensar, por exemplo, pelo uso da identificação projetiva, da mímica (memorizar).

Esta área de transtornos do pensamento começou a ser delimitada há vinte anos, mas não fizemos muitos progressos no sentido de programar isto tecnicamente. A experiência terapêutica com crianças que sofrem de atraso mental, com crianças que não se desenvolvem, com crianças autistas em tratamento, ***teria que nos ajudar a ver como é possível auxiliar pacientes a desenvolver a função alfa.*** *O que parece que se requer, é uma maneira de liberar a imaginação e poder expressar as construções imaginativas, que vão inteiramente mais além do trabalho analítico corrente; se fizermos isto com os pacientes habituais, seria "análise silvestre".* ***No que se refere à teoria da formação de símbolos, penso que Bion não esteve inteiramente certo, em alguma medida, quando pôs o mito no mesmo nível dos pensamentos oníricos. Os mitos são histórias que têm uma implicação alegórica. O que acredito que se passa na formação de símbolos é que se cria um mito do acontecimento, e este mito é que em seguida se condensa num símbolo. Se esta é uma ideia correta acerca da formação de símbolos, sugere que o que primeiro se deveria fazer para ajudar um paciente a desenvolver a função alfa é criar mitos.*** *Ou seja,* ***fazer interpretações que, em algum sentido, sejam pequenas histórias alegóricas sobre a transferência.*** *E se, como nesta paciente, há um sonho ou ocasionalmente dois, dos quais pode tomar emprestada uma rudimentar formação de símbolos, de forma que possa usar esses símbolos rudimentares agregados ao que é chamado linguagem do bebê,* ***utilizá-los para criar significados, e que isto seja um continente do qual se possa despregar o significado da transferência.***

Neste tipo de comunicação por meio da criação de mitos, não se pode começar dizendo: "Era uma vez uma menininha que..." com pacientes adultos; mas com crianças, sim, se pode fazer. Com adultos, pode-se colocá-los na categoria "como se". Por exemplo: "O que parece que está acontecendo aqui é como se fosse uma menininha que chega a um lugar estranho e encontra este homem estranho..." etc. "E ele lhe disse: 'Sou sua mamãe', 'Sou seu papai', porém para você parece um cachorro..."; "Ou melhor, parece um lobo, e cada vez que lhe apresenta a conta[6] *você sente que está chupando o sangue desta pequena menina". [Risos.]*

Uma das vantagens, na contratransferência, de se colocar uma tarefa como esta é que imediatamente se converte numa tarefa interessante. Antes que esta Yolanda S. esgote você, para que encontre a maneira de ajudá-la a ir-se, sugeriria que aumente o número de sessões a três por semana. E logo ver se, a partir daí, você pode desenvolver uma técnica para, em primeiro lugar, ir escutando seus relatos como se fossem sonhos e ir criando pequenos relatos para ilustrar a transferência. Minha impressão é que se trata de um trabalho cansativo e que requer uma profundidade de atenção interiorizada que é muito esgotante. A não ser que faça isto, não sei como conseguirá suportá-la durante mais tempo. "Não", disse-lhe; tudo é "não".

Ps: O que você disse a respeito dos sonhos, vale também para os contos populares? Pode-se fazer referência a eles?

Meltzer: Sim, encaixa-se e é inteiramente pertinente.

Ps: Isto que Meltzer dizia com respeito aos sonhos, de utilizá-los como ponto de partida e voltar a eles, se pode fazer também com os contos ou chistes?

6 Na Inglaterra, é hábito que os analistas apresentem ao paciente a conta dos honorários.

Meltzer: Sim. Por exemplo, no caso que vimos, poderia-se ter utilizado o conto da chapeuzinho vermelho, e poderia ter sido muito interessante.

Comentários posteriores

O caso desta paciente havia sido apresentado em algumas reuniões prévias do Seminário. Era reiterado quanto evitava suas emoções, tanto em sessão como em sua vida fora do tratamento, o que se expressava por meio de ela julgar antes de observar e na qualidade dos ditos juízos: qualquer coisa que se fizesse ou dissesse estava mal, o que a levava a desejar somente ser obedecida. Embora tivesse melhorado desde a desorganização que fora observada nas primeiras épocas do tratamento, sua atitude escorregadia tornava o trabalho psicanalítico quase impossível.

Num momento do tratamento, o analista pensou se encontrar diante de uma transformação em alucinose, em consequência da interpretação que a paciente fazia de uma conversa telefônica com o noivo anterior; não se produziram episódios posteriores deste tipo, porém, era notória sua rigidez e a dificuldade que tinha de pensar sobre o que se interpretava ou somente era sugerido. Isto se desenvolvia em um ambiente de masoquismo moral, de santificação de si mesma: como uma personagem de "agonia romântica", fazendo tudo pelos demais, que lhe respondiam com indiferença e não percebiam seu sacrifício. Era uma paciente que vivia em identificação projetiva com sua família, o que levava, portanto, à claustrofobia. Pouco depois das sessões que aqui se apresentam, foi para a Inglaterra viver com seu noivo, abandonando o tratamento.

5. Herbert: Vocação para a perversidade

T: Herbert é um homem de 35 anos, de origem centro-europeia, que reside na Espanha desde os 11 anos de idade. É alto, loiro, de complexão robusta e de um aspecto que poderia ser agradável, se ele desse mais atenção ao asseio e aos cuidados pessoais.

Há uns quatro anos, consultou-se conosco porque não era capaz de atingir o clímax sexual. Já tinha consultado especialistas que não detectaram nenhum dado de interesse em nível de transtorno somático e o orientaram a procurar ajuda psicanalítica. Desde os 20 anos, tem necessidade de urinar com frequência e se queixa de um ardor mais ou menos permanente na uretra. Estes transtornos eclodem no momento da relação sexual, de modo que, quanto mais se excita, maiores são o ardor e a vontade de urinar, impedindo-o de atingir qualquer tipo de satisfação quando ocorre a ejaculação.

Ele também se queixa do estômago, tem má digestão, e sua evacuação é frequentemente líquida. Tem uma tendência marcada à bulimia. Amiúde se sente deprimido, irascível, a ponto de explodir, e então pensa em suicídio. Tem muito medo de si mesmo, de que a impulsividade o leve um dia a não conseguir se controlar e a que seus pensamentos se traduzam em atos.

Durante a adolescência, ocorreram várias tentativas de suicídio pela ingestão de remédios, embora sempre tenha buscado ajuda imediatamente após tê-los ingeridos. Em uma dessas ocasiões, a causa aparente foi uma desilusão amorosa. Com frequência, vivia acometido pela ideia de que podia morrer, e isto o levou a uma terapia analítica que se prolongou pelo espaço de seis anos e que abandonou há pouco tempo; disse que fez isso porque não tinha conseguido nada com ela e reconhecia que, apesar dessa atitude, havia conseguido sobreviver.

Meltzer: Parece uma pessoa em que o modo de se adaptar à vida foi muito ruim desde suas origens. Apresenta dificuldade em ambas as extremidades do tubo digestivo, na boca e no ânus. Até este momento da apresentação, não detectamos nenhuma vontade de viver, não se vê nada que o sujeite à vida. Prossiga, por favor.

T: Ele acha que sua infância e puberdade foram felizes até os 10 anos. Seu pai sempre foi amoroso com ele. Repentinamente, por questões socioeconômicas e políticas, seu pai se viu arruinado. Eles foram forçados a emigrar um ano mais tarde para a Espanha, onde tinham parentes vinculados ao setor industrial, no qual antes seu pai operava. Sua mãe, de formação universitária, teve que trabalhar para atender às necessidades domésticas; antes, sempre tinha conseguido cuidar da casa em que viviam sem preocupação. O caráter do pai mudou completamente: tornou-se irascível, as brigas com a esposa eram constantes e chegavam a descambar para a agressão física, o que levou o casal a se distanciar progressivamente, embora continuasse vivendo sob o mesmo teto.

Herbert prosseguiu com sua formação escolar aqui (na Espanha); ele passava horas sozinho dentro de sua casa, e durante todo o tempo em que os pais tentaram consolidar sua nova situação. Ocasionalmente, sua avó paterna passava temporadas com eles e cuidava dele durante a ausência dos pais.

Meltzer: Aqui aparece algum tipo de indicação a respeito do fato de o pai se interpor entre o paciente e a mãe quando o menino era bastante pequeno. Mais tarde se produz uma ruptura na família, apesar de os pais nunca terem chegado a se separar. Ele não faz nenhum comentário sobre irmãos? Ele tem irmãos?

T: Não, não tem irmãos.

Meltzer: Bem, prossiga, por favor.

T: Ele se lembra de que, a partir dessa época, o pai batia muito nele. E fazia isso o arrastando pelo chão, golpeando-o de todos os modos. Mais tarde se arrependia e se arrastava de joelhos até o quarto do filho, pedindo-lhe perdão: "Odiava muito meu pai... Era desconcertante. Carrego todo esse ódio dentro de mim".

Meltzer: Aqui se configura o plano de fundo para uma homossexualidade sadomasoquista. Prossigamos.

T: Com a mudança pela puberdade, começou o ódio por seu corpo, apesar de possuir uma figura agradável. Isto influenciou uma socialização que sempre foi difícil, em parte por se encontrar, incialmente, em um meio estranho, mas basicamente pelo desprezo por si mesmo. Aos 23 anos, teve suas primeiras relações sexuais e disse que, por causa de sua inexperiência, engravidou uma moça. Não tinha a intenção de se casar com ela e lhe propôs abortar. Depois do aborto, abandonou-a, passou um tempo sozinho e, posteriormente, tentou reatar a relação. Anos mais tarde se casaram, e desta união nasceu uma menina que agora tem 6 anos de idade.

Meltzer: Ele só tem uma filha?

T: Recentemente, teve um filho.

Meltzer: Três no total, o aborto e os dois que estão vivos. Prossiga, por favor.

T: Profissionalmente, ele foi melhorando com o passar dos anos, apesar de sempre ter tido sérias dificuldades com as pessoas com quem ou para quem trabalha. Ou ele estabelece uma relação em que se mostra submisso, se deixa levar e subestimar, ou explode violentamente em uma atitude de total desrespeito por outras pessoas.

Meltzer: Estamos ouvindo a história de uma personalidade sadomasoquista, a história de um menino que provavelmente foi dominado por um pai idealizado e que ficou imerso numa relação muito narcisista desde suas origens. Depois, com o processo de deterioração da família, refugiou-se num intenso acting *sadomasoquista, um* acting *na sexualidade, ao ser golpeado etc. Até aqui, não ouvimos nada a respeito de verdadeiras práticas sadomasoquistas, mas ele nos fala desse impulso de urinar dentro da mulher. Esta fantasia foi provocada por ter forçado a mulher a abortar. Contudo, não a abandonou, voltou para ela. Quanto tempo ficou sozinho antes dessa volta?*

T: Não está claro. Passaram-se aproximadamente uns quatro anos.

Meltzer: Prossiga, por favor. Relação com os pais

T: Ele sempre viu a mãe como uma mulher boa, submissa aos desejos do marido e superprotetora ao extremo. Ele a culpa pelo fato de, devido à sua atitude ("eu já era bem crescido e ela ainda me limpava a bunda"), ele não saber cuidar de si mesmo e não ser suficientemente controlado e cuidadoso com sua presença física. "Por isso, eu peido e não gosto de me lavar... (Em compensação, minha filha, aos 3 anos de idade, já se organizava de maneira autônoma)."

Do pai, ele conserva a imagem bondosa e carinhosa de antes dos 10 anos e a brutal imagem que veio depois dessa idade. Ele se lembra de que um dia, já adolescente, fez um comentário a respeito de suas inquietações com a sexualidade: "Então, ele me agarrou os testículos e começou a apertá-los, falando que daria um jeito em mim e dizendo: 'as garotas gostam que você avance o sinal... você as agarra assim e lhes tira o cabaço!'". "Depois que ele mudou, só consegui odiá-lo." "Estando bem, de repente começo a me sentir mal e a perder o controle, como meu pai fazia."

Ele sempre se masturbou muito. De jovem, ele se masturbava várias vezes ao dia. Começou aos 12 anos, excitado por uma garota de que gostava. Masturbava-se em qualquer ocasião: no cinema, assistindo à televisão etc. Anotou esta atividade em seu diário e, um dia, suas anotações caíram nas mãos do pai: "Desde então, todos os dias, quando chegava do trabalho, ele me fazia uma espécie de revisão clínica. Me olhava nos olhos, me fazia baixar a cueca e me tocava a genitália para ver se havia restos de sêmen. Também fez isto, um certo tempo, com minha mãe: dizia que ela devia lhe ser infiel e também lhe inspecionava a genitália, apesar de ela já ser uma mulher mais velha".

Meltzer: Imagino que este não deve ser um modo de comportamento cultural... O pai parece um pouco louco. O que podemos realmente ver é o quanto a relação era sexualizada, muito intensamente homossexual, sadomasoquista. A mãe parece ter sido muito superprotetora e, ao mesmo tempo, uma verdadeira escrava. Prossiga, por favor.

T: O pai, diabético, sofreu um processo de degradação importante nos últimos anos, com problemas de vascularização que recentemente levaram à amputação quase total dos dois pés. "Às vezes sinto um certo desgosto... Já não sei se posso odiá-lo do jeito que ele está, mas nunca conseguirei gostar dele por tudo o que me fez."

Relação com a esposa: sua mulher é três anos mais velha que ele. Tem sérios problemas com ela. Ele se lembra de que só manteve um vínculo feliz e sexualmente satisfatório até ela ficar grávida e fazer o aborto, nos primeiros tempos de seu relacionamento.

Ele a acha muito feia e repugnante, assim como vê seu próprio corpo. Não cessa de criticá-la por sua feiura, a ponto de ela ter apelado para um cirurgião plástico. Mas ele nunca ficou satisfeito com o resultado. "Mas depois eu não podia ir me queixar com o cirurgião. Fiz o possível com ela... Não gosto de como ele a deixou; sinto falta de como ela era antes... pelo menos era ela." Ele a observa e sempre procura os ângulos que lhe são mais desfavoráveis para poder censurá-la.

Meltzer: Aqui aparece o homossexual perverso que odeia o corpo feminino: apenas um objeto para poder se masturbar e no qual pode realizar uma evacuação. Seria, simplesmente, como uma mãe que lhe limpa o traseiro. Prossiga, por favor.

T: Quando fala dela, ele normalmente também acrescenta outro conjunto de pessoas ou coisas que lhe causam repugnância: os anões, as pintas peludas, certas deformações.... "mas que, ao mesmo tempo, me excitam".

Diante da mulher, sempre sente a necessidade de ser independente, de poder estar com qualquer mulher. "Se eu fosse independente, poderia ir com todas. Esse é o meu desejo..." Todas o atraem mais que a esposa. Mas ele teme deixá-la e também fracassar sexualmente com as outras.

Deseja separar-se para demonstrar a si mesmo que é capaz de viver de maneira independente, mas teme não ser capaz de sobreviver sem ela. Então, cai num intenso sentimento de ruína pessoal.

Eles têm brigas frequentes, que invariavelmente acabam em agressão física.

Meltzer: Aqui temos uma imagem de sua dependência, do quanto ele é dependente de sua mãe. A dependência da "mamãe--privada". Prossiga, por favor.

T: Por vezes, sua violência desandada é de tamanha magnitude que, temendo fazer algo irreparável, ele se joga no chão e, com braços e mãos, envolve o tronco como se fossem as mangas de uma camisa de força e se segura no chão até se acalmar: "Assim, não lhe provoco mais dano".

Meltzer: Esta é a imagem de uma birra, como as que fazem as crianças. Prossigamos.

T: "Às vezes eu a ameaço com meu suicídio." Raramente, mas em algum momento acontece, ele está bem com ela. "Sexualmente, não tenho prazer, mas me sinto bem nos braços dela, sentindo o calor de seu corpo."

Meltzer: Aqui temos a imagem de uma relação antiga com a mãe, que realmente foi pacífica, boa, segura etc. Isto reforça o sentimento de que o pai é essa figura agressiva e dominadora que interfere na relação entre ele e a mãe em uma tenra idade. ***Parece-me, do ponto de vista da classificação, que podemos situar este paciente na personalidade pervertida; a perversão penetrou em seu caráter de tal modo que suas relações com o mundo são fundamentalmente sadomasoquistas, sádicas em casa e masoquistas no trabalho.***

Também vemos um problema depressivo com relação ao aborto. Todavia, o que também podemos ver como muito importante é que este homem tenha sido capaz de ter um segundo filho. Ser filho único, sem outros vindos depois, provavelmente desempenhe um papel importante nas raízes de seu sadomasoquismo. Prossiga, por favor.

T: Mas quando ela se desvencilha do abraço para se levantar da cama, começa de novo a se sentir mal e "novamente a acho repugnante".

Meltzer: Aqui há uma indicação de que a mudança aconteceu no desmame. Prossiga, por favor.

T: "Não sei o que fazer com o meu mau humor, com a aversão por ela e por meu próprio corpo", queixa-se ele.

Ele não tolera que sua esposa se relacione com outras pessoas. Quando ela se ocupa de sua família, é regra que ele depois arme uma discussão que pode terminar em tragédia. Ao mesmo tempo, quando compartilham de festas com os familiares dela, surge nele um desejo de comer de maneira incontida e come até não poder mais. Mais tarde, vem a péssima digestão, e ele se queixa de dor de estômago e de barriga.

Meltzer: Aqui temos outra indicação do problema do desmame. Na verdade, a tendência bulímica e sua relação com o desmame. A pessoa bulímica exerce a bulimia comendo toda a comida, não deixando nada para as outras crianças. Vai à geladeira e come tudo o que está nela até não deixar nada. Depois, vomita com a finalidade de estragar a comida que devia ter sido para todos os demais. Prossiga, por favor.

T: Ele sempre manteve uma "atividade sexual paralela", ou seja, uma masturbação estimulada e de caráter basicamente compulsivo. Ele se masturba usando revistas. De vez em quando: "Vou com putas para me punir", dizendo... "Sempre tenho medo de contrair uma doença venérea." Tem fantasias de estupro, em que permanece como observador.

Meltzer: ***Isto é típico do sadomasoquismo. Há uma oscilação entre estas duas posições: entre ser a pessoa que está envolvida, que se identifica com os pais num coito violento, e ser a criança que contempla a cena.*** *Tudo isto está muito bem descrito no maravilhoso artigo de Freud "Bate-se numa criança". Prossiga, por favor.*

T: Mais tarde, incita a esposa a reproduzir as posições da vítima enquanto a possui. Também incorpora fantasias de bacanais em que homens maduros têm relações sexuais com jovenzinhas.

Meltzer: "A bela e a fera"... Prossiga, por favor.

T: Nos últimos tempos, contudo, ele tem piorado, pois nem a masturbação o tranquiliza, e tampouco encontra nela o prazer de antes.

Meltzer: Você tem um duro trabalho psicanalítico. A psicanálise do "perverso dedicado", tanto quando a perversão é exercida principalmente por meio de perversões sexuais, quando é estabelecida por meio de uma masturbação compulsiva, como quando também é "absorvida" pelo caráter, como sucede com este homem, é realmente uma tarefa extremamente difícil.

O motivo de isto ocorrer é que, quanto mais alguém se aproxima do problema de "matar a criança", maiores vão se tornando a resistência e a hipocrisia. Isto parece acontecer porque a depressão que há por trás disto tudo é enorme, particularmente agravada pelo fato de que se produziram atuações da ordem dos abortos provocados. Podemos, além disso, imaginar que, em um país católico, tudo o que se relaciona com o aborto ainda tem mais importância. Ele é católico praticante?

T: Embora sua família se considere católica, nem ele nem os pais são praticantes.

Meltzer: Bem, vejamos a relação com os terapeutas...

T: Relação com o(s) terapeuta(s): nos primeiros tempos, não fazia outra coisa além de degradar a memória das experiências terapêuticas anteriores. Qualificava a que havia sido sua analista como pessoa incompetente, aferrada a alguns princípios teóricos, que tentava convencê-lo de que seus problemas estavam relacionados com o que acontecia a ela. "Estava farto de lhe dizer que me dizia coisas como eu ficar com ciúme porque ela estava grávida."

Meltzer: Ela ficou realmente grávida durante a análise?

T: Uma vez durante esses seis anos.

Meltzer: Isso teve alguma influência em seu abandono da análise?

T: Aparentemente não.

Meltzer: Prossiga, por favor.

T: Certa vez, não quis se deitar no divã, sentando-se de frente para sua terapeuta, e viu como ela se assustou e estendeu as mãos imperativamente, como se exigisse que ele se deitasse. Isso foi o princípio do fim.

Meltzer: O fato de ela parecer assustada é que fez com que ele abandonasse a terapia. Prossiga, por favor.

T: Comigo, começa por não tolerar o emprego de "senhor". Atribui isso à frieza, à distância e a que "não sinto que existe uma relação de igualdade com o senhor... como se eu estivesse por baixo, e isto é intolerável".

Meltzer: Ele se sente dependente, e isto lhe é intolerável. Prossiga, por favor.

T: Embora a princípio parecesse reconhecer a existência de problemas psicológicos, nunca tolerou admitir que pudessem ter relação com seus transtornos de ordem somática. Ele não perde a oportunidade de enfatizar que eu deprecio suas conjecturas a respeito da organicidade de seus sintomas.

Meltzer: Aqui nos encontramos no plano de querer estar no mesmo nível que o terapeuta. Suas teorias são tão boas quanto as dele. Desvaloriza a analista anterior argumentando que era muito apegada a princípios teóricos, como se se referindo à mãe que não o masturbava. Ele a desvalorizava dizendo que estava ancorada a princípios tolos que proclamam: "Não podes masturbar teus filhos". Ele tem um temperamento muito tirânico. Prossiga, por favor.

T: Pelo menos durante um ano, tentou resgatar minha figura como terapeuta, no sentido de que: "O senhor é diferente e diz coisas coerentes". Lentamente, a degradação foi cobrindo minha pessoa. Afirma que eu sigo meus princípios teóricos e não perde a oportunidade de criticar as abordagens do modelo psicanalítico. Sua queixa é permanente: "O senhor só deseja que eu me adapte, que renuncie às minhas fantasias, que me converta em um sujeito adaptado à sociedade... em definitivo, se eu tiver que me adaptar, eu terei que renunciar à minha sexualidade...". Então, ele normalmente começa a chorar. É um choro contido e abrupto que lembra os espasmos do choro dos bebês.

Meltzer: Esta é a situação do perverso. A perversão sexual é o centro de sua vida, e a razão pela qual se achega à análise não é a cura de sua perversão, dado que entra em tratamento com o objetivo de se livrar das consequências emocionais de sua perversidade. Qualquer tipo de atitude orientada para diferenciar entre a boa e a má sexualidade é considerada por ele como um simples preconceito profissional. Mostrar-lhe que os sintomas e as ansiedades de que está padecendo são, na verdade, consequências das fantasias e do significado de sua perversidade são algo a que ele resiste tenazmente. Você se encontrará numa situação em que, junto com a mais extraordinária forma de degradação e de conduta humilhante em relação a você, acontecerá, ao mesmo tempo, uma grande vinculação com você, levada a cabo com grande desespero. Ao mesmo tempo que se aferra ao terapeuta, este tipo de paciente normalmente busca outro, a fim de poder continuar fazendo tudo o que lhe dá vontade. Em minha experiência com estes "perversos dedicados", pude observar que amiúde eles liam muita literatura psicanalítica. Mostram-se capazes, então, de fazer críticas com relação à técnica do terapeuta, ao marco teórico de referência, às suas opiniões, aos pontos de vista etc.

O problema estrutural aparece, em geral, muito bem definido. A alternativa à perversão é atravessar um período em que o paciente pode se sentir muito paranoico. Uma vez que consegue admitir que existissem diferenças entre a boa e a má sexualidade, então também deve aceitar que não consegue distinguir entre uma e outra, tanto nele mesmo quanto nos outros. Como consequência, deve passar por um período em que ficarão muito paranoicos, atormentados pela desconfiança com relação a tudo na transferência e também a todas as pessoas de sua vida. Isto parece ser necessário para adquirir a capacidade de recuperar a relação pré-genital, com o seio (um seio reconfortante), antes que este se torne um objeto combinado. Faz-se necessário atravessar este período paranoico para recuperar uma posição na qual possam ocorrer realmente a cisão e a idealização, ou seja, aquela posição que corresponde a estar confortavelmente instalado no regaço de sua esposa.

Trata-se de um processo muito longo, em que não se pode predizer qual será o resultado final, que é sempre duvidoso. É um caso muito diferente do daqueles pacientes que vêm para uma consulta com episódios periódicos de perversão, em que há uma parte substancial da personalidade que reconhece a perversão como algo ruim. Este homem pode ser considerado um "perverso dedicado": este é o coração de sua vida, o próprio centro, sem o qual a vida para ele carece de sentido. Prossiga, por favor.

T: A degradação da ajuda que se lhe presta é completa. Aqui não lhe dá nada, apesar de que, nos últimos anos, melhoraram sensivelmente suas relações com a esposa, as relações sociais e profissionais, e ele é capaz de manter uma terna e constante atenção para com a filha. Agora consegue dizer que "amo minha esposa, mas o que acontece é que não a desejo sexualmente". Imediatamente após, dirá que já vê que jamais poderá se separar dela, que deverá renunciar a suas fantasias, "como o senhor me exige" "e me transformar num homem adaptado". Então, explode com violência, me olha com rancor, diz que não o ajudo em nada e ameaça cortar o tratamento a qualquer momento e suicidar-se: "Comprei aquele livro escrito pelos ingleses e usarei um procedimento irreversível".

Meltzer: Que livro?

T: Ele se refere a um livro publicado há alguns anos, em que se indicavam diversas formas de suicídio. Em princípio, métodos que garantem uma eficácia total.

A queixa de não sentir nada sexualmente é constante, assim como contra a feiura de sua esposa. "De vez em quando" experimenta, "nestes genitais tão insensíveis", uma pinçada na próstata, e isto o alegra: "A dor me lembra de que ainda há alguma coisa viva ali".

Meltzer: ***Eu consideraria que estas explosões de ir contra você são explosões paranoicas: ele não sabe se você está tentando fazê-lo feliz ou matá-lo. Há uma confusão completa a respeito de***

você ser um objeto bom ou mau para ele. *Neste momento, você está representando principalmente o mamilo. Esse inglês que escreveu um livro que trata de como se suicidar representaria o mamilo--ruim-fezes: é o mamilo negro que desmama e mata a criança. Este é o mamilo que está maravilhosamente descrito na obra de Kierkegaard* "Tremor e Temor". *Compara o processo de desmame com o sacrifício de Isaac nas mãos de Abraão. Este é o foco da paranoia: o mamilo. Este pode ser um mamilo bom, ou seja, um mamilo-pênis-sexual; ou um mamilo ruim, ou seja, um mamilo-pênis-fezes. E é o momento em que a maioria dos perversos abandona a análise. Na Inglaterra, normalmente vão então em busca de terapias comportamentais, consultas sexológicas etc...*

T: É exatamente isso que ele pleiteia como alternativa.

Meltzer: Há quanto tempo ele faz análise com você?

T: Há quatro anos.

Meltzer: Prossigamos...

T: Ele nunca é pontual com os pagamentos e tampouco com relação ao horário. Sistematicamente, chega com dez minutos de atraso. Quando demora demais, parece sentir-se obrigado a um tipo de justificativa, e então diz "eu peguei no sono" ou "o trânsito estava muito difícil". Qualquer sinalização cai no vazio.

No começo do tratamento, chegava tão mal arrumado e sujo que chamava a atenção. Deixava a cabeceira do divã, onde caía com todo o peso, cheio de caspas de um cabelo que parecia nunca lavar.

Um dia disse que se descobriu sentindo nojo de si mesmo e, desde então, aparece vestido e asseado corretamente.

Eu o atendo duas vezes por semana.

Meltzer: Parece que, quando descobriu que deixava o sofá cheio de caspas, isto teve um efeito corretivo nele e no dia seguinte apareceu asseado. Foi ele que descobriu a caspa?

T: Eu acho que não.

Meltzer: Você chamou a atenção dele para isso?

T: Não. Achei que já havia perseguição suficiente e não queria que houvesse mais... É óbvio que, depois, eu sempre tinha que limpar o divã para o próximo paciente.

Meltzer: A sujeira em geral, o tipo de linguagem que emprega o esquecimento do respeito para com os horários, todas estas coisas, além do uso sem piedade que faz de você, evidenciam que ele usa você como a mãe-privada. É o tipo de criança que sempre deixa um pouco de cocô no vaso, que não puxa a descarga, que sempre tem a cueca suja com um pouco de cocô etc. Este é o trabalho da mãe: limpar-lhe a bunda.

Aconteceu um processo de degradação progressiva da mãe. Primeiro foi a mãe-seio, depois passou a ser a mãe-sexual e, finalmente, acabou sendo a mãe-limpa bunda. Também acontece a seguinte divisão: na parte de cima estaria a mãe-seio, e na parte de baixo, a mamãe-suja-sexual-prostituta etc. Prossiga, por favor.

T: Ele fez referência a alguns sonhos, embora só consiga contar poucos deles.

(No primeiro ano de tratamento:) "Foi um sonho horrível. Eu estava em minha casa, com meu avô, e ele me dizia que estava olhando o chão da cozinha. As lajotas estavam levantadas e deixavam ver os mortos, com faixas como as das múmias, putrefatos, sujos. Ele me dizia que olhasse e me provocava um terror que aumentava mais ao ver que havia o corpo de uma criança que ainda se movia. As pernas se moviam, estavam vivas. Então, eu estava com minha filha e lhe dizia que tudo aquilo me provocava muito medo e que fôssemos embora dali, apesar de o avô não querer sair. Então, eu me refugiava na casa de meus pais. Então, significava que eu estava na casa deles... Creio que o avô representava você [o terapeuta]. Então, eu chamava uma vendedora, e o avô dizia que a deixássemos passar. E eu não queria..." "De jovem tive outros sonhos em que havia vendedoras, sempre relacionadas com alguma coisa sexual..."

Meltzer: Essa vendedora parece ser uma prostituta. Aqui aparece a história de matar os bebês da mamãe, uma mamãe que agora está cheia de bebês mortos. Mas é preciso notar que, neste sonho, também aparece uma nota de esperança, no sentido de que nem todos os bebês estão mortos, e em particular este menino, assim como outros que também estão se movendo. ***Uma das características da realidade psíquica é que os objetos mortos, a menos que estejam horrivelmente fragmentados e espalhados dentro das fezes, podem ser reconstruídos se forem recuperados das fezes.*** *Em alguns aspectos, pareceria que esta fantasia de destruir alguma coisa enterrando-a nas fezes provavelmente representa a fantasia fundamental que se encontra por trás da repressão e do esquecimento. Seria interessante saber se sua mãe esteve grávida outras vezes, se teve abortos espontâneos ou voluntários etc. Ele sabe alguma coisa a este respeito?*

T: Não, não sabe.

Meltzer: Bem, prossigamos com os sonhos.

T: Dois sonhos seguidos, há cerca de um ano: "Estava em uma estação de trem. Eu queria uma agenda que havia num quiosque e, quando a compro, vejo que era de pior qualidade do que aparentava. Então, desejo vendê-la. Há coisas penduradas no quiosque que não têm nenhum valor. Eu me aborreço e vou embora com a agenda, puto da vida por ter sido enganado... a estação tem um cartaz com as iniciais..." [as do nome e sobrenome do terapeuta].

Meltzer: Este é um sonho puramente transferencial. Também nos fala de alguma coisa a respeito de que ele ainda está bastante paranoide com o seio, não sabendo se está recebendo do tratamento alguma coisa boa ou ruim. Então, o primeiro sonho é de uns três anos atrás, e este deste ano, certo?

T: Sim.

Meltzer: Isto implica que, durante esse período, nessa situação aludida no primeiro sonho, algo que estava fechado se destampou como num conto, revelando a perversidade, o que então o levou a uma relação paranoica com o terapeuta, com o seio. ***O problema que surge, quando o que se revela com este destampar é uma mãe cheia de bebês mortos ou moribundos, é o problema depressivo a respeito de reparar e restaurar essa mãe.*** *Na manutenção dessa cisão da mãe, entre a mãe-seio e a mãe-reto, pode-se ver a criança indo ao peito da mãe que tem filhos mortos lá embaixo, na bunda. Isto significa que tem que manter essa brecha amplamente aberta, de modo que todo o mal fique retido lá embaixo e não possa subir e penetrar no seio.* ***Em cada sessão analítica, Herbert trabalha para tentar resolver este splitting, e esta tarefa se evidencia porque chega a um mau estado de mente, furioso, cheio de ressentimento, angustiado... Por outro lado, no final da sessão pode ir embora se sentindo mais reconfortado e aliviado. Em cada sessão, este splitting foi novamente retrabalhado, conduzido para sua resolução, por meio do esforço conjunto de ambos.***

A desconfiança paranoica começa então a tomar forma em torno do fato de que o paciente sente esta intensa dependência de você, e não consegue saber se se trata de dependência ou vício; ou seja, um vício no sentido de que você tem más intenções para com ele, de que vai seduzi-lo e conduzi-lo a um estado de desamparo, de dependência com relação a você, com a finalidade de fazer algo terrível com ele, escravizá-lo, matá-lo, explorá-lo impiedosamente etc.

Finalmente, esta tentativa criminosa toma a forma do desmame. Este é, por fim, o crime que prova que isto foi um vício e que você é um seio ruim, com um mamilo ruim etc., porque, no fundo, a intenção final era desmamar o bebê. É a conspiração parental de desmamar o bebê e fazer um novo.

Em resumo, neste ponto em que nos encontramos, há quase um ano, se destampa a perversão sadomasoquista e a situação que jaz debaixo disso tudo. Ele tem, neste momento, a sensação de que há de abandonar sua perversão e passar a se converter em uma pessoa adaptada. As intenções últimas do terapeuta, das que desconfia, são representadas neste sonho de duas formas distintas: uma, com a agenda, que tem a ver com o tempo; e a outra, a estação de trem, em que é representada a viagem, até onde vai, o lugar de seu destino. Ele teve os dois sonhos na mesma noite?

T: Sim.

Meltzer: Bem, vamos ao segundo.

T: "Meu pai e minha mãe tiveram um filho, um irmão meu. É como uma formiga, filamentoso e pequeno. Meu pai, pouco cuidadoso, sopra, e o filamento voa para o chão e se perde na areia."

Meltzer: Dentro das fezes, é lá que ele foi parar. Neste ponto, precisamente, me interessaria muito saber se a mãe ficou grávida outras vezes. Ele acusa o pai de fazer abortar o bebê quando era uma coisinha assim pequena... Por outro lado, tudo isto está conectado com o fato de que sua mulher também teve um aborto. Como continua o sonho?

T: "Ele procura o filamento e começam a sair outros animais diminutos, monstruosos, como um elefante pequenino... Meu pai parece um louco, fazendo piada daquilo tudo."

Meltzer: É realmente muito interessante. Ele tinha medo desses elefantes pequeninos? É curioso, porque normalmente os elefantes pequeninos, este tipo de animaizinhos, não dão medo, mas são bem graciosos.

T: Sim, ele diz que eram monstruosos.

Meltzer: ***Isto é muito mais paranoico, como no caso de Schreber com suas multiplicações... Esta parte do sonho é muito preocupante. O bebê assassinado começa a proliferar e a se converter em monstros, em monstros persecutórios. Isto é preocupante... Vejamos outros sonhos...***

T: Há seis meses: "Eu tinha um bom relacionamento com minha mulher. Eu gostava muito dela; ela estava morrendo e, assim, eu podia ter relações com outra mulher que me agradava mais".

Meltzer: Isto significa "mudando de terapeutas"...

T: Há quatro meses: "Aproximo-me de um drogado, e ele me pede dinheiro. Ameaça-me com uma seringa que diz estar infectada com HIV. Eu lhe dou dinheiro, mas ele me crava a seringa do mesmo jeito".

Meltzer: O aspecto paranoico da transferência vai se multiplicando, e também aumenta a acusação que faz a você de que o está transformando em um viciado em você, de que você o está matando, fazendo-lhe mal etc. Quando se conectam estes sonhos entre si, pode-se ver o paralelismo entre o yonkie *que o está injetando e o coito com a esposa que provoca a morte dela: é a mesma coisa. O outro aspecto da situação paranoica é a incapacidade do paciente de conseguir distinguir entre seus impulsos bons e seus impulsos maus. Quando realiza um coito com a esposa, ele não sabe se o está fazendo por amor ou se a está matando. Prossiga, por favor.*

T: Acontecimentos mais recentes: apesar de ter conversado com sua esposa, há certo tempo, a respeito de terem outro filho, ele continuava a resistir: "Porque então estarei preso a ela e não poderei mais me separar", apesar desta observação ser cada vez mais consciente de que, "realmente, ela e minha filha são o melhor que tenho". Finalmente, há alguns meses a gravidez aconteceu, bem como a renovação de seus lamentos: "Agora não vou poder mais ir embora... Acabaram-se os meus desejos...".

Durante essa gravidez, morreu-lhe o pai e caiu gravemente enfermo um de seus tios, que morava em seu país de origem, e com ele fundem-se lembranças entranhadas da infância, pela bondade e atenção que teve com ele quando ficou doente muito pequeno.

Antes das sessões que serão comentadas, sua esposa dá à luz prematuramente, e se acredita que a criança poderá sofrer de lesões irreversíveis por problemas de funcionamento placentário nos dois últimos meses da gestação. O bebê precisa ser internado numa unidade de cuidados intensivos, e o prognóstico é cauteloso.

Meltzer: É como se o HIV se encontrasse em seu mundo interior... Prossiga, por favor.

T: Começam a surgir intensos sentimentos de culpa no paciente, pois atribui o nascimento mais complicado do menino a uma briga que teve com sua esposa, mais ou menos na época em que os médicos situaram o desajuste no funcionamento placentário.

Meltzer: Do ponto de vista médico, isso poderia ser possível?

T: Não sei dizer.

Meltzer: Ele bateu nela?

T: Não. Nessa ocasião, a fim de protegê-la de golpes devido ao estado avançado da gestação, a briga se limitou a mordidelas. Ele também sentia pena do pai, "que sempre foi um desgraçado que não conseguiu o que desejava... e que, no fundo, era bom".

Meltzer: Quão prematuro foi o bebê?

T: Ele foi de oito meses.

Meltzer: Você sabe quanto ele pesou?

T: Não.

Meltzer: É realmente um caso muito interessante... Um dos problemas com os pacientes borderline, *que em geral acontece com relativa frequência na prática clínica, é que muitos deles tiveram tratamentos prévios. Em minha opinião, faz-se necessário conseguir formar algum tipo de ideia a respeito de se as experiências terapêuticas anteriores só foram más experiências, que não contribuíram para nada, ou se foram boas experiências em que o terapeuta foi capaz de conduzir o processo até uma finalização frutífera.*

Em geral, podemos deduzir o seguinte: se ouvimos que a terapeuta anterior trabalhou de forma não analítica, não se deve considerar o realizado como processo analítico. Mas se o terapeuta é alguém que trabalha psicanaliticamente com psicanálise kleiniana ou se se formou psicoterapeuta, então, a pergunta a se fazer é se o que estamos ouvindo refere-se a uma séria fissura em sua técnica. Estes erros técnicos podem consistir, em geral, em aproximações sexuais com o paciente, aumento descabido dos honorários, ser implacável com o assunto de dinheiro, aceitar presentes ou pedi-los ao paciente, irregularidades dos horários, tirar férias sem prévio aviso e coisas deste estilo. Quando se ouve este tipo de causas, pode-se pensar que o processo analítico não foi muito longe.

Quando se ouve o tipo de queixa deste paciente contra seu terapeuta anterior, podemos ficar bastante seguros de que sua análise atingiu o ponto de impasse, ou seja, uma situação que a terapeuta não conseguiu tolerar, ou que não foi capaz de continuar trabalhando com o paciente para superá-la.

Um paciente masculino, com problemas sadomasoquistas, no qual se dá uma história de violência real, eu nunca o enviaria a uma psicoterapeuta, porque vai ser muito difícil para uma terapeuta, estando sozinha em casa ou em uma clínica com um paciente homem, não ficar um pouco assustada com a possibilidade de ser agredida por ele. Penso que, com certeza, ele teve razão em interromper seu tratamento quando diz que via indícios em sua terapeuta de ficar assustada com a possibilidade de ser atacada fisicamente.

***Quando se tem uma situação como a que estamos ouvindo aqui, com um paciente que teve ampla experiência analítica prévia, e que depois veio para você, você se encontra numa situação em que, com seu próprio método analítico, tem que fazer florescer o que já foi semeado e cultivado pela terapeuta anterior.** É muito importante para você como terapeuta que, ao ver como estes pacientes progridem com surpreendente rapidez, compreenda que esta rapidez tem sua explicação no trabalho anterior. É importante o fato de que a terapeuta anterior tenha sido uma mulher e que você seja um homem, no sentido de manter unido o casal parental. Mas, inclusive no caso em que a terapeuta anterior tenha sido de seu mesmo sexo, nunca se deve fazer como o dentista que olha dentro de sua boca e exclama: "Puxa!... quem fez este trabalho tão horrível?...".*

T: Esta sessão vem imediatamente após os acontecimentos comentados.

Meltzer: E antes de saberem que o bebê ia se recuperar?

T: Sim.

Ps: Pode-se pensar que, neste caso, o ter filhos, o ter outro filho, é como uma defesa para não agir?

Meltzer: Podemos ver que ele se achava pouco disposto a ter um segundo filho, e que foi sua mulher quem insistiu. Temos o sonho dos monstros que saíam da areia... é como a história da caixa de Pandora. Ele sente que todos seus pecados vão aflorar de dentro de sua mulher, vão transbordar e submergi-lo na depressão, na culpa etc. Todos estes fantasmas debaixo do chão, que estão empurrando a areia de dentro, todos estes fantasmas, são como os fantasmas de Ibsen; todos estes monstros que estão aflorando... o conceito de retorno do reprimido está aqui. A defesa, então, é a não disponibilidade de ter um segundo filho.

Hoje em dia se pode ver esses actings *nos casais, sob as formas mais sofisticadas, como a esterilização. Certo tempo depois, podem buscar a reversibilidade da esterilização, acontecendo posteriormente momentos de grande fertilidade.*

Ps: Ele não pediu para ter um filho, foi a mulher que quis tê-lo. Talvez o acting, *por parte dele, também possa ser ter esse filho.*

Meltzer: Sob a pressão da análise, ele foi cedendo gradativamente ao pedido da esposa de um segundo filho. Ele tinha muito medo de que aquele bebê abortado reaparecesse, agora, como uma criança monstruosa. Bem, vejamos a sessão.

T: É preciso esclarecer que, antes desta sessão, houve uma em que eu simplesmente deixei-o falar. Ele comentou os acontecimentos que haviam ocorrido recentemente, como o problema do filho, e também se referiu, como uma espécie de rememoração, à morte do pai, à evolução da enfermidade do tio etc. Esta que vamos ver é a sessão seguinte.

Sessão de sexta-feira

T: (Ele chega quinze minutos atrasado. Aparece com um aspecto cansado, mas está asseado. Permanece em silêncio. Fica olhando de um lado para o outro.)

P: Hoje não estou com vontade de falar... Estou cansado. Ontem trabalhei com meu sócio até muito tarde.

Meltzer: Seu sócio no trabalho.

T: Ele tem duas atividades profissionais. Uma, em uma multinacional, a outra é um negócio privado.

P: Hoje me foi custoso levantar da cama... Estava com sono e cansado... Estes dias tenho trabalhado muito. Por isso não tenho vontade de falar. (Fica calado.)

Meltzer: Ele trabalha em dois lugares para poder pagar a análise ou sempre teve os dois empregos?

T: Ele sempre teve os dois empregos.

Meltzer: Bem, então o que você lhe diz?

T: Creio que quer me comunicar que, quando se sente tão cansado, não lhe dá vontade de que este outro sócio, que sou eu – no negócio que desenvolvemos juntos –, lhe traga mais problemas e trabalho, que já tem demais nesses dias...

P: (Permanece em silêncio).

Meltzer: Vou ver o que você disse a ele... Ele veio para a sessão realmente estressado, por essa situação trágica. Eu acharia que o que ele está lhe dizendo é que deseja ficar encerrado em seus braços, para que possa ficar tranquilo, estar com você, mas sem ter que trabalhar. Esta é a qualidade de sua relação de bebê com você. Penso que é importante incluir na interpretação que você não vá tratá-lo como um bebê, mas que você sabe que isto é o que o bebê quer e necessita. De outro modo, você pode fazê-lo sentir o mesmo se você lhe disser: "Venha já! Vamos trabalhar! Se você consegue trabalhar com seu sócio, também pode trabalhar comigo!". Prossiga, por favor.

P: Eu teria que falar da planta. Do problema da planta em casa. É um problema trivial, mas ontem fez com que eu e minha esposa entrássemos em atrito e acabássemos aos gritos. (Pausa.)

Na minha casa há uma mesinha que usamos frequentemente para jantar e fica ao lado da televisão. Assim, podemos assisti-la. Minha mulher tem muitas plantas em casa, colocadas estrategicamente, e há alguns dias ela deu de colocar uma das maiores na mesinha, de maneira que, quando chego cansado e me deito um pouquinho para ver televisão, a planta me cobre a tela.

Meltzer: "Já há outro bebê na barriga! Esta barriga tão grande está me incomodando e já não posso ficar nos braços de mamãe." Também se pode ver que sua mulher agora está cheia de plantas, plantas de casa, e não cheia de bebês mortos. Ela deixou de ser essa mulher feia, cheia de mortes, odores ruins e ângulos repugnantes... Prossiga, por favor.

T: Já perguntei a ela muitas vezes por que a põe ali, tendo tantos lugares onde poderia colocá-la, e, além disso, digo que ela me incomoda; ela me responde que não me custa nada afastar a planta quando quero ver televisão. Se lhe respondo perguntando-lhe por que devo fazer isso, ela não se dá por vencida e acaba me dizendo que o problema é que eu sou um idiota que não gosta de plantas. Por isso é que brigamos... ela se põe a gritar... "Você chega cansado em casa, com vontade de se deitar e não fazer nada e implica com a planta!" E sempre acabo cedendo, este é o meu problema. Sempre hei de renunciar a meus desejos em benefício dos demais. Porque, se retruco, logo me sinto culpado.

Meltzer: Mas que cara hipócrita! O que mais ele diz?

P: E então... Dá-me uma raiva!... Se eu não me contivesse, acabaria agarrando a planta e a destruiria... Depois me sentiria culpado... Falo da planta de maneira real, como a coisa concreta e... Também metafórica.

Meltzer: Ele está acusando você de todas essas coisas. Antes ele era capaz de quebrar as coisas que tinha vontade de quebrar sem se sentir culpado, e você lhe injetou toda essa culpabilidade. Penso que seria importante examinar o que ele quer dizer exatamente quando diz "culpa". A culpa e o remorso se encontram bem no limiar da posição depressiva. A oscilação entre uma e outra é amiúde denominada depressão persecutória. O problema com a culpa é que a culpa não quer entender, só quer ser castigada e "acabar de uma vez". O intolerável do pesar e do remorso é que continuem assim indefinidamente.

A vantagem de o paciente ser capaz de experimentar o pesar e o remorso é que estes o levam a enfrentar o problema de ser perdoado. A pessoa que se sente culpada e se prepara para ser castigada castiga tanto a si mesma como provoca o castigo, perdoando a si mesma. A posição depressiva, quando está profundamente estabelecida (ou seja, quando se penetrou profundamente nela), refere-se a um objeto que o perdoa, que o perdoa antes que se sinta com pesar e remorso, e é esta misericórdia que torna possível que você possa aceitar o pesar e o remorso em vez de retroceder até a culpa e o castigo.

Quando o paciente se encontra em uma posição como esta, que está bem no limiar dos sentimentos depressivos, você tem que ajudá-lo em tudo que seja materialmente possível de entrar na orientação depressiva. O que é preciso fazer, fundamentalmente, é esclarecer para ele os diferentes níveis da experiência, o que quer dizer diferenças entre a criança que está enfrentando a barriga cheia de bebês da mamãe que não deixará lugar para ele, como algo oposto ao homem que se sente tratado injustamente porque acha que sua mulher o está provocando pondo uma planta diante dele. Quando se faz esta diferenciação, encontra-se a si mesmo quase sempre, como acontece com as crianças pequenas, dando um sentido humorístico ao que se diz, o qual implica o perdão. Este tipo de perdão paternal permite, na realidade, ter uma visão global, o que não equivale a dizer: "Ele tem razão, ela não tem razão, ela tem razão, ele não a tem" etc. Permite ver a interação. Durante a análise, às vezes aparecem sonhos em que se tem uma visão como a que se pode ter de um avião que está voando em baixa altitude. Isto permite tomar distância da intensidade dos sentimentos, possibilitando dar uma olhada e contemplar o panorama. Tudo isto tem a ver com aquilo a que Bion se refere quando fala da visão binocular, perspectiva reversível e outros aspectos desta ordem. Isso significa não apenas ser capaz de ver o mundo externo e o mundo interno ao mesmo tempo, mas também ser capaz de contemplar simultaneamente, por um lado, a situação de sua implicação na transferência e a contratransferência e, por outro lado, sua visão como profissional.

A voz com que você fala ao paciente chega, em geral, desta parte da visão profissional, falando à parte adulta do paciente a respeito da criança. Mas, é claro, há momentos em que o seu paciente se encontra num estado de tanta aflição que você sente a necessidade de falar diretamente com a criança. Esta voz é, de alguma forma, um acting *na contratransferência. Em um momento como este, em que o paciente se encontra assim aflito, eu, evidentemente, teria a necessidade de falar de modo muito terno à criança que há dentro dele, mas também teria a necessidade de acompanhar esta voz com a fala dirigida ao adulto a respeito de minha relação com a criança. As duas vozes ao mesmo tempo, e deste modo você evita atuar na contratransferência. Creio que se você for tão estrito com você mesmo que se permita este grau de atuação na contratransferência, o paciente poderá sentir que você está excessivamente distante, demasiadamente severo e julgando-o de maneira muito crítica. Ocorre o mesmo no trabalho com crianças. Há momentos em que, brincando, a criança cai e se machuca. Então, é claro, você deve responder de forma paternal. Prossiga, por favor.*

T: E aqui, qual seria a planta metafórica?

P: (Medita.) Bem, claro, interromper o tratamento, coisa em que já venho pensando há muitos dias e nós dissemos... (Cala-se.)

T: Parece que o medo é chegar a interromper o tratamento quando você se sente abatido, cansado, e que, ao chegar aqui, eu lhe mostre uma planta que você tem que cuidar, ocupar-se dela, o que o impede de se entreter com outras visões mais gratificantes.

Meltzer: Agora você está dizendo o que eu comentava há pouco, está sendo terno com ele... Como a coisa continua?

T: Então, provavelmente, surgiria em você a vontade de interromper se eu lhe lembrar que você vem aqui para que nós dois nos encarreguemos dos aspectos seus que devem ser cuidados, dos quais você se descuida quando, por exemplo, chega atrasado. Aspectos vivos, como as plantas, que exigem atenção e cuidados.

P: Eu vejo as plantas como objetos... Mas o negócio é que com a planta acontece como no caso do copo d'água da menina. Quando você já está que não se aguenta e gostaria de descansar, a menina o chama e pede que lhe leve um copo d'água.

Meltzer: É como dizer que as crianças são assim e que ele também é este tipo de criança. Acaba de ocorrer a ele que não deixa você descansar. Quando ele necessita de sua ajuda, pressupõe que você tem de estar ali.

Ps: Esta sessão foi depois das férias?

T: Não.

Meltzer: Na realidade, está a ponto de poder ver e reconhecer em que medida é egocêntrico com relação a você. Da mesma forma que diz que as plantas são como crianças, seguramente ele está dizendo que os pacientes são como as crianças. Prossigamos...

T: Quando chega cansado em casa, gostaria de se deixar abandonar, ser cuidado em suas necessidades e fantasias, e então sua mulher o reclama, a menina pede sua presença, como dias atrás me contava... Então, lhe dá vontade de arrebentar a planta, a relação. Talvez também cortar esta terapia, que o leva dia a dia a se dar conta da quantidade de coisas que tem que cuidar, das que tem que assumir a responsabilidade...

Meltzer: Aqui você o está lembrando destes dois diferentes níveis, o adulto, marido, pai, em contraste com o nível de suas necessidades infantis que buscam satisfação ampliando as gratificações no seio da família; mas onde realmente encontram satisfação é na análise. Prossiga, por favor.

P: Se não houvesse essa coisa da urina... Mas é que eu sei que vir aqui é para me fazer assumir coisas, negócios que jamais se resolverão. A questão é que minha mulher sabe bem as coisas que quer e como as quer. Eu não sou pusilânime. Defende-se meu desejo diante do dela e acabo vencendo ou quebrando a planta, então me sinto culpado... porque também gosto de minha mulher.

Meltzer: Este é o problema irresolúvel: você não pode ferir a pessoa que mais ama sem sentir remorso. O que ele diz?

T: Ele tem medo de, com sua raiva, causar dano a uma planta que também ama e lhe seria penoso se chegasse a estragá-la.

P: É por isso que eu grito tanto... Penso que gritar talvez seja uma maneira de não deixar que a agressividade saia... É como fazer um pouco de teatro.

Meltzer: É como um compromisso: "Em vez de guardá-la dentro e reconhecê-la como uma raivazinha infantil, eu me comporto um pouco como uma criança, mas não chego a provocar dano". Eu diria que este é o momento da sessão em que eu lhe lembraria de que, mesmo que ele esteja muito agradecido a você, também o culpa por metê-lo nesse conflito de amor. Está argumentando: "Eu vim aqui para conseguir a cura do meu problema urinário, e em vez disso você me coloca o amor dentro, isto é terrível!". Agora não há paranoia nele. É uma birra de criança porque você o faz crescer: isto é uma grande conspiração. Prossiga, por favor.

T: Canalizar a raiva... Talvez seja seguir o ditado que diz que cão que ladra não morde... (Aqui, lembra-se de um dia em que o paciente falou que ele e a esposa se envolveram numa briga em que se morderam mutuamente, a fim de evitar os golpes, já que ela estava grávida.)

Meltzer: Sim, isto é verdade. É certo que um golpe a gente esquece facilmente, mas uma palavra, não. Cada homem mata a pessoa que gosta, o homem valente com a espada, e o covarde, com a palavra. Isso é um ditado?

Meltzer: Não. É um trecho de uma balada de uma peça de teatro. Acho que de Byron; é algo que se menciona em "The importance of Being Earnest."[7] *O que mais disse o paciente?*

P: Sim... Isto sempre me aconteceu. Já ocorria quando meu pai me batia, quando eu tinha 14 ou 15 anos. Eu não batia nele. Talvez alguma vez. Mas, por dentro, eu pensava que tinha vontade de golpeá-lo e o golpearia, ou de pegar uma faca e enterrá-la nele.

Meltzer: Ele mudou muitíssimo... dez anos de análise!... Prossiga, por favor.

7 Peça teatral de Oscar Wilde, estreou em 1895.

T: Seus gritos, então, são um modo de controlar uma raiva que teme, porque pode ser muito perigosa. Você percebe que bater em alguém não é a mesma coisa que surrar ou talvez até assassinar. Quebrar, numa palavra, a pessoa que também ama.

Meltzer: O que está fazendo agora é diferenciar entre a realidade interna e a realidade externa.

P: (Fica comovido.) O negócio é que eu percebo que posso chegar a gostar das coisas, e com muita facilidade. Posso ver um quadro pendurado numa parede duas vezes e gostar tanto dele que logo estou querendo chegar ao momento de tirá-lo dali.

As mudanças me são muito custosas. Guardo as coisas durante muito tempo. Me dói desligar-me delas. Não gosto de rasgar papéis. Está claro que, às vezes, tenho que fazer uma limpeza e rasgo alguns, mas me custa muito, muito, desprender-me das coisas.

Meltzer: Parece que está começando a se aproximar do desmame. Prossiga, por favor.

P: Por exemplo, um desenho ou desenhos de minha filha. Eu vou guardá-los sempre. Não seria capaz de rasgá-los.

T: Parece-me que quer me falar de coisas pelas quais sente um afeto tão imenso que lhe será muito difícil modificá-las. Porque parece que se separar delas só pode ser feito quebrando-as... e você as quer: tendo convivido com elas pouco tempo, chega a lhes dedicar um afeto imenso. Isto também se pode ver de outro modo, de outro ângulo. Você me fala dos desenhos, das pinturas que fez a menina pequena, das imagens e fantasias que recriou e de como é quase impossível separar-se delas. Porque fazer isso só seria possível se as quebrasse, rasgasse, talvez se as depreciasse... Creio que você uma ou outra vez me traz aqui seus desenhos, suas fantasias de criança, e o que sente é o que eu lhe digo: "É preciso quebrar isto à força, chega de criancices...", "Já chega de conservar as imagens de sempre". Você sente que ponho no meio outra planta para cuidar, bem no meio do espetáculo daquelas fantasias que você desejaria recriar, cansado de tanto esforço e responsabilidades. Então lhe dá vontade de quebrar a planta, quebrar a análise e o *terapeuta*, que você sente como alguém que deprecia o desenho do filho e o rasga.

P: (Fica em silêncio. Escuta. Parece tranquilo.)

Meltzer: Está muito bem. Pode-se ver aqui que ele está a ponto de se dar conta de que foi difícil para ele, de um modo diferente, jogar fora as coisas ruins no passado e atirar as coisas boas no presente. Isto equivaleria a abandonar as coisas boas, especialmente a análise. Isto o leva ao ponto em que você lhe pode mostrar o conflito do egocentrismo, de pedir à mãe que expulse o bebê que está em seu ventre porque ele não pode se instalar confortavelmente em seus braços, é um pedido descabido. Era um pedido descabido que expulsasse o bebê, e foi um pedido descabido que levou sua namorada a abortar. ***Então, o que se há de fazer neste momento é ajudá-lo a se dar conta de que a intensidade de seu apego à análise não é tanto um apego a você, a uma pessoa em particular, mas um apego à qualidade da relação e da natureza do trabalho e do processo.*** *A análise é uma coisa, é um objeto, tudo isto foi descrito, se bem me lembro, em* O processo psicanalítico, *como a morte do seio. Por* *isso, tem a peculiaridade de que o seio morre para a criança e logo renasce para o próximo bebê, é o seio-Fênix. Podemos continuar.*

P: (E, ao final da sessão, ele se levanta a contragosto. Sai e diz:) Bom dia.

Sessão de terça-feira

P: (Chega mais de vinte minutos atrasado. Fazia tempo que não chegava tão tarde.) Hoje peguei no sono. Estava muito cansado... (Pausa.) Esse fim de semana tive muito trabalho e não fiz nada. Passei o tempo todo sentado na poltrona. Talvez tenham se passado duas semanas de trabalho muito duro. Mas eu tinha trabalho para fazer. O que acontece é que meu sócio é daqueles para os quais os sábados e domingos são sagrados. Tínhamos que pôr em dia documentos urgentes. Ele só se dedica ao nosso negócio e não pode estar em dois lugares de trabalho ao mesmo tempo. Se for assim, eu também acho que... Bom... Que os papéis esperem! Estou farto. Não há colaboração. Foram duas semanas de muito trabalho.

Meltzer: Isto faz referência ao final de semana analítico. É a queixa, a acusação de que você o deixa com tudo isso enquanto vai passear com sua família, sua Sagrada Família. Prossiga, por favor.

P: Além disso, quando minha filha está em casa, é impossível trabalhar, porque ela fica o tempo todo em cima de mim. E minha mulher não colabora com isso em nada. Ela tinha que resolver alguns assuntos fora de casa. Então, pedi-lhe que levasse a menina com ela para que eu pudesse trabalhar. Eu disse isso, mas ela me respondeu que a menina queria brincar, ao que repliquei que eu tinha trabalho. E tão tranquila! Bem, quando ela se foi, eu me pus a dormir. Às vezes eu precisaria de uma redoma de cristal em que eu pudesse me resguardar e trabalhar. Porque tenho muito trabalho. E assim não posso trabalhar...

Meltzer: Aqui ele parece um bebê, ele quer ser um bebê de dentro.

P: Além disso, chegou meu sogro. Não sei o que acontece: só de vê-lo, eu já me irrito. Não é que ele diga alguma coisa. Só de vê-lo. É por sua rigidez. Mas eu não digo nada agora: se implico com ele, é garantido que minha mulher vai começar com queixas sobre a minha mãe, que está morando conosco... (Pausa.) De modo que me calo. Por outro lado, estes dias a relação sexual tem sido um desastre. Não sinto nada. Nada vai bem. Então, é melhor não tentar.

T: Provavelmente você deseja enfatizar o fato de que nestes dias acumulou uma tarefa mental muito grande, relacionada com os seus negócios no exterior. Aconteceram muitas coisas nos últimos tempos: a morte de seu pai, a doença de seu tio, o nascimento com problemas de seu filho... e você precisaria que houvesse maior disponibilidade da minha parte para atendê-lo, para estar com você trabalhando este problema por resolver.

Meltzer: Ele não só queria mais tempo, mas também sente que você não pensa nele, que ele não está na sua mente, que você não o admite na redoma de cristal de sua mente para mantê-lo dentro de você. Isto não é desconfiança paranoide, mas uma desconfiança depressiva: "Você não pensa em mim quando não estou com você". Prossiga, por favor.

T: Ele sente que sou alguém muito rígido, alguém para quem o horário é o horário, e os dias de trabalho comigo são o que são. Então ele diria: "Que os documentos esperem!", e já não seria necessário usar o tempo da sessão para trabalhar.

Meltzer: Você está falando com ele de forma terna outra vez.

T: Sim, mas ele se aborrece.

P: (Aborrecendo-se.) Eu nunca achei que você tivesse que me atender no sábado ou no domingo. Isso nem me passou pela cabeça, nem posso estar de acordo com o que você diz! Eu já entendo, por outro lado, que você tem que me atender nos dias normais de trabalho, não nos sábados e domingos. Parece-me absurdo tudo isso!... Estou cansado. Além disso, nestes dias a dieta que sigo não está me caindo bem. O estômago me dói. Eu me sinto mal. Desde que chegou o pai da minha mulher e também a minha mãe, o regime alimentar foi alterado... não me sinto bem.

Meltzer: Isto é uma birra que significa: "Você trata de me fazer pensar no que foi a sua vida no fim de semana, e no momento em que penso nisso, em que penso no seu pênis ereto e tendo uma relação com sua mulher, vou ficar furioso... eu não quero pensar nisso!". Prossiga, por favor.

T: Quando há uma nova dieta, com tanta gente e circunstâncias que tenho que atender: a mãe, o sogro, a filha, a esposa que deve estar muito cansada...

P: Sim, minha mulher está cansada... (Diz, me interrompendo.)

T: Os acontecimentos que ocorreram, a morte de seu pai, o filho... Há muito trabalho a fazer em sua cabeça e muito esforço, e você reclama ser cuidado por alguém de tal modo que lhe façam uma redoma de cristal em que você possa se fechar e se sentir protegido de tantas exigências e responsabilidade.

Meltzer: Sim, isto é muito correto. O que ele responde?

P: Isso sim...

T: Como você não tem isso, procura um refúgio no sono, preparado por você mesmo, já que não pode ter o que quer.

P: Sim, talvez dormir nesse...

Meltzer: Dormir também dentro da mãe. Prossiga, por favor.

T: Além disso, provavelmente quando não tem tudo o que precisa comer, não se importa com a comida, a ajuda que ela oferece não pode ser digerida porque não está adequada às suas necessidades.

P: (Pensa.) Sim, acho que é isso que acontece.

Meltzer: O que ele está dizendo é que não está de acordo com você quanto à comida que lhe é oferecida. Parece que a comida não lhe cai bem quando você o alimenta ternamente. Isto faz que sinta muito mais a sua falta, e quando sente a sua falta, isto o leva a pensar: "O que estou fazendo? Quem sou eu? O que está acontecendo?".

Ele está tendo uma experiência do fim de semana em que se sente pequeno e impotente, e em que precisa dormir, você e a mulher dele são o par sexual, e ele não quer pensar a respeito dessas coisas. Mesmo que a transferência com você seja, neste momento, principalmente materna, aqui é muito mais de objeto combinado, na qual você e seu par estão trabalhando juntos muito bem. Prossiga, por favor.

T: O conflito também estaria no fato de que você não pode pedir o regime que lhe convém e tampouco pouco imaginá-lo. Não pode nem imaginar ou pensar que pode me pedir mais tempo.

P: (Aborrece-se de novo.) Eu não sinto isso em absoluto! Creio que isso não tem nada a ver comigo. E é disso que eu me queixo de você! Muitas vezes, se pudesse vir uma só vez por semana, eu faria isso. Hoje mesmo não me apetecia vir de jeito nenhum. Com muita frequência, você não chega nem perto de entender o que eu digo! (Quase gritando.)

Meltzer: Aqui está a acusação de que ele não está na sua mente, e o acusa concretamente de o estar confundindo com outro paciente-criança. Acontece algo parecido quando as crianças se aborrecem muitíssimo se a mãe as chama pelo nome do irmão. De que mais ele o acusa?

P: Você se apega às suas coisas, àquilo em que acredita, não ao que eu sinto. (Aqui ocorre um longo discurso desclassificatório a propósito da pouca atenção que dedico ao que acontece com ele, que é difícil de reproduzir pela rapidez e o impacto de tudo o que chega a dizer.) (Pausa.)

Agora me ocorre que um dia você me disse que eu não conseguia tolerar a distância que há entre você e mim. Você normalmente não valoriza as coisas externas, como se elas não tivessem importância. Para você, nem vale a pena comentá-las. E se sabe que vocês, os psicólogos, e especialmente os que são desta orientação, não têm nenhum interesse pela coisa externa.

Meltzer: Aqui se vê a projeção. Nunca havia ocorrido a ele pensar em sua (do terapeuta) vida externa. De repente, ele se vê ameaçado por ela. Prossiga, por favor.

T: Surpreende-me sua reprovação, apesar de ter sido justamente eu quem lhe falava de tudo o que lhe havia acontecido.

T: Parece que você quer fazer-me ver que sou eu quem não leva em consideração as distâncias. Que supervalorizo a relação e os conflitos aqui, com você, quando os conflitos, relações e situações particularmente dolorosas estão lá fora, em tudo o que você teve que enfrentar nas últimas três semanas.

P: Já que você quer falar, eu vou falar disso! Eu me refiro ao que dificilmente está perto do que lhe digo. Você se identifica demais comigo e diz coisas que não são minhas, com demasiada rapidez, como que queimando etapas, chegando a conclusões que, para você, talvez estejam claras, mas que, para mim, não estão e não as sinto assim! E é por isso que lhe digo que penso que você não está perto de mim. É a hora.

Meltzer: Você o empurrou de um estado para outro. Parece-me um paciente muito inteligente... Que mudança! É bastante incompreensível que ele não tenha obtido um benefício maior de sua primeira análise pessoal, porque quando chegou para você, parecia que estava exatamente na mesma desordem, submerso no mesmo caos em que havia estado a vida toda; é curioso, difícil de entender. Provavelmente, você não poderia esperar, em quatro anos, alcançar o que se conseguiria deste homem se esta fosse sua primeira análise. É surpreendente que não tenha conseguido benefícios manifestos na primeira análise, e nem, ao que parece, que tenha chegado a estabelecer algum tipo de apego, de vínculo, com sua terapeuta anterior. Ele foi atendido em consulta particular ou em uma instituição pública?

T: Em uma consulta particular, com divã e duas vezes por semana.

Meltzer: É muito curioso...

O que podemos ver no material dos sonhos que você me traz é que ele está chegando a um momento de crise com você, idêntico ao que chegou com ela, e que tendeu a romper o tratamento quando viu que ela (a analista anterior) estava assustada. De fato, é possível que ele tivesse conseguido se beneficiar mais dessa análise se tivesse sido capaz de permitir a ela – ou a você agora – saber alguma coisa a respeito de seu ressentimento com relação ao dinheiro, assunto sobre o qual ele provavelmente não estava de acordo. Desde o início, estou me referindo ao fato de que, embora se trate com gentileza e até mesmo com generosidade a questão dos honorários, há alguns pacientes que realmente não podem se permitir vivenciar a intimidade da relação quando estão pagando por ela.

Na Inglaterra, a análise, em geral, é realizada em caráter particular. Pude ver diferenças quando trabalhei na Alemanha, na Suécia ou na Noruega, onde há seguro de saúde que paga a análise.

Este tipo de problema tende, então, a ficar encoberto, e o paciente age como se o terapeuta não cobrasse pelo trabalho que realiza. Esses seguros de saúde têm um defeito, ou seja, se o paciente não comparece à sessão, o terapeuta não cobra. Então, quando os terapeutas tratam de resolver este problema com o paciente, de modo que, quando este último não comparece à sessão e tem que pagá-la, todo o sistema desmorona. Todos os conflitos se canalizam então para este único aspecto.

Na Inglaterra, na prática particular, estas formalidades quanto ao pagamento do paciente pelas sessões que ele cancela, às que não comparece etc., não parecem chegar a criar nenhum tipo de problema, mas há pacientes que não lhe pagam durante meses e meses, dando uma ou outra desculpa do tipo "o dinheiro está no banco e não tive tempo de sacá-lo" ou "tive que pagar umas coisas importantes..." etc. Assim, você pode chegar a esperar cinco ou seis meses para receber o pagamento. Podemos ver, quando isto termina e eles finalmente pagam, que ficam enormemente aliviados, e que, na realidade, todo o problema era baseado numa desconfiança paranoide.

Acho que o que este paciente nunca conseguiu resolver com sua analista anterior foi essa desconfiança paranoide, talvez porque não tenha sido capaz de superar a questão dos honorários pelo tratamento que recebia. Ela foi degradada até o ponto de o paciente não poder identificar algum tipo de reconhecimento com relação aos benefícios obtidos em sua análise. Eu ficaria bastante surpreso se a análise com você chegasse à finalização sem a reabilitação da análise anterior, porque suspeito que ela foi enterrada nas fezes e é preciso desenterrá-la daí. Naturalmente, não é seu problema fazer esta reabilitação: esta é uma tarefa que ele deve executar.

T: Com relação a tudo isto, é preciso dizer que este paciente é atendido em regime de prática particular em uma organização constituída por vários psicoterapeutas, organização que conta com um apoio administrativo encarregado de cobrar os honorários dos diferentes terapeutas.

Meltzer: Ele paga um preço de atendimento particular ou um preço menor de instituição?

T: É um preço de particular, porque a organização é particular. O que ocorre é que o acordo inclui que o paciente pague no final do mês as sessões correspondentes à pessoa encarregada dos assuntos administrativos. Ele nunca faz isto e espera que o administrador lhe mande em casa a fatura correspondente ao número de sessões. Ele só paga quando recebe esse aviso.

Meltzer: É um pagamento entre ele e a administração, e não entre você e ele. Isto lhe permite fazer este acting-out *e deslocar tudo. Suponho que você tenha analisado esta forma de pagamento ponto por ponto.*

T: Sim.

Ps: Eu gostaria de fazer uma pergunta. O senhor poderia ampliar um pouco o que comentou no início sobre o elemento sadomasoquista deste paciente e o fato de ele ter sido filho único poder ser uma das raízes de seu sadomasoquismo?

Meltzer: Sim. O filho único é perseguido pelo problema do que sucedeu aos outros bebês.

Com os primogênitos, o material analítico leva a que se tenha uma impressão de que a mãe teve um filho e depois outro, e mais outro e mais outro... Quando na realidade, talvez tenha tido só um ou dois filhos mais. Com os filhos do meio, podemos ver que sentem que se acham em uma posição em que não são nem uma coisa nem outra; não são nada.

Esta mãe cheia de bebês mortos, o fato de ela aparecer tão perfeitamente em seu sonho e emergir tão claramente conectada com o aborto, é o que realmente rompeu a perversão. Com a maioria dos "perversos dedicados", se torna extremamente difícil poder lhes mostrar de um modo conveniente esta imagem da mãe cheia de bebês mortos. Amiúde este aspecto se encontra tão socializado, em representações sociais como os campos de concentração, campos de extermínio etc., que não se pode voltar a situar tudo isto no contexto do pessoal. Toda a brutalidade é levada ao nível político.

Mas uma das coisas que é importante lembrar é que se passam dois anos desse primeiro sonho aos outros. O primeiro sonho se dá no primeiro ano de tratamento, e isto se baseia indubitavelmente no trabalho realizado na análise anterior. Um sonho tão claro como este, no curso de um primeiro ano de análise, deve estar baseado na análise anterior, dado que é infrequente que tal clareza possa se dar em tão breve tempo. Ele reconhece que o avô, neste sonho, representa o terapeuta e provavelmente a vendedora represente a terapeuta anterior. Este aspecto do sonho em que ele está com o avô e não deixa entrar a vendedora não apenas tem uma configuração edípica, mas provavelmente também se refira especificamente a não querer que o terapeuta faça alguma referência a seu tratamento anterior. Você poderia dizer qual é sua atitude nesses momentos com relação à sua análise anterior? Ele não diz nada a esse respeito, não a menciona?

T: Ele nunca a menciona.

Meltzer: Isso ainda está enterrado...

Comentários posteriores

A evolução do paciente apresenta dois momentos. No primeiro, há um progressivo reconhecimento da bondade do objeto e aparecem sentimentos de afeto. Ele se sente "enamorando-se da esposa", e esta descrição é acompanhada por um fundo depressivo. Ele reconhece que o trato que lhe dispensa não é justo e que precisa dela para viver. Com relação ao tratamento, sente-se temeroso do aborrecimento que possa produzir no *terapeuta*, e que este se sinta cansado de cuidar de uma pessoa tão mal-agradecida e abusiva. Ao mesmo tempo, este sentimento de culpa pelo dano causado e a suposição de responsabilidade o levam a sentir que o terapeuta "está menos por ele", menos pelo menino tirânico desejoso da apropriação completa de um objeto que satisfaça todas as suas fantasias. O gozo que é produzido pela intrusividade deve dar lugar ao vínculo do pai-esposo que cuida da mulher e a repara, e também ao vínculo que cuida da relação terapêutica, evitando pressionar o terapeuta com mudanças de horários e outras exigências – como podia fazer antes, com os protestos e rancor que surgiam quando não as conseguia. Nesta ambivalência, experimenta a renúncia a "sua sexualidade", ou seja, a sua sexualidade perversa, como algo a que deve se resignar e que o submete "como uma camisa de força". A nostalgia da sexualidade do pequeno déspota dá lugar à esperança de uma sexualidade adulta incipiente, numa mescla de ternura e doçura com que começa a tratar a esposa e os filhos.

Em um segundo momento, a lenta melhora de suas relações faz aparecer em cena o adolescente que acredita que já pode se virar sozinho. Considera terminar o tratamento, com certa precipitação, e a oferta de um trabalho com futuro em seu país de origem possibilita a finalização prematura, dois anos depois, das sessões aqui reproduzidas.

6. Cecilia L.: O final da análise

T: A paciente, que chamarei de Cecilia L., tem 30 anos e trabalha na administração de uma empresa. Pertence a uma família de classe média tradicional do sul da Catalunha. Seu pai tem 72 anos, é de caráter violento e dominador, muito dedicado ao trabalho e responsável. A mãe tem 69 anos e é dona de casa; é também agressiva, mas passiva. Esta é a descrição que ela faz de sua família, em que os princípios morais e religiosos se colocavam acima dos afetivos. Tem um irmão uns três anos mais novo, que teve problemas psíquicos graves do tipo depressivo, na adolescência.

Cecilia está em tratamento há uns dez anos, com uma frequência de quatro sessões semanais. Os motivos da consulta foram seu pânico ao sair à rua e ao se relacionar com estranhos. Grande timidez e depressão. Teve episódios alucinatórios, nos quais acreditava ver o demônio.

Primeiro ela foi tratada por um colega psiquiatra; ao melhorar clinicamente, este aconselhou a ela um tratamento analítico. Neste momento, a análise se desenvolve satisfatoriamente: tem progredido no *insight*, e o vínculo comigo tem boa qualidade. Ela concluiu com êxito seus estudos de Administração de Empresas. Tem uma boa situação econômica, graças à ascensão profissional. Não se casou, o que a preocupa e a angustia; às vezes, tenho a sensação de que me reprova, como se a análise a houvesse ajudado, sobretudo, a ganhar a vida e ser mais efetiva e pragmática como o pai, mas ainda custa-lhe ter algum êxito com os homens.

Primeira sessão depois das férias de agosto

P: Bom, já estou aqui. Parece que muito tempo se passou, sobretudo porque faz uma semana que estou trabalhando, ou seja, as férias já parecem distantes. Venho contente, em meio a tudo. Vinha pensando que meus sentimentos por você têm mudado: ora preciso menos de você, ora preciso mais de você. (Curto silêncio.)

T: Quem sabe se refere a pensamentos contraditórios?

P: Não, estava pensando em como explicar isso. Recorda-se daquela vez que lhe disse que vinha pensando, ao voltar das férias, que você teria ido ao seu país ou teria morrido?

T: Uns três anos atrás, ela tinha a fantasia de que o porteiro lhe diria: "Olhe, a psicóloga morreu". E, também, o porteiro parecia esperá-la de pé para dar-lhe a notícia.

Meltzer: De que país ela pensava que você era?

T: Ela sabe de onde eu sou.

Meltzer: Bem, prossiga, por favor.

P: Pois nada disso me passa agora: vinha tranquila, pensava no porque não a encontraria; que a valorizo mais e isto me dá segurança. É difícil de explicar... Porque morrer..., claro..., sempre podem acontecer coisas nas férias... Há tantos acidentes. Mas desta vez é como... não sei... não pensava nisso.

T: Como se sentisse que dentro de você eu não morreria. Sentia dentro de você algo muito vivo, para pensar em acidentes ou em morte violenta; vinha com esperança e ilusão.

Meltzer: Dá um pouco a sensação de que estivesse dizendo: "Bom, agora você pode morrer". É o que chamo a morte do peito: já não necessita mais de você, então você pode morrer; não é que tenha que acontecer, mas se quiser, poderá morrer. Prossiga, por favor.

T: No que ela explica agora, faz referência a um cruzeiro de férias. Conta como se fosse um personagem romântico, sobretudo ao falar do cruzeiro e de como se recordava do tratamento, com o braço debaixo da almofada, que lhe recordava o divã etc.

P: Exato... Eu diria que é isso. Durante as férias, não recordei das sessões; pensava um dia, no barco – nesse momento estava ali, no cruzeiro –, que essas coisas ajudam a viver... Tudo era muito bonito, digamos que era um cruzeiro de luxo e muito agradável, e pensei nas vezes em que havia me queixado do dinheiro que pago a você; e pensei que, acredito que pela primeira vez, graças a você ganho a vida e ela não vai de todo mal. E que sem o tratamento não poderia nem ganhar a vida e não teria nem de que me queixar. (Rindo.) O mais triste é não ter sequer do que se queixar, nada a perder.

T: Quando disse "e não teria do que me queixar", ela o fez rindo e inclusive como um pouco de flerte.

Meltzer: Nada do que se queixar, nada a perder. Não tem nada a perder, a não ser a você. Prossiga, por favor.

T: Como algo morto. Creio que quer me dizer que se recordou (com tristeza) de se tratamento e disse que não me preocupe, que quando você se queixa, no fundo há vida, porque há sentimentos.

P: Claro, são essas coisas. Porque soa gracioso. Mas penso que, como tenho que ganhar dinheiro para tratar-me, que isso é inquestionável, ao mesmo tempo ganho dinheiro para outras coisas, como a viagem: ou seja, de mais a mais...

T: Dá a sensação que se enredou com o dinheiro: como se dar ênfase ao tratamento fosse uma ajuda para ganhá-lo. (Silêncio curto.)

P: Sim, é verdade. Eu creio que sim, que tem me ajudado a ganhar a vida, a situar-me profissionalmente, muito mais que ter um noivo, por exemplo. Mas, olhe, não perco a esperança: já tenho 30 anos; nessa idade muita gente já está casada, mas algumas se divorciam. (Brincando.) No barco havia uns... dois rapazes alemães e nos aproximamos; o problema era o idioma, foi divertido, mas não é que gostei demais. O rapaz cujo nome começava com M sabia mais inglês, mas o que ficou comigo falava por sinais: para que se diga que um dos alemães... Não devia ser muito preparado, porque não falava mais que alemão: nem inglês, nem francês, nem português, nem espanhol, nem catalão... (Ri.) E, justamente, eu não falo alemão. Mas, estou planejando este curso, porque nunca se sabe. (Silêncio.)

Meltzer: Ela fala todos os idiomas?

T: Sim.

P: Agora estou um pouco aborrecida porque meus pais não estão: ainda não voltaram dos Pirineus, e estou em casa com meu irmão, que é um "caradura": não compra nada, nem limpa - deixa tudo na cozinha -, e quase tenho que esconder a comida para ter um "bocado" à noite. Enfim, enquanto meus pais não chegarem, tudo de cabeça para baixo.

Meltzer: Este é o único homem que ela tem, seu irmãozinho.

T: Sim, ele tem três anos a menos que ela e ainda mora na casa também. Ela comprou um apartamento, mas não o utiliza.

T: Parece que você reconhece o valor organizador de seus pais. Parece algo assim que procura no tratamento: algo que lhe ajude a pensar com a cabeça e não de cabeça para baixo.

Meltzer: Eu não diria que o problema que ela tem, em suas relações com os homens, é que baseia sua concepção de homens e de casamento em sua relação com seu irmãozinho. Em sua mente há uma clara divisão entre os homens-pai e os homens-irmãozinho. Ela pode flertar com os homens-irmãozinho, mas também pode tratá-los como se estivessem num plano inferior: pode degradá-los. No entanto, tem medo dos homens que estão na categoria de seu pai. Prossiga, por favor.

T: Tenho a sensação de que algo se perdeu: quando você falava do dinheiro ou de que o tratamento não a ajuda a ter um noivo... (Silêncio curto.)

P: Sim, sabe – em um momento, quando você me disse que eu dizia que o tratamento me ajuda a ganhar dinheiro, tive uma recordação. Parece-me que já disse... Que um dia, ao dar-lhe o pagamento do mês, pensei comigo mesma: "Tem o imposto revolucionário!" (tributação).

T: O imposto...?

P: (Interrompendo.) Sim, isso que os *etarras*[8] fazem com os industriais, os capitalistas bascos.

T: Ah!

P: Sim, claro, senão, como vão ter dinheiro para suas revoluções?

T: Seus atentados?

P: Bom, eles creem que têm que lutar por uma causa que creem ser justa: não se dizem a si mesmos terroristas, dizem que lutam pela verdadeira libertação do povo basco.

Meltzer: Nesta associação, ela se coloca como uma capitalista basca?

T: Claro, e eu, a terrorista.

Meltzer: Tudo depende de como se encaram as palavras terrorista e revolução. Prossiga, por favor.

---

8 *Etarra*: pertencente à organização clandestina ETA (*Euskadi Ta Askatasuna*, Euskadi Pátria e Liberdade), principal organização do Movimento da Libertação Nacional Basco.

T: Quem sabe queira dizer que você não pode afirmar que eu seja uma terrorista que tira seu capital mental para algo injusto; que algo dentro de você tem que mudar algo decisivo, para o qual tem que aportar o seu capital mental.

P: Agora, eu odeio os terroristas. Por que aparece tudo isso dos terroristas?

T: Creio que é importante sua associação. Por que expressá-lo por meio de algo indesejável e odiado?

P: Não sei, porque sei que quero mudar tudo isso que você diz; mas não como os *etarras*. Que coisas me ocorrem nesse santo divã!

Meltzer: É interessante tudo isto. A questão, neste material, refere-se a duas colocações. Por um lado, ela se sente confiante e a salvo com relação à situação interna, querendo dar a você liberdade para morrer; quer acabar a análise para economizar seu dinheiro. Por outro lado, se ela diz que gosta muito da análise, que está muito contente etc., então teme que lhe possa dizer: "bom, agora não precisa mais de mim, adeus!". Mas isto vive como uma luta na qual teme morrer.

O resultado é que, ou bem há hipocrisia de sua parte, que tentará libertar-se dela, ou há hipocrisia e pouca gratidão da parte dela. Em meio a tudo isto está o conceito de terrorismo e santo divã. É como se o terrorismo fosse o oposto de santo divã. O divã representaria o objeto pelo qual os revolucionários estão lutando, mas, em realidade, estão muito mais violentos e agressivos com seus oponentes.

Temos que buscar a natureza do objeto em que se sente terrorista, para o qual ela sente violência e agressão. É ela a capitalista que se libera de você, ou bem é você a capitalista que se libera dela? A partir daqui se poderia ver quais, dentro dela, ela protesta. Neste caso seria uma luta pelo direito dos pacientes: que os pacientes têm direito a isto ou aquilo etc., e a não serem tiranizados pelos analistas capitalistas. Ela, na realidade, quer tomar para si o controle da análise.

Sessão de terça-feira

P: Hoje, venho do trabalho. Há verdadeiras confusões: eles têm despedido muita gente por mau desempenho. Eu creio que a empresa vai funcionar melhor. O chefe novo veio para deixar tudo claro. Eu creio que lhe sirvo bem, isso me dá segurança. O que não gosto é de sua mulher, que é uma sul-americana e muito respeitada; se vê que em seu país trabalhou no mesmo que eu e tenho medo que queira criticar-me.

T: Aqui também ela disse que essa mulher estava amamentando um bebê, que tinha tido.

Meltzer: Quando o bebê que está amamentando começa a andar, pode voltar ao seu país. Prossiga, por favor.

P: Também vinha pensando que queria contar um sonho que tive à noite e que me chamou a atenção. Afloraram muitas coisas... Vamos ver se me recordo...

Fui com minha amiga T., numa espécie de canoa, a umas grandes lojas. Seria um povo como o de Veneza, que, em lugar de carros, vão pela água. Era fora da hora comercial. Passamos por uma área estreita, como uma gruta, e pensava que me daria claustrofobia. Via nas paredes algo que brilhava, de cor escura, e eram umas aranhas asquerosas, perfeitamente camufladas na rocha; era fascinante ver a camuflagem. Eu pensava que não me davam medo, mas asco. Chegávamos às grandes lojas e tínhamos que deixar o barco. A água não estava muito limpa. Entramos nas lojas, e T. desapareceu do mapa, digamos. Fiquei só e me encontrei com gente do trabalho. Havia uma sala de chapéus, e eu tinha que comprar um.

Ao voltar, parece que estou no trabalho, e vejo gente que tem coisas que eu não tenho, que compraram nas grandes lojas: camisetas e calças com motivos havaianos, e via um que levava na camiseta escrita a palavra "*matamúa*", que é o título, parece-me, de um quadro de Gauguin, o qual foi pintado quando esteve no Taiti. Outras traziam motivos de quadros de Gauguin, mas só esta trazia a palavra "*matamúa*".

Logo alguém me dava uns sapatos de número 36, porque eu calçava uns de número 35 que me machucavam.

T: Queria esclarecer que quando ela falava das aranhas asquerosas, comenta que as sentia horríveis e às vezes bonitas. Esclareceu depois que o título do quadro é *Tamari atúa*.[9]

Meltzer: Parece ser um sonho no qual ela se banha com a mãe e vê os genitais da mãe, os pelos pubianos etc. E de repente desaparece na identificação projetiva. Isso estaria representado no momento em que a amiga desaparece. De fora, dá a sensação de que os bebês sejam bebês-aranhas; mas, quando se vê de dentro, se convertem

9 O nome correto do quadro de Gauguin é *Te tamari no atua*, que significa "o filho de Deus" em polinésio. O quadro, pintado em 1896, é também conhecido como *O nascimento de Cristo* e retrata a Natividade [N.T.].

em bebês bonitos, vestidos de muitas cores. Também fala dos genitais da mãe.

A primeira reação à identificação projetiva é bastante romântica: é a dos bebês bonitos, do Taiti e da nudez: o Taiti é um lugar onde há nudez. Em contraste com essa nudez, temos a claustrofobia, representada por esses sapatos que apertam e machucam. Tudo isto está acompanhado pela turbulência da situação caótica no trabalho, de um novo chefe, da esposa sul-americana do chefe, das pessoas que são despedidas etc. Tudo está em movimento. Tudo se refere à sessão anterior: a sensação de intimidade de duas mulheres juntas, de estar no banho com a mãe..., tudo está muito bem, mas que se passa com o noivo?

De repente aparece a ideia do seu genital, a gruta com as aranhas camufladas que brilham, e nesse momento tudo muda: está muito excitada, num mundo diferente, muito entusiasmada; é como estar de férias, outra vez no cruzeiro, mas aparece a claustrofobia! Há uma conexão entre esses rapazes com as camisetas tipo Gauguin e os rapazes alemães com os quais flertou. Se vê no sonho que este cruzeiro foi muito influenciado por sua identificação projetiva. Estava em um estado de mania, de euforia...

E agora está de volta aos sapatos da análise, que apertam porque se referem à finalização do estado maníaco. Ela os sente como claustrofóbicos: representam sair do estado maníaco, mas também sentir-se segura, contida. É logico que os sapatos lhe estejam pequenos, pois quando uma pessoa anda um tempo descalço e volta por os sapatos, estes a apertam um pouco. Em consonância com seu sentimento relativo à última sessão antes das férias, este novo trabalho desapareceu no estado maníaco. Não parece muito perigoso, mas está em movimento instável. É complicado o sonho. Prossiga, por favor.

T: Que sugere este sonho?

P: Eu o associo às férias, claro. Mas eu não fui a Veneza. Veneza me parece algo do passado, que infalivelmente tem que morrer, digo desaparecer, que havia sido bonita, mas já não o é: vê-se que vai afundando e que até cheira mal.

T: E o barco?

P: (Dá risada, porque o cruzeiro era um barco transatlântico, grande, de luxo.) Não tem nada a ver com um barco, que é um barquinho dos mexicanos pobrezinhos. **Gauguin é quase meu pintor favorito.**

T: Aqui falou mais sobre Gauguin: que havia denunciado a sociedade francesa, na qual tudo estava mal, que havia marchado à Martinica etc. Também falou de um filme em que apareciam Gauguin e Van Gogh, mas que ela gosta mais de Gauguin, embora Van Gogh seja mais cotado etc.

T: Quase?

P: Sim, porque é difícil que haja um. Mas eu gosto muito. Em Paris, comprei um livro com ilustrações. Eu creio que é o melhor pintor do princípio do século, sobretudo essas figuras do Taiti: essas mulheres têm muita força, mas, ao mesmo tempo, uma grande ternura.

Meltzer: Aqui poderia, muito bem, estar se referindo aos rapazes alemães. É uma forma de falar muito pouco profunda: parece uma conversa entre duas moças que, falando dos rapazes, se perguntam: "e você, de qual gosta mais?". Fala de Veneza como se estivesse se afundando, morrendo inevitavelmente... e com isso se refere a você: "havia sido bonita, mas, como o vinho, isto se foi". Todavia, está neste estado maníaco não demasiado grave; está eufórica. Apresenta a imagem de uma criança que está tendo uma relação com a mãe como se fossem irmãs, na banheira, rindo juntas... Rindo do pênis tão pequeno que tem o irmãozinho etc. Prossiga, por favor.

T: Parece que no sonho há muitas coisas. A você lhe chama a atenção sonhar com Veneza, quando esteve na Grécia, a que tem descrito como algo luminoso; e Veneza, ao contrário, como algo que vai desaparecer infalivelmente. Quem sabe isto represente coisas suas, doentes, que deseja que desapareçam, como provavelmente a inveja, que lhe faz reduzir as coisas a uma expressão mínima, como o barco transoceânico converter-se num barco. Para não sentir muita falta do tratamento, o reduziu a um modesto barco, de índios pobrezinhos. Você sente que, por um lado, aprecia o tratamento, mas é preciso acabar com as aranhas, que podem atacá-la ou a mim.

T: Pareceu-me ver assim, inclusive como algo anal.

Meltzer: Sim, é como o que víamos no caso anterior, sobre os monstros que saíam da areia e os corpos que saíam do solo: todos eles são os bebês que estão dentro da mãe. Há uma oscilação entre estar fora e ver todos estes bebês como monstros dentro do ventre da mãe e estar dentro, onde tudo é muito bonito e romântico, tipo Taiti, com muitos irmãos com os quais se pode flertar etc. Tudo isto oscila, em definitivo, entre a ideia de se ela é que vai deixar você – nesse caso, ela é a hipócrita que não tem gratidão –, ou se será você quem a deixará – nesse caso, você seria a hipócrita-capitalista.

Está pensando se a análise vai terminar bem porque ela está bem, pode ganhar seu próprio dinheiro etc., ou se acabará mal e terá que jogar você no lixo. Tudo isto está indo de um lado a outro.

T: Sim, isto que lhe disse das aranhas que se camuflam, que podem atacá-la ou a mim, quem sabe tem o sentido de que lhe custa apreciar o que eu posso produzir.

Meltzer: É exatamente isso.

T: Creio que a situação é que ela é muito ressentida porque eu não lhe mostro como conquistar um noivo.

Meltzer: Sim, naturalmente: ela espera que você saiba como fazê-lo.

T: Por outro lado, se se casa, acaba o tratamento. Ela trouxe associações sobre um paciente que se casou com a filha de seu analista.

*Meltzer: **Um analista renomado casou-se com a filha de sua analista.***

O final desta análise está próximo. Ela está realmente na posição depressiva. Não há nenhuma dúvida de que faz uma transferência materna contigo. Pode aceitar o que lhe dá e tem uma realidade psíquica adequada.

***Surgem duas situações, em dois níveis diferentes, na transferência. Uma, é a situação infantil da morte do peito, na qual o peito morrerá ou fará como se morresse, para poder desprender-se deste bebê e ter outro; isto dá lugar novamente à angústia** e à desconfiança. Surge também o complexo de Édipo genital, que na criança está conectado com vir a saber que é o pai quem dá os bebês à mãe. Em seu caso, isto está representado pela atração pelo novo chefe, que deu um bebê a sua mulher; e contrasta com o* *comportamento de flerte com os rapazes alemães no cruzeiro – isto está, entretanto, dentro da área da sexualidade narcisista pré-genital.*

Na transferência, quando você se converte na mãe sexual e o pai se aproxima de você com bebês, ela se sente atraída por este chefe. Enquanto tem sido uma mãe boa que tem podido dar-lhe o peito, que a tem podido limpar, que a tem ajudado a fazer xixi e cocô etc., tudo vai bem; mas no momento em que se converte na rival que vai com o papai, a luta é a morte. Assim, você estava muito contente em analisá-la enquanto ela podia ganhar seu próprio dinheiro e pagar você, mas não lhe interessaria analisá-la para que logo pudesse seduzir seu próprio marido. Quem sabe lhe dirá que, se não pode ser com o seu marido, pois então seja com o seu filho. Mas, de fato, isto já aconteceu na experiência dela com o irmãozinho, não faz muitos anos... Não quer outro casamento desse tipo!

Assim parece apresentar-se a situação enquanto está se aproximando o final da análise: está elaborando o complexo de Édipo pré--genital. Só falta que você encontre um rapaz valente, interessante, jovem etc. e pense: "oh, este estaria bem para ela!". Isso seria outra parte da contratransferência. Você teria que se controlar para que, quando ela algum dia lhe contar: "conheci um rapaz muito macho outro dia", você não lhe diga: "ah, sim"?. Vamos ver... Vamos ver...! Ela está há dez anos em análise, verdade?

T: Sim, dez anos. Sigo?

T: Gauguin representa, quem sabe, seu desejo de fazer algo valioso com elementos que foram impulsivos.

Meltzer: Em muitos sentidos, podemos vê-la como adolescente: ela não tem podido dar o passo para tornar-se mulher. Provavelmente, tem ainda um aspecto infantil. Parece mais jovem?

T: Sim, parece mais jovem do que é.

Ps: Com que frequência você trabalha com ela?

T: Quatro vezes por semana. Quero dizer que com respeito à apresentação anterior, esta paciente alcançou mudanças positivas. O que vimos aqui, no Seminário, foi de muita ajuda para ela.

Meltzer: Talvez tivesse que ter mais um ano de análise, e então, com ela, teria feito um bom trabalho. (Brincando.) Isto quer dizer que daqui um ano, se casará! A paciente tem somente 30 anos. Com pacientes de 37 a 40 anos, a contratransferência é ainda mais difícil, em razão de que estão perto do término de seu tempo fértil. Os casos têm sido interessantes. (Pausa.)

Comentários posteriores

Pouco depois da apresentação aqui reproduzida, o material confirmou o processo de finalização; o sonho que segue é um exemplo disso: "estava num país do norte, norte da Europa. Um país desenvolvido; podia ser Suécia ou Suíça; creio que era Suíça. Era um cemitério, muito bonito, não se via nenhum caixão, mas eu sabia que era o seu enterro. Eu sabia que era você porque via muitos ex-pacientes seus. Não falava com eles. Era triste, apesar de tudo. Eu levava uma coroa de flores em forma de ferradura, como as que levam os *jockeys* quando ganham a corrida; parecia-me um pouco ridículo, mas pensava: é original".

Ao mostrar-lhe, entre outras coisas, que este sonho apontava claramente o final da análise, ela aceitou. Mas depois de duas semanas, fez gradualmente uma mudança: trazia cada vez mais situações de frustração em seu entorno; mostrava-se agressiva; enfadava-se; protestava por tudo; dizia que não tinha noivo, era uma clara mostra de que a análise havia servido para muito pouco. Ao mostrar-lhe que, quem sabe, não queria deixar a análise ou que temia uma recaída, reaparecia sua hostilidade; dizia que o triste era que eu não poderia fazer mais por ela. Deixou de trazer sonhos, e um dia disse que os odiava porque os analistas se punham a "pontificar" sobre eles. Quando se esclareceram algumas de suas fantasias, foi se acalmando e compreendendo que tudo aquilo era parte do processo. Também a aliviou quando fixamos uma data para o término do tratamento, com um ano de antecedência: voltou a ser mais ativa e trouxe sonhos que pude entender muito bem. Fez coincidir o final do tratamento com uma mudança de trabalho – com a melhora de sua situação econômica – que determinou uma mudança: foi viver numa cidade menor que Barcelona.

Mostrou-se muito emocionada em sua despedida e manifestou que me daria notícias. Não foi logo depois, mas dois anos e meio depois, que recebi um postal, mais amigável que carinhosa, que dizia: "...quero comunicar-lhe que estou muito bem. Tenho um noivo, vou ter um bebê e vou me casar. Sinto, mas é nessa ordem. Um dia lhe escreverei mais. Espero que você esteja bem, como sempre, muito bem. Afetuosamente. Cecilia".

7. David: "Aspirado" pela identificação projetiva

Quando David estava com 5 anos e meio, foi-me encaminhado por uma instituição, para tratamento. É o segundo filho de um matrimônio que tem uma menina dois anos mais velha.

O menino é muito exigente, tiraniza os pais, faz chantagem, opõe-se continuamente. Teve dificuldades com a visão: nasceu com estrabismo; parece que este se transformou em miopia, e com 1 ano e 5 meses tiveram que tampar-lhe um olho por indicação médica. Foi muito difícil, não tolerava; os pais foram muito inflexíveis, temem que isso tenha afetado a relação. Aos 4 anos e 9 meses o operaram, e agora usa lentes de 9 graus (dioptrias).

Meltzer: Quantas operações ele fez?

T: Uma operação. A respeito deste fato, os pais se mostram muito inseguros, e parece que não têm suficientes informações. Pode ser que tenham muita culpa no caso, por não terem tomado providências a tempo. Não se sabe quando começou esta deficiência do menino: se era algo muito primitivo ou não. Os pais não sabem e estão muito agoniados por este fato.

Meltzer: Quando foi exatamente a operação?

T: Aos 4 anos e 9 meses. Eu sinto muito inconsistentes as explicações que me dão sobre o estrabismo e a miopia: dizem que os médicos não lhes informaram etc. Definitivamente, há muita dificuldade para especificar.

Meltzer: Ok. Prossiga, por favor.

Em outubro do ano passado haviam consultado um psiquiatra que lhes deu exercícios psicopedagógicos, que ele rechaçou, e umas normas de conduta. Sentiram-se ainda mais sobrecarregados. É pouco expressivo, não o entendem. Nega-se a comer: já testaram de tudo; às vezes cospe a comida. Manifesta ciúmes intensos da irmã. Agora a irmã tem medos e se queixa do paciente.

É muito ansioso: têm que ficar com ele até que durma. Desperta quatro, cinco vezes por noite; não quer ficar só: praticamente a mãe dorme com ele desde os 6 ou 7 meses. Paciente obsessivo, teme perder suas coisas; cada manhã pergunta se tudo estará igual quando voltar. Tem manias e obsessões diversas. É muito "genioso": agressivo, bate na mãe. Se ela lhe bate, diz: "Não me machucou"; aguenta muito, porém finalmente desmorona e chora. Às vezes fica olhando algo como se paralisado; o veem muito passivo, quer que lhe façam as coisas. Frequentemente imita a postura dos outros.

Enurese noturna e "vazamentos" durante o dia; não vai ao banheiro fora de casa, retém para não ir.

Em ocasiões, isola-se, rói as unhas e morde a ponta dos dedos, diz: "Deixa-me, que estou me mordendo". Belisca-se ao redor da boca, sempre deixa sinais. Desde os 3 anos faz um movimento masturbatório, coloca-se como uma rã, tem ereções, começa a suar durante meia hora. Pelo que explicam, este último ato parece ser como uma erotização geral de todo o corpo, e não somente genital.

Não quer ir à escola. Foi aos 3 anos. Ia com a irmã. No segundo ano chorou desde o primeiro dia até o último e para ir a este curso, protesta. Não aprende. Suas relações com as outras crianças são por intermédio da irmã. Coloca-se materialmente acima dos outros companheiros, bate e belisca, procura pelos mais frágeis. Não brinca e nem entende as regras, ainda que na escola seja contido. Sua motricidade é torpe e desorganizada.

Custa-me obter informações da mãe sobre os primeiros meses. Quando David nasceu, os pais viviam em outra cidade; a mãe se mudou para a cidade onde vivem seus pais. Permaneceram ali sete meses. E o pai ia aos finais de semana

Em seu parto, o teve com águas sujas. Mamou no peito por seis meses; parece que regurgitava e a mãe insistia. Dificuldade com as trocas alimentares.

Quando falo acerca disto com a mãe, é difícil obter informações. Pergunto-lhe: quem sabe devolvia porque era um menino muito guloso, e a mãe responde: "Não sei; quando regurgitava, eu voltava a dar"; então não diz mais nada.

Meltzer: Descritivamente, é a história de um menino hiperativo.

Sua vida mental não se desenvolveu muito porque sua técnica é evacuar tudo. Não desenvolve uma relação dependente, como corresponderia no princípio da vida mental. É mais como um animalzinho.

Meltzer: Não dissemos nada acerca do desenvolvimento da linguagem.

T: Fala bem; o que não sei, às vezes, é se compreende o significado: não tenho claro se compreende. Em sua casa falam muito bem o castelhano, com uma linguagem culta.

Meltzer: Os pais têm educação?

T: Sim, estudos universitários. A mãe disse: "Foi perfeito até quase 1 ano", "era tranquilo". Começou a andar aos 9 meses, porém ficou doente, e isso lhe custou: ficava como jogado e caía; foi e é preguiçoso para andar. Esta informação de que ficou enfermo me foi dada depois, em uma segunda entrevista que fiz com eles. E disseram-me porque perguntei; se não o faço, possivelmente não me haveriam dito.

Meltzer: É uma história muito inconsistente. É descrito como um bebê difícil. Os pais parecem ter uma teoria acerca de que pode haver algum problema com as enfermidades do tipo lesão cerebral, encefalites... E agora dizem que tudo foi perfeito até que ficou doente.

T: Dizem que esta doença foi uma colite.

Meltzer: Da forma com que os pais descrevem que teve muitas dificuldades para andar, que sempre caía etc., parece ser que pensam que quando adoeceu também teve algum tipo de lesão na cabeça. Na realidade, isto faz provavelmente referência à gravidez. Com as técnicas neurológicas mais avançadas, tem-se visto que muitas crianças hiperativas apresentam algum grau de lesão cerebral.

T: Comentam que quando foi ao psiquiatra, fizeram-lhe exames e não encontraram nada anômalo.

Meltzer: É somente com os equipamentos mais modernos, mais avançados, que se pode apreciar realmente até que ponto há ou não uma lesão. Pode-se ver, inclusive com todo detalhe, as circunvoluções, para apreciar se estão corretamente dobradas etc. Em todo caso, isto não muda o problema terapêutico.

T: Sim, porém tenho dúvidas acerca de suas dificuldades físicas; não sei até que ponto pode haver existido uma dificuldade física e como ele tem podido viver com ela.

Meltzer: O importante é que estas crianças, desde o início da vida, são diferentes de seus irmãos; os pais ficam perplexos ante eles e lhes é muito difícil responder à criança de uma maneira natural e comum: sentem algo que não funciona bem na criança e os médicos não podem saber do que se trata. Ainda que a mãe diga que seu filho esteve perfeito até 1 ano, pode-se ver na história que nunca teve uma relação tão bonita e tão perfeita com ele.

T: Penso que quando a criança começa a se mover a se separar, parece que causa problemas na mãe. Até um ano foi 1 bebê "perfeito", no sentido de que ela o limpava, o alimentava, e não lhe causava demasiados problemas.

Ps: A mãe esteve 7 meses só com o filho, já que o pai ia somente aos finais de semana. Talvez houvesse algum problema de continência...

Meltzer: Pode ser, porém, de todas as formas, foi o segundo filho. Seguramente teve uma experiência muito distinta com este da que teve com o primeiro filho.

T: Segundo a mãe, com o primeiro bebê, a menina, tanto a gravidez como o parto foram satisfatórios e esteve muito contente com ela. Agora começa ela a ter problemas, que creem se devem ao irmão.

Meltzer: Vejamos outros dados de sua história.

Quando bebê, ficava nervoso no banho, agora não quer ir à piscina.

Tinham que lhe por um tapete na praia. Angustiava-se tremendamente ao afundar na areia da praia. Com 1 ano e meio, tinha umas crises de choro terríveis e não podiam colocá-lo no carro.

Quando o menino tinha 2 anos, os pais se mudaram para outra cidade, e dois anos depois vieram morar em Barcelona. Nesta época, ficou três meses com os avós maternos, tiveram muita dificuldade para deixá-lo. Os pais saem pouco; sempre vão todos.

Eles são universitários, de nível socioeconômico alto, ambos estão desorientados quando me consultam. A mãe está em casa, cuidando de seus filhos; sente-se culpada e decepcionada pelo resultado da criação deste filho. É uma mulher inteligente, rápida, prática, muito racional, perfeccionista, com escassa capacidade de *rêverie* e certa distância afetiva. O pai é um homem muito brilhante, parece observador, paciente, com senso de humor e um leve tom de despreocupação. Tenho a impressão de que a mãe tem estado deprimida em algumas épocas.

Creio que, com todas estas mudanças de uma cidade para outra, há muitos lutos sem se elaborar, como uma espécie de desapego.

Começamos o tratamento duas vezes por semana, após a Semana Santa. Combinamos que depois de setembro faríamos três sessões.

Cada vez que o menino vem, entra com a cabeça metida entre as saias da mãe e agarrado fortemente a ela. É por isso que decidi trabalhar com o menino na presença da mãe, ainda que minhas experiências neste sentido sejam de dificuldade pela complexidade das relações. Esperava que poderia se separar paulatinamente, porém, no mês seguinte ao inicio do tratamento, a mãe anuncia uma nova gravidez, o que complicou a situação. As sessões apresentadas são anteriores a esta comunicação.

David é um menino fisicamente alto, que anda com a cabeça baixa e os ombros afundados; guarda muita distância física; tem aspecto esquivo antissocial e retraído e olhar penetrante, tremendamente comunicativo para mim.

Meltzer: Mais que o olhar penetrante, não seria expressivo?

T: É um olhar que sai e que utiliza muito para deter e controlar em geral. Às vezes olha com um olho uma coisa e com o outro olha outra. Apesar do estrabismo, eu diria que é como um estar em tudo e controlando tudo.

Meltzer: É muito grave o estrabismo?

T: Não, não é muito grave, porém, às vezes, faz uma determinada olhada que em castelhano corresponderia ao que se chama "mau olhado". Lembra-me um bebê que está enfadado com o peito e com um olho olha o peito e com o outro quer encontrar e controlar o olhar da mãe.

Meltzer: Provavelmente não fez exercícios corretivos adequados depois da operação, e é por isso que não tem a visão binocular. Até certo ponto, é como se seus dois olhos estivessem vendo duas imagens diferentes. A dupla visão existe sempre, porém, o que ocorre é que um lado está reprimido, está suprimido.

Há algumas semanas estava supervisionando o caso de uma paciente adulta que em suas associações e sonhos tinha sempre duas visões paradoxais: via sempre as coisas a partir de dois pontos de vista. Sugeri que esta paciente não teria visão binocular e quando o terapeuta investigou, comprovou que isso era correto, podendo resolver um pouco o problema com umas lentes corretoras. Ela sabia que tinha dupla visão e, em relação à lateralidade, escrevia com a mão direita, porém o olho dominante era o esquerdo.

Podemos comprovar depois, no material, se sai alguma coisa que faça referência a isto.

Quando exercia a psiquiatria infantil, foram feitas investigações sobre o estrabismo. Durante a guerra, a Força Aérea as solicitaram, já que tinham problemas com os atiradores, porque viam que estes desenvolviam estrabismo. Nas investigações levadas a cabo em uma população infantil, tanto em um ambiente terapêutico como de investigação psiquiátrica, encontramos que as crianças tinham uma ansiedade forte e transbordante de serem envolvidas por um grande objeto que vinha na direção delas. Há elementos na história deste menino (David) que apontam para este medo de ser absorvido, de ser tragado na areia, no banho, na piscina etc.

Parece que havia, também, uma certa dificuldade em mamar no peito. Não foi uma situação tão pacífica e tão agradável, e está deixando para trás relíquias sintomáticas, por exemplo, morder-se e beliscar-se.

T: Sim, por materiais anteriores, penso que sentia o peito como um espeto. Quando está irritado comigo, às vezes me chama de "mosquito".

Meltzer: Em sua experiência com o peito, tem uma impressão paradoxal deste: por um lado, estava comendo-o e mordendo-o, e, por outro, o peito o estava mordendo e comendo. Este paradoxo se vê também em seu caráter. Às vezes, pode ser muito ativo e agressivo, e outras, muito passivo.

T: Uma dificuldade que tenho com este menino é saber em que nível está; se bem que, à medida que o vou conhecendo, fica mais fácil para mim. Em um momento, sinto que está muito, muito regredido, e em outro momento é como se pudesse entender coisas muitos difíceis. É surpreendentemente variável.

Meltzer: Bem, vejamos o material da primeira sessão.

T: Esta sessão é de antes de saber que a mãe está grávida. Veremos a sexta e a sétima. Escolhemos estas porque o menino traz umas ansiedades que vão se repetindo e aqui se refletem bem, sobretudo acerca do movimento e da separação.

Meltzer: Bem, passemos à sessão.

Sexta sessão, segunda-feira

Entra agarrado na saia da mãe. Desde a porta até a sala de jogos, pede com insistência:

P: Mamãe, fale sobre Graciela.

T: Graciela é a irmã do paciente.

Meltzer: Dá a impressão de que o ato de se agarrar às saias da mãe é mais para controlá-la, e nem tanto para se proteger.

Mãe (M): Sim, e agora Graciela foi a uma excursão até sexta-feira.

Meltzer: Isto é o que ele queria que sua mãe dissesse, que Graciela está fora.

T: Sim, geralmente usa muito a mãe para se comunicar-me coisas. Diz: "Mãe, fale à T.".

Meltzer: Chama você pelo nome?

T: Sim.

T: Você também foi no outro dia e hoje voltou aqui. (Trato de fazer descrições que o ajudem a relacionar as coisas. Uma vez, na sala de jogos, puxa três carrinhos dos bolsos, coloca-os em cima da mesa e os observa.)

P: Este tem portas que se abrem; este, não; este também não. Como os que você tem: uns se abrem e outros, não.

Meltzer: Isto é verdade?

T: Sim.

Meltzer: Uns carros que estão em sua caixa de jogos se abrem e outros, não.

T: Sim, porém, ele trouxe três carrinhos que são seus.

Meltzer: E quantos carrinhos você tem?

T: Seis grandes e quatro pequenos. Ele gosta muito de brincar com os carrinhos, e é por isso que coloquei vários. Os maiores ele utiliza como pais e mães, e coloca os pequenininhos dentro deles.

Meltzer: Bem, prossiga, por favor.

T: Está olhando seus carrinhos e os tem aqui; quer saber como eu sou, e se terei lugar para David aqui ou não.

T: Na sessão anterior havia se identificado com um boneco que tinha uma casa sem espaço interior: era um conglomerado de massinha de modelar, utensílios de cozinha e coisas diversas e estranhas. O que fazia era sentar o boneco ao lado e dizia: "O menino não tem casa". A casa do menino era uma coisa maciça, cheia de objetos estranhos, confusa, sem nenhum buraco, formada por massinha, garfos, pratos, facas etc.

Meltzer: ***Quando um menino tão pequeno vem à sessão, a primeira comunicação, ou, às vezes, o brinquedo que ele traz consigo, é uma representação de seu tema central, do que tem em sua mente: um anúncio do que o preocupa neste momento.*** *A primeira brincadeira que faz é tirar os carros de seus bolsos, colocá-los na mesa e observá-los, ao mesmo tempo, com muita determinação. Parece que está perscrutando seus carros, que não só os está olhando fisicamente, mas também em seu interior, com os olhos de sua mente. É como se estivesse olhando para fora e para dentro ao mesmo tempo e comparando essas duas imagens e os objetos que há nelas. Os outros objetos que estão presentes e ausentes são você e Graciela. Poderia ter algo a ver com as comparações entre você e Graciela, ou entre Graciela e a mãe, e as portas que abrem e as portas que não abrem... Especialmente, é a comparação entre os objetos presentes e os ausentes, internos e externos.*

P: (Aproxima-se de mim. Eu estou sentada em um canto, não distante da caixa de brinquedos. Tenho que calcular cuidadosamente a distância ótima para o menino.) Pode tirar um carro para que fiquem quatro. (Dirigindo-se a mim.)

T: **Já sabe que estas coisas são para que brinque aqui, porém, quem sabe não confia na terapeuta.**

T: (Parece muito temeroso; pede-me que eu faça; muitas vezes me pede que eu faça as coisas. Seu estilo é pedir-me que faça as coisas.)

Meltzer: O que ele quer fazer?

T: Ele tem três carros e me pede um dos meus para que fique com quatro.

P: Não, pegue você.

T: (Tento ver quais são as fantasias subjacentes... Tiro o carro.)

P: (Coloca os quatro juntos, um em cima do outro).

Meltzer: Antes, na história, você me disse que ele se põe em cima dos outros meninos. O que quer dizer, exatamente?

T: Se gruda a eles: é como se não pudesse guardar as distâncias. Nas sessões, está às vezes praticamente em cima da mãe. Guardando as distâncias de mim, ainda que cada vez possa se aproximar mais. Parecia que ou está muito perto do objeto, ou tem que guardar uma certa distância para vê-lo.

Meltzer: É a isto que você se refere, também, quando diz que com este menino tem que calcular muito bem as distâncias.

T: Sim, porque senão tenho a impressão de que ele se sente muito invadido. Num primeiro momento, tinha toda uma manobra de: "Vamos ver, eu onde me coloco?". E ele calculava onde se colocava. Ultimamente, isto tem mudado. Eu já posso me mover mais; inclusive, ele me disse: "Já pode vir aqui!".

Meltzer: É como se existisse um fenômeno de magnetismo: se você chega muito perto, pode suceder que o faça afastar-se, ou, ao contrário, pode ocorrer que ele seja atraído e que os dois fiquem colados. Está descrevendo o que eu chamaria de elemento unidimensional em sua relação com ele.

Há outra polaridade: neste elemento unidimensional, ele é atraído e repelido. Isto se vê muito nas crianças autistas, porém, não é o caso deste paciente. Com a maioria das crianças, o que o terapeuta tem que fazer é, simplesmente, sentar-se ou situar-se na sala, e eles mesmos já se colocam em algum lugar porque operam, como mínimo, em um nível bidimensional, no qual vão como orbitando ao redor, porque as forças de atração e repulsão estão em equilíbrio.

T: É como se não tivesse consciência de seu próprio corpo, de que pode movê-lo e de que pode estar separado do outro corpo.

Meltzer: Sim, este é um estado unidimensional; pode-se descrever como um estado muito primitivo, sem mente; lembra um pouco o que acontece ao tentar dar de comer a um esquilo. Quando está a certa distância e tem medo, o esquilo irá embora; porém, se está perto, comendo, e sente medo, o que fará será morder.

Quando ocorre isto com crianças autistas, ficam grudadas; a individualidade desaparece e o que acontece é que "um traga o outro". Isto está relacionado com ansiedades muito primitivas que se observam em crianças pequenas, especialmente no banho, quando têm muito medo de ser tragadas pelo ralo do encanamento.

Quando está em jogo o fator bidimensional, é um "grudar-se ao outro", distinto, que dá lugar a um processo de identificação com o outro. Neste tipo de identificação adesiva está também a sensação de poder controlar o outro. Isto é o que faz esta criança com sua mãe quando está agarrada à sua saia e lhe diz e o que ela tem que dizer etc.

Aqui vemos um processo muito primitivo de relação de objeto.

T: Parece que são papai e mamãe, David e Graciela, todos juntos, grudados num lugar do carro, como se você pensasse que não há espaço para todos.

Meltzer: Suas interpretações seguem numa linha da questão do espaço.

P: (Toma um dos carros que trouxe e o gira.) É um redemoinho.

Meltzer: Aqui temos a água que desaparece pelo ralo. O que faz depois?

T: Depois faz o carro correr excitado e cai. Recolhe-o, se atira ao ar e cai.

Meltzer: A sensação é que este carro foi surpreendido neste redemoinho, neste ciclone. O resultado é que ou está deitado, ou sugado para baixo, ou sendo atirado para cima por forças tremendas, porém, definitivamente, está totalmente inundado e sem proteção. Poder-se-ia pensar que esta é uma forma muito exagerada de sentir-se um bebê que alguém pega, deixa, pega, deixa... isto se pode ver amiúde com bebês que não chegam nem a 1 mês. Quando se vai pegá-los, fazem movimentos como expressando que tudo voa, e quando se volta a colocá-los no berço, é como um colapso para eles, como se caíssem rendidos.

P: Pego-o e não acontece nada!

Meltzer: Como se fosse uma negação...

T: Sim, eu sinto que é uma negação. O que quer dizer é que pode suportar o golpe.

P: (Vai ao lado da mãe, atira-se no chão, repetidamente, de forma desarmônica, como se fosse um trapo.)

Meltzer: Faz mais ou menos o que fez com o carro. Com seu próprio corpo está atuando na presença da mãe.

T: É um menino que se identifica muito com os objetos.

Meltzer: Está demonstrando e lhe está comunicando algo que ele experimenta em relação a sua mãe. Tem algo a ver com o fato de que Graciela está fora.

T: A mãe o segura, porém se ouve o ruído do golpe do corpo ao cair. Fico impressionada; por isso interpreto como falta de sensibilidade da criança e temo que se machuque, ainda que tenha decidido colocar uma almofada para protegê-lo.

Meltzer: Da mesma forma que os pais puseram algo na areia porque ele tinha medo de ser sugado pela areia. Tem conseguido comunicar-lhe algo que provoca em você uma certa preocupação por sua saúde física.

T: Por sua integridade física, sim.

Meltzer: A mensagem é: "Assim é como me sinto estando só com mamãe, quando Graciela não está aqui".

A situação é muito intensa. Quando perde o sentimento de que há uma diferença entre ele e Graciela, e a diferença entre ele e sua mãe; quando sente que seu corpo e o da mãe, como os carros com os quais o estamos comparando, são os mesmos, então é uma terrível experiência aquele que em um momento é atirado para cima e em outro é empurrado para o abismo.

Creio que está relacionado com o fato de que ainda não foi descoberto seu pênis. A partir do momento em que descobrir seu pênis, também descobrirá algo que lhe permitirá sentir-se diferente de sua mãe. Então não estará sujeito a grandes forças de atração e repulsão. Isto são hipóteses acerca da masturbação compulsiva, porém é preciso ver o material.

T: É como se você fosse este carro: você quer se preparar para ir sozinho, por sua conta; porém para afastar-se da mamãe tem necessidade de muito impulso, sentir como um redemoinho de excitação (masturbação), então você se embalaria e não poderia parar e cairia, você necessita de alguém que não o deixe cair, que o segure como a mamãe.

T: Não sei se é uma interpretação demasiado avançada para o estado mental do paciente.

Meltzer: Creio que não, porque você está pensando e está tentando comunicar ao paciente o que está pensando. É uma boa interpretação, que permite conectar o jogo com a relação com a mãe e também introduz o tema da masturbação. Por outro lado, também penso um pouco o oposto, no sentido de que o que ele necessita é uma mãe que lhe permita cair e se machucar, já que pode provocar na mãe a reação de tentar pegá-lo imediata e rapidamente, e, também em você, a ansiedade de que poderia se machucar. Creio que busca uma mãe que lhe permita cair.

Quando a mãe pega o menino, por exemplo, o menino diz que não o machuca. Busca uma mãe que lhe permita explorar seu corpo e a vulnerabilidade de seu corpo, a possibilidade de sentir a dor etc. Desde o momento em que os bebês começam a engatinhar, machucam-se quase constantemente: caem, chocam-se contra objetos, põem coisas que não deveriam na boca etc.

T: A mim me haviam impressionado estas quedas tão espetaculares. O menino ficava realmente como um trapo, como se pudesse se tratar de um ataque neurológico.

Meltzer: Para que uma mãe possa permitir que um menino comece a engatinhar livremente, tem de ser capaz de tolerar o fato de que este bebê vai se machucar constantemente. Mas tem de ter confiança na viabilidade deste menino; tem de comunicar ao bebê sua confiança, fazer-lhe ver que é resistente e que pode com o que se propõe. Este é um equilíbrio muito delicado, já que, dependendo de como se faça, o bebê pode chegar a sentir-se abandonado.

T: Na semana passada se repetiu este episódio, mas com uma diferença: o menino provocou estas quedas, mas depois se pôs a dançar de forma desarmônica e com muito prazer pelo fato de que eu o olhava.

Meltzer: É certo que tem algo desarmônico neste menino. O que faz pensar que talvez tenha algum tipo de lesão cerebral que possa ter interferido na integração de sua imagem corporal desde o início.

P: Mãe, o que tem aqui o carrinho? (Mostra as rodas.)

M: São os pés do carrinho.

P: Não, não, diz-me que são.

Mãe: Não sei, não me lembro.

T: Tracei este trabalho como uma terapia para o menino na presença da mãe até que fosse possível que deixasse o menino só. À mãe, recomendei que interviesse o menos possível nas sessões.

Meltzer: É a mãe que diz pés e não rodas, certo?

T: Sim.

Ps: Aqui se confirmaria o que dizia o dr. Meltzer. Apareceria uma busca de identificar partes de seu corpo, talvez o pênis, fundamentalmente. A mãe o confunde, o infantiliza, todavia, mais.

T: Com o que interpreto, tento descrever de que modo ele pode ser independente.

T: Como lhe falei, mãe, o carrinho tem rodas, e você, pés, que você mesma movimenta para ir de um lado para o outro.

Ps: Como no caso Joãozinho. Ele pergunta à mãe: "Mãe, você tem uma coisinha para fazer pipi?", e ela lhe responde que sim, que a tem como todos; coisa que confunde mais o menino. Neste caso, quando ele pergunta e a mãe responde: "Não, não me lembro", não entendo bem.

T: A mãe disse que são os pés do carrinho e logo diz que não se lembra. Eu penso que o tema é como ele se separa, e por isso lhe falou dos pés. Pego o discurso da mãe, acima de tudo, a relação de que o problema está em como ele se separa e em como pode ser independente. É por essa razão que digo isso de modo tão descritivo e tão concreto.

Ps: O que eu não entendi foi a última resposta da mãe com a sua: "Como lhe disse, mãe...".

T: Refiro-me aos dois pés e não, naturalmente, a "não sei" ou "não me lembro".

Meltzer: Minha impressão é que talvez você sinta um pouco de vergonha pela mãe nesta reposta.

T: Sim, talvez.

Meltzer: É como colocar o tapete no chão para que o menino não se machuque, também põe o tapete entre o menino e a mãe para que também não se machuquem. É difícil trabalhar com o menino e a mãe na mesma sala.

P: Se quiser, pode fazer arroz com leite, como outro dia, eu não acho que vou me sujar!

Meltzer: Havia sujado outros dias?

T: Não, no começo ia com cuidado extremo: qualquer manchinha era um horror; mas depois, sim, começou a sujar-se até chegar ao extremo oposto.

Meltzer: Quando ele diz: "Se quiser pode fazer arroz com leite", fala diretamente ou "fala consigo mesmo"?

T: Para mim, creio que fala para mim. Na realidade, isto quer dizer: "Faça arroz com leite".

Meltzer: Bem.

T: Então você quer ser um menino muito limpo?

P: Eu colocarei o leite e você põe o arroz.

T: Como podemos fazer o arroz?

P: Com bolinhas de massinha. (Vai enchendo a panela de cola, em seguida enche os copos.)

P: Na escola também tem cola, mas esta é diferente.

T: Está pensando que o que fazemos aqui também é diferente do trabalho da escola.

Meltzer: Novamente está comparando o presente com o ausente. Está falando da formação simbólica. Para ele é fácil utilizar massinha para fazer o arroz, não lhe custa nada. Em sua brincadeira tem algum tipo de formação de símbolos.

T: Sim, mas é uma brincadeira que já tinha feito antes.

Meltzer: Sim; estou tentando entender esta rápida mudança em que primeiro estava realmente falando do carrinho e em seguida sai com a do arroz com leite. Pergunto-me: o que acontece nesta transição tão rápida entre um tema e outro? Talvez, quando ele pergunta à mãe sobre as rodas do carrinho, não se refira aos pés do carrinho, e sim aos peitos, a parte da feminilidade. Agora está preocupado em encher o peito, e sua ideia é que talvez se tenha que encher com colaboração, com a cooperação do outro. Ele põe uma coisa e você põe outra. O importante é a cooperação.

T: A cooperação entre o peito e a boca do menino, não?

Meltzer: Pode ser. Ou talvez entre o pai e a mãe. Aqui o tema é a cooperação, a colaboração.

P: Vou fazer cremes (vai mudando a cola de um lado para o outro).

T: Os cremes podem ser peitos e este mudar o grude de um lado para o outro, a mim me faz pensar na possibilidade de intercâmbio, de que ele seja capaz de receber etc.

T: Você está aproveitando muito brincando com a cola, fazendo arroz com leite e cremes como se fosse uma mãe. (A mãe está muito preocupada com o fato de que o menino está sujando e faz um esforço, embora eu lhe diga que conto com isso, que faz parte.)

P: (O menino olha as mãos untadas de cola, se aproxima da mãe e diz:) E agora? Quê? (Olha-me e olha na direção da porta.)

T: Creio que quer que eu o acompanhe ao lavabo. (Acompanho-o ao lavabo; quando volta, enxuga as mãos e se aproxima da mãe para mostrá-las.)

M: Que bom que as limpou!

Meltzer: O que finalmente faz a mãe sair da sala é a ansiedade do menino de que ela veja a relação íntima ente o menino e a terapeuta. Chega um momento em que o que primeiro se pode perguntar ao menino é: "Sua mãe pode permanecer na sala de espera?", e um dia o menino dirá que sim. A ansiedade do menino é que a mãe possa pensar que está brincando de "jogos sujos" com a terapeuta. Talvez esta brincadeira do arroz com leite possa ser uma brincadeira sexual.

T: Realmente, tem brincadeiras nas quais a sexualidade sai em forma de cocô, cus etc., e ele desfruta muito com tudo isso.

Meltzer: Para poder superar as ansiedades primitivas do nível uni e bidimensional em relação ao peito, com o objetivo de criar um conceito cooperativo do mamilo e da boca, tem de desenvolver primeiro a ideia de cooperação entre pênis e vagina. Ele pode ver estas relações como análogas. As descobertas do pênis e da masturbação formam uma parte importante de sua segurança. Quando ele se sente indiferenciado da Graciela ou de sua mãe, tem medo de poder ser tragado ou absorvido por elas, em constante perigo. Neste ponto, a relação com você está se erotizando, e tem medo de que sua mãe possa ficar com ciúmes e desaprove a relação.

T: A mãe disse: "Que bom que você as limpou!", mas tem que fazer um esforço porque realmente não as limpou nada, ou quase nada.

P: Quando iremos a casa do Joãozinho, mamãe? (Dirige-se a mim e explica.) Tem um avião que voa pelo ar como os que fazem as viagens a Marte, é um avião com motor próprio, e? (Aqui se confunde, travam-se as palavras e as ideias.) Eu estaria dentro e voaria.

Meltzer: Quem é Joãozinho?

T: É um companheiro de classe que também conhece a mãe.

Meltzer: David esteve alguma vez num avião?

T: Não sei, mas é possível.

Tudo isso relata de modo muito excitado, transmite liberdade e onipotência; penso que calcula que é o final da sessão porque lavou as mãos.

T: David está contente. Trabalhou aqui; está pensando: que bom crescer na casa da T. Quer ter um motor próprio, vai se excitando, excitando, como quando o redemoinho, que já voaria pelos ares! Gostaria de fazer coisas muito, muito difíceis, você fica chateado, faz uma bagunça...

Meltzer: Isso é otimista! É verdade o que ele está descobrindo: lavou as mãos, ou seja, fez o que a mãe queria, e, agora que fez isso, pode voltar a pôr sua atenção na relação com você, que se erotizou bastante. Está a ponto de ter uma ereção neste momento, ou já a tem.

T: (Eu lhe digo:) Você não é o papai!

Meltzer: Você está dizendo a ele que reconhece que ele está muito excitado estando contigo. Quando tem uma ereção ele some um pouco na confusão, porque pensa que pode se pôr dentro do pênis do pai e, então, ser capaz de, por exemplo, voar e meter-se dentro da mãe. Confunde sua identidade, e neste momento tem que trabalhar a confusão. É aquele estado em que se põe muito excitado, maníaco, mas logo cai sem forças. Você já disse a ele, também: "você confunde".

P: Cale-se! O avião de David entra sozinho na caixa, se põe na borda e entra.

Meltzer: Está se relacionando com você de uma forma muito excitada e muito tirânica, um pouco como se dissesse: "Bom, cale a boca e tire sua roupa já!", "Já falou o suficiente!".

T: Realmente é assim, porque aqui estou um pouco desorientada. Pergunto-me se a interpretação chegou a ele, no sentido de poder entrar no mundo interno, representado pela caixa de brinquedos. Por outro lado, é o final da hora e, talvez também, de deixar aqui suas vontades de voar para ser contido. Ele se senta e arranca uma casca de uma ferida que tem nas pernas e estranha o que sai.

M: Não toque as cascas!

P: É um buraco? O que é isto que tem dentro?

T: David pensa: como é ele por dentro? Talvez queira investigar, saber mais coisas.

Meltzer: E olhar dentro de ti, sobretudo investigar e buscar seu buraco para poder entrar com seu avião.

T: Sim, normalmente ponho títulos nas sessões, e a esta chamei "Buscando dentro".

Meltzer: Este menino, que usualmente pode brincar e usar a representação, inclusive às vezes o símbolo, quando se excita muito perde esta capacidade e volta ao concreto. O material que surge parece menos primitivo do que poderíamos pensar ao estudar o material referente ao seu desenvolvimento. Isso sugere que talvez o que foi recebido por meio da história clínica tenha sido uma informação bastante filtrada pela sensação dos pais de não terem nenhum tipo de apoio e por sua confusão a respeito de como tratar este menino. Se o material fosse de um menino de 3 anos, diríamos: "Oh, está bem!". É imaturo; ansiedades primitivas estão presentes, mas não é o material de um menino psicótico ou autista.

T: Sim, eu penso que a sessão seguinte é pior.

Meltzer: Bem, vejamos como termina esta sessão.

T: Ele olha as pernas, estão cheias de feridas.

P: (No corredor:) Mamãe, diga que Graciela chegará na sexta-feira e estará conosco.

M: Graciela chegará na sexta-feira.

P: E que estará conosco...

M: E estará com papai, a mamãe e David.

T: Você nota a falta de Graciela, que chegará na sexta-feira; também quer saber quando virá aqui: já sabe que virá muitos dias, às segundas-feiras e às quintas-feiras.

T: Esta maneira de se despedir corresponde a um material de menino neurótico, mas depois tem muitas variações.

Meltzer: Também ilustra alguma ansiedade primitiva sobre o ritmo e a regularidade. As coisas têm que seguir regularmente etc. É realmente um menino frágil.

T: Sim, não tem nenhuma ideia do tempo, custa muito a ele. Creio que esta dificuldade com o tempo e a separação está conectada ao tempo como coisas que se sucedem, que estão em movimento. Quer dizer, deve haver uma relação entre a dificuldade que ele tem de se separar e o movimento e a dificuldade de entender o tempo como algo que se move.

Meltzer: Teve uma separação bastante prolongada dos pais quando esteve com a avó. De quanto tempo, exatamente?

T: Quando tinha 2 anos, passaram três meses com a avó. Depois também houve em sua história vários traslados por causa do trabalho do pai.

Meltzer: Há realmente muitas separações.

T: Sim, e aos 7 meses saiu da casa dos avós para sua própria casa, o que coincide, também, com o desmame e provavelmente com uma depressão da mãe ao desejar sua própria mãe e sentir-se sozinha.

Meltzer: Com este tipo de menino, o que eu faria seria utilizar calendários, desenhar calendários para ensinar-lhe os ritmos do tempo, quando são as sessões etc.

Ps: Não seria conveniente explorar um pouco mais a diarreia que teve? Porque perdeu o andar e começaram as quedas. Às vezes se abandonam estas diarreias e se passa a uma desidratação que acrescenta problemas cerebrais.

Meltzer: Seguramente se descuidou um pouco deste incidente, porque os pais tentam colocar a etiologia de tudo neste ponto: "Tudo ia muito bem até que então". Não é certo que tudo começou a partir dali, mas é certamente possível que tenha estado muito doente com essa diarreia. Muito possivelmente este episódio influenciou e fez retardar seu desenvolvimento mental. A desidratação é algo que os bebês sentem de forma muito intensa em seus corpos, como secar-se...

Ps: Também poderíamos nos perguntar até que ponto estas quedas não poderiam ser perdas de tônus de origem cerebral.

Meltzer: ***Antes de passar à segunda sessão, vamos fazer um breve resumo de como está este menino. Pode ser correto ou não; certamente, é complicado.***

Em primeiro lugar, temos um menino com sofrimento fetal e com uma possibilidade de lesão cerebral mínima. Tudo isso afetou a imagem de seu corpo após o nascimento, com ansiedades catastróficas de desorganização e de fragmentação. Estamos em um nível muito primitivo da uni e da bidimensionalidade. O

fato de ser um bebê tão diferente de como foi sua irmã também desorganizou a mãe e a precipitou em uma depressão.

Não houve a experiência usual dos bebês, a experiência cooperativa do mamilo com a boca. Com o desenvolvimento normal do menino, baseando-nos no elemento da cooperação entre o peito e a boca, o bebê é capaz de manejar os conflitos edípicos pré-genitais em relação ao pai; pode fazer a analogia de que o que está acontecendo acima entre ele e a mãe com o mamilo é o mesmo que está acontecendo abaixo entre o pai e a mãe com o pênis. Na minha terminologia utilizo sempre o acima e abaixo, o **upstairs** *e o* **downstairs**[10] *literalmente, porque assim é como os adultos os representam em seus sonhos.*

Este menino teve que seguir um procedimento oposto, já que, nesta situação, o pai tem sido a figura mais estável; o menino teve que descobrir este cooperativismo por meio do pai. Mediante a descoberta de seu próprio pênis e do pênis do pai, pode descobrir o elemento de cooperativismo entre o pênis e a vagina da mãe. Sua masculinidade e seu sentido de segurança dependem excessivamente de sua relação com a mãe e, provavelmente, com a irmã. A dependência infantil, no que se refere à alimentação, está muito relacionada com estas sensações.

Sua capacidade de introjeção está limitada, e em seu mundo interno, todavia, não tem conseguido distinguir claramente entre a presença e a ausência do objeto. Esta confusão, quanto à ausência do objeto interno e do externo, pode ter sido piorada por seu estrabismo. Há que se pensar no estrabismo, a lesão cerebral, a depressão da mãe, a relativa estabilidade do pai a respeito da mãe etc., e o conjunto é muito complicado. Quanto ao diagnóstico, descrevê-lo-ia como um menino hiperativo que

---

10 Em inglês, *upstairs* significa andar de cima, e *downstairs*, andar de baixo [N.T.].

pouco a pouco está melhorando. Sua capacidade quanto à formação de símbolos é, todavia, frágil, e seu sentido de identidade é facilmente tragado por diversos tipos de identificações narcisistas.

Há, todavia, problemas muito graves de confusão. Em suma, encontramos imaturidade, problemas de confusão, problemas de introjeção e, no fundo, ansiedades catastróficas primitivas. Teve umas origens muito dificultosas, mas está começando a melhorar consideravelmente. Neste novo livro meu, tem um caso muito semelhante, de um menino com lesão cerebral, no quarto capítulo. Bem, podemos ver o material da segunda sessão.

Sétima sessão, quinta-feira

Chegam cinco minutos antes da hora; quando me aproximo, se agarra à mãe.

T: Você teme perder a mamãe, que o separe da mamãe.

Quando entram pelo corredor:

P: Mamãe, diga à T. o que eu lhe disse.

T: David, não, me diga...

P: (Insiste para a mãe.) Vá!

M: Que temos uma palmeira igual.

P: Mas fale do outro...

Entra na sala de brinquedos e se coloca ao lado da mãe, calculando as distâncias, não tão perto de mim.

M: Que temos uma palmeira igual.

Meltzer: O mesmo que os carros.

T: Refere-se a uma planta que tem ao lado de um sofá, na sala de espera.

T: Você tem uma palmeira como a minha?

P: Sim, mas diga à T. (Balbucios ininteligíveis, confusão.)

T: Por que não me diz você?

P: (Abaixa os olhos e bate no chão com impaciência.)

M: Antes tínhamos uma grande, e agora temos uma pequena.

T: Antes tinha uma grande?

P: E a cortaram, chás! chás! com umas tesouras... e, mamãe, o que aconteceu com a grande?

M: A jogaram no lixo.

P: No lixo? Em qual lixo?

M: No lixo, só há um lixo.

T: Talvez David pense: o que acontece com ele se cresce, se eu o separo da mamãe? É como cortá-lo e jogá-lo no lixo. Como Graciela é um pouco mais velha e foi na segunda-feira e ainda não voltou, é verdade que virá ou a teriam jogado no lixo?

T: Eu penso que pode ser esta a fantasia do menino. Na sessão anterior estava preocupado com a irmã.

Meltzer: Parece ser material de castração o que trata da Graciela.

T: Não sei se o que ele falou e o que chegou a ele e faz um corte passando para outra coisa, ou se não tem nenhuma relação.

P: (Fica parado, escutando. Lá fora se ouve cantar uma rolinha que tenho em casa. Ainda que esteja no outro extremo, ouve-a.)

Meltzer: É como sua pequena Graciela que está cantando no outro extremo da casa, sua menina pequena.

P: O que é isso?

M: Um pássaro.

Já o havia ouvido outro dia e disse que era um passarinho.

T: Você, no que acredita?

P: É uma coruja que faz uh, uh, não sei!

Meltzer: Tem uma semelhança de sons entre a rolinha e a coruja... A coruja é mais assustadora, talvez.

T: Sim, é um pássaro de bruxas.

Meltzer: Sim, e a coruja sai e se escuta a noite. Ao contrário, a rolinha sai de dia.

T: Vai se aproximando mais da mãe, se põe debaixo da cadeira aproximando-se da parte de trás dela.

Meltzer: É também uma referência à parte de trás de sua casa.

T: David talvez pense se eu sou má, que tenho pássaros que assustam, e então queria estar dentro da mãe, como quando era pequenininho.

Meltzer: Você interpretou tudo isso sobre o lixo. Além disso, ele está interpretando, também, que as meninas se fazem mediante o corte do pênis: então se joga o pênis no lixo. Em seguida, se sente atraído pelo som deste pássaro que está na parte de trás de sua casa, mas o ouve como se fosse uma coruja, durante a noite. É como um som fantasmagórico que vem do lixo no qual se encontra o pênis que foi cortado. Escuta o som e, em vez de interpretar que sua pequena Graciela está na parte de trás de sua casa, interpreta o som como um pênis que foi cortado e que está dentro do lixo. Neste momento você é a mãe má que corta os pênis e os joga no lixo.

O fato de ele buscar refúgio no traseiro de sua mãe é para evitar entrar no seu traseiro. Aqui temos uma referência a aquele ciclone que o suga todo, como o ralo do banheiro que também o suga ou a privada do lavabo etc. Tudo é absorvido para baixo. Nesta sessão vemos basicamente as mesmas ansiedades que na anterior. Mas nesta dá mais importância ao pênis.

P: Sou grande. (Se distancia um pouco.) A Graciela colocou um caracol na manga e não o encontra. O caracol estava grudado a uma parede, ia cair.

Meltzer: Disse: "Sou grande", mas imediatamente associa algo a seu pênis pequeno.

T: É como se David fosse esse caracol que queria estar dentro da Graciela. Ele se colocaria dentro da mamãe para não cair, para estar protegido e não se sente só.

P: Mamãe, que sapatos mais bonitos você tem! São novos?

T: Normalmente ele tem dificuldades com as coisas novas. Pergunta sempre se algo é novo, e se é novo, não o põe. Parece que tem medo de mudar ou de estragá-lo. Isto chega a tal ponto que os pais utilizam esta fórmula: "Está novo, mas não é novo".

Meltzer: Aqui também tem uma transição muito brusca de um assunto para outro. A forma de ele falar com sua mãe: "Que sapatos mais bonitos você tem!", soa como uma coqueteria, como se estivesse paquerando a mãe. Você interpretou seu desejo de estar dentro da mãe para sentir-se seguro.

T: Sim, primeiro se colocou debaixo da cadeira e logo se espremia realmente.

Meltzer: Aqui temos a sequência de que você o interpreta como quem tem medo de você, que tem pássaros que assustam as pessoas; depois se encontra debaixo da cadeira da mãe e quer se colocar dentro da mãe como quando era pequeno; seguidamente disse que é grande. Fala do caracol que primeiro está na parede em perigo de cair, mas que logo se mete dentro da manga e ali já está a salvo: fica ali protegido e seguro.

Depois de sua interpretação de que ele gostaria de estar dentro da mãe para sentir-se protegido e seguro, em seguida replica e diz: "Ah, não, não sou um bebê! Eu sou grande!". Depois disto mostra como os homens grandes seduzem as mulheres e inicia um comportamento sedutor, com coqueteria, com a mãe: "Que sapatos mais bonitos!" etc. Vem a ser um movimento desde ser o menino pequeno que brinca com o avião do Joãozinho até estar dentro do avião e voar, que é uma identificação projetiva com o pai. Prossiga, por favor.

M: Não, filho.

P: (Olhando para seus pés.) São novos, os meus?

M: Não.

P: E os de T., são bonitos? (Penso que captou que meus sapatos são novos e são diferentes em cor e forma dos que usava outras vezes. O novo significa perda do velho: talvez seja uma mãe nova..., os pés são como base de deslocamento para ter autonomia...)

P: São bonitos ou não? (Para a mãe.)

T: Quer saber se eu gosto da mamãe e se aprovaria que a mãe gostasse das minhas coisas.

Meltzer: Isto é o que o preocupa: tem medo de que a mãe tenha ciúmes.

P: (Olha a caixa de brinquedos. Vai outra vez junto da mãe, lhe toca um bolso.) O que tem aqui? (Tira um lápis amarelo pequeno.)

T: Quer saber o que sua mãe tem?

P: O que tem neste outro?

M: É o que você colocou em mim.

Meltzer: Muito provavelmente ele sabia que o lápis estava no bolso da mãe porque ele o colocou ali. A mãe disse depois: "É o que você colocou".

T: Sim, é provável, mas sinto isto como uma mãe que se deixa pôr e tirar coisas, quer dizer, uma mãe um pouco inconsistente.

Meltzer: Seguindo o material, é como se pudesse tirar do caracol-pênis que ele colocou dentro da mãe e voltar a iniciar o contato com você.

T: A mãe disse: "É o que você colocou" com um tom muito depressivo. Parece que dizia: "Eu sou uma mãe na qual se entra, se sai...".

P: (Tira uma pulseira, a põe, está regozijado.) É da mamãe.

T: Agora se sente como se fosse a mamãe.

P: (Pega a pulseira e a faz dar voltas ao redor do lápis.)

Meltzer: Aqui está tentando formar o conceito bom de uma relação ou uma boa comunicação. Está representando o coito da mãe com o pai e, logo, dele com a mãe. O pequeno lápis seria seu pequeno pênis. Também poderia representar sua boca com o mamilo, mas não creio, já que tem outros dois objetos, a boneca que é grande e o lápis que é menor. É como se houvesse formado o conceito de uma boa relação com a mãe, mas baseado no pênis de seu pai entrando na mãe, também representado no momento em que ele se põe debaixo da cadeira e empurra contra o traseiro da mãe. Aqui todo seu corpo está identificado com o pênis do pai.

P: Este homem ia cair e lhe disseram: agarre-se forte a esta corrente; e não caia.

Meltzer: Aqui temos o caracol outra vez... Está representando toda a ansiedade primitiva e o refúgio para poder relacionar-se com a vagina da mãe da mesma forma que o pênis do pai. Refere-se outra vez ao caracol que vai cair etc.

Este tipo de queda é do tipo que E. Bick chama de "queda interminável". É cair, cair, cair... e nunca acaba de cair. As ansiedades catastróficas são acompanhadas desta sensação de estar flutuando, sem o menor contato com nenhum objeto que atraia. No bebê que nasce temos estes dois elementos. Por um lado, há o movimento de solavanco dos braços e das pernas, e por outro lado, o reflexo de agarrar.

T: É como se David fosse o homem, teme perder-se; por isso se agarra tanto à mãe e a vigia tanto para não se separar dela.

P: Pega o lápis e o põe dentro de sua meia.

T: Ele queria estar dentro da mãe, como o lápis está dentro da meia.

P: (Neste momento surge no menino um medo súbito, teme que desapareça, está muito angustiado, choroso.)

T: Você me explica que quer estar dentro da mamãe, mas logo se assusta muito que o David desapareça, que se perca e não se saiba quem é David e quem é mãe.

Meltzer: Esta é a ideia de desaparecimento. Existe nele a ideia de desaparecer, seja caindo para sempre, seja caindo no espaço. E não é somente a ideia de desaparecer, mas, sim, também a ideia de que todo mundo se esqueceria dele. Ninguém perguntaria: "E onde está David?". Ninguém procuraria David. Está muito relacionado com o medo do menino de ser esquecido durante a separação. Esta é outra razão que justifica o interessante que é poder representar tudo isso de uma forma gráfica: os dias de sessão, os dias entre sessão etc., para que o menino possa ter a sensação de que quando não está na sessão você não tenha se esquecido dele.

P: (Vai fazendo desaparecer alternativamente o lápis e a correntinha.)

T: Você gostaria de vigiar e dizer quando a mamãe ou o David estão lá, você quer estar bem seguro.

Meltzer: Poderia esclarecer um pouco mais isto?

T: Quero dizer que ele queria controlar a mãe.

Meltzer: Faz desaparecer e aparecer o lápis como se fosse um mágico, para que você fique desconcertada e pergunte a ele onde está ou como o faz?

T: Não, esconde-o e encontra-o, mas não o sinto relacionado comigo neste momento.

Meltzer: Ah...

T: Talvez aqui tenha acontecido algo de que não me lembro ou que não entendi, mas o menino paralisou.

Meltzer: Quantos minutos da sessão haviam passado?

T: É quase no final.

Meltzer: Sim, como já fez sete sessões com você, deve ter uma ideia de quanto duram. Ele sente em seu corpo, quanto as batidas do coração duram...

T: (Com este menino eu deixo a caixa aberta e até tiro algum brinquedo, como o convidando a brincar. Pego uma caçarolinha.)

P: Deixe-a onde estava! (Está aterrorizado.)

Meltzer: Assim como colocar-lhe o tapete foi um erro técnico, neste caso ir pegar a caçarola também o é. É tomar você a iniciativa.

T: Sim, creio que foi uma atuação minha.

Meltzer: É seu sentimento de proteção com relação a ele. Você o viu paralisado e queria fazê-lo entrar no calor através da panela, da caçarolinha.

T: Um dos problemas técnicos que tenho com este menino é quando agir na contratransferência e quando não.

Meltzer: É muito difícil não agir quando um menino está muito temeroso ou ainda quando pode se machucar. Uma solução é agir com a voz, e não com uma ação física. Pode-se, por exemplo, falar com um tom de voz mais terno. Prossiga, por favor.

T: Sim?

P: Não estava aí, agora já não sei onde estava; as coisas têm de estar em seu lugar!

Meltzer: É muito interessante. Agora você está dizendo: "Você está misturando tudo".

Isto se relaciona com o final da sessão. Não sabe aonde irá, nem o que fará... "Onde está Graciela? Está no lixo?"

T: Você se assustou muito.

P: Não quero brincar com isto. Guarde-o e feche.

T: Talvez você não queira que eles se mexam.

T: A fantasia minha é que ele acredita que estão mortos e que os relaciona também com a sessão anterior.

Meltzer: Ele sente que chega ao final da sessão e se propõe ser ele quem põe fim nela, para poder te controlar. Quando você termina a sessão é como se cortasse algo e o atirasse no lixo, ou, talvez, sim, está dentro de você, você o expulsa na privada e puxa a descarga, então ele é tragado pelo sifão e drenado. A ação de agarrar-se à mãe não é tanto para proteger-se de seus perseguidores – objetivo da maioria dos meninos que o fazem –, e sim para controlar você. Ele quer evitar que ela desapareça ou possa jogá-lo no lixo. Prossiga, por favor.

T: Depois da sessão creio que é possível que sinta que os brinquedos e as coisas estão animados e cheios de raiva porque não as move, por identificação projetiva. Nas sessões anteriores expressou o desejo de ser levado, de que outro o fizesse funcionar, e comunicou um grande cansaço. Utilizava uma fantasia onipotente, se angustiava com os personagens caídos: que andem! Que se levantem! Parecia surpreender-se de que não se realizassem seus desejos, e eu tinha que ajudá-lo.

É talvez como uma questão de controle. Em sessões posteriores, quando eu lhe anuncio com tempo que a sessão vai acabar, ele diz: "Aqui ninguém se move!".

P: (Chora.) Não está? Perdeu-se, eu o coloquei aí! (Se refere ao apontador.)

T: (Chora como se fosse o seu apontador.) Ajudarei você a procurá-lo.

T: Eu digo isso devido ao seu desespero. Não sei se é correto.

Meltzer: Sim, é correto. Isto não é uma atuação, você não se colocou de quatro para buscar o lápis, mas, sim, disse que o ajudaria.

P: (Pega-o rapidamente, coloca-o de pé no tapete, contente e divertido.) Fica em pé!

T: Você está contente. Você acredita que estar deitado é não ter força ou estar morto. Por isso você tem medo de ficar parado, deitado, quando você vai dormir.

T: É um menino que, desde os 6 ou 7 meses, a mãe praticamente dorme com ele.

Meltzer: Então você queria interpretar-lhe algo a respeito de suas dificuldades com os sonhos, com o dormir. Provavelmente, o que ocorre é que, quando ele vai para a cama, "Ele" (o pênis) se põe em pé, então quer que a mãe se deite com ele.

T: Eu havia visto em relação a suas dificuldades de estar de pé, e não com o pênis.

Meltzer: Os sintomas vão trocando de significado. No princípio é um menino que tem dificuldades simplesmente em dormir. Este não dormir é por medo do escuro, depois é a excitação sexual que não lhe permite dormir etc. Em cada momento o sintoma pode ter um significado diferente. Prossiga, por favor.

P: (Faz alguma referência ao lápis e a estar apoiado.)

T: Venha aqui para que o ajude e o apoie.

P: Quando viremos aqui? (À mãe.)

M: Na segunda-feira.

P: (Repete a pergunta.)

T: Você vem na segunda-feira e na quinta-feira, agora acabaremos daqui a pouco.

P: Pois eu não quero vir tantas vezes! Que venha minha mãe. Você (a mãe) me leva ao parque, você vem aqui brincar. (Murmúrio trapaceiro.)

Meltzer: Esta é a vingança. Agora a está castigando porque você vai finalizar a sessão, no lugar de preocupar-se porque a mãe poderia estar zelosa da relação dele com você. É melhor que possa castigá-la, que não tenha muito medo e deva se controlar. Prossiga, por favor.

T: Você ficou irritado porque queria ficar mais um pouco aqui brincando e agora me diz que não virá para que eu me irrite, porque você pensa que eu gosto muito de brincar com o David [tanto, que eu vou absorver].

Meltzer: Não é que ele queira ficar mais tempo, mas, sim, que está irritado porque você controla a situação.

P: Se você quiser lhe faço um desenho.

T: Bom, como você quiser.

P: (Está parado.) Se você quer...

T: Parece que você quer fazer um desenho.

P: (Segue parado olhando a caixa de brinquedos.)

T: Ele nunca diz o que ele quer, sempre põe o desejo em mim.

Meltzer: Satisfará seus desejos com o pequeno lápis... Prossiga, por favor.

T: Parece que você espera que eu lhe dê o lápis: você o tem aí... eu não sei onde você quer fazer o desenho.

P: Aí, dê-me.

T: Bom, o ajudarei.

P: (Desenha um bonito sol sorrindo.)

T: Geralmente os desenhos de David são rabiscos que poderiam ser de um menino de 3 anos, porém este sol está bem bonito, se vê que está sorrindo, eu não o trouxe porque logo fez outro desenho em cima.

T: É um sol que está contente, talvez você esteja contente ou quer deixar-me contente com este desenho. Temos que acabar, recolhermos os brinquedos.

P: (Olha com frieza.) Agora o coloque aqui. Aí, não! Estava aqui, na parede.

T: Ao lado da parede, como se a parede fosse a mamãe.

A sessão termina.

Meltzer: Aqui há algo de controle sobre você. Porém, não da mesma forma tenebrosa que manifestou antes. Antes, na sessão, tinha medo. Agora já não tem medo, porém quer controlar você de forma tirânica. Isto está relacionado com aquilo que foi dito, de que você gosta de brincar com ele. Depois acontece o de: "Vou lhe fazer um desenho, você quer que eu lhe faça um desenho?". Não tanto para brincar, mas para fazer para você um desenho e fazer um desenho do sol.

Ps: Não entendo muito a relação das coisas.

Meltzer: Primeiro a terapeuta interpreta que ele está furioso e irritado porque quer ficar mais tempo e, então, a castiga por isso.

Você lhe diz: "Você acredita que pode me fazer um mal dizendo que não quer vir, porque acredita que eu goste de brincar com você", e ele responde: "Bom, então eu vou lhe fazer um desenho de mim mesmo e assim você pode se lembrar de mim quando não estou com você".

Não é o desenho de um menino feliz, mas, sim, o desenho de um sol feliz. Aqui temos a imagem de um menino feliz que é como um sol, e papai e mamãe estão girando ao redor dele.

Na sessão, havíamos visto a diferenciação entre a rolinha durante o dia e a coruja durante a noite. Temos a canção feliz e alegre durante o dia, quando o sol está brilhando, e a canção fantasmagórica durante a noite, quando o sol já está escondido.

Ao final da sessão, em seu afã de controlar, o que ele quer fazer é colocar você numa posição infantil e deixar você na escuridão. Porém, deixa-lhe um desenho de sol, para que você possa lembrar-se dele e ter esperança de que o sol sairá outra vez.

As ansiedades neste material são de diferentes níveis. Está no nível da castração, no qual os meninos podem se converter em meninas porque se cortam seus pênis e logo jogam-nos no lixo. Outro nível teria algo a ver com a identificação projetiva de penetrar dentro da mãe, mas com o medo de ser expulso. Outro nível, muito mais profundo, seria que vai se sentir tão atraído pela mãe que vai ser tragado por ela e desaparecerá, ou bem se vai estar muito apegado a ela e se vai cair, cair, cair... para sempre, sem poder parar de cair. O que têm em comum estas ansiedades é que todas elas são ansiedades de separação, em diferentes níveis do desenvolvimento, na estrutura da personalidade.

Ps: Queria fazer uma pergunta sobre este final. Poderia também o menino estar , dizendo: "Sim, estou de acordo, você vai ficar muito mal, e então com meu lápis-pênis vou te fazer um desenho-bebê. Assim estará tranquila até que eu volte, durante minha ausência, do mesmo modo que o pai, que não está na cama com a mãe porque eu durmo com ela, me deixe na cama, e assim a mãe está tranquila ainda que o pai não esteja..."?

Meltzer: São ansiedades de separação que têm diferentes níveis em diferentes momentos da terapia. Poderiam ter a ver com ele ser tragado, a identificação projetiva, ele ser expulso, ele cair, ele ser absorvido etc., e então tem de decidir em cada momento de que tipo de ansiedade se trata. Eu me inclinaria pelo nível indicado no material sobre o caracol, no caracol que está na parede e em perigo de cair, não no que está dentro da manga. Vemos esta ansiedade bidimensional de estar grudado.

É impossível interpretá-lo todo como se tivéssemos uma espingarda pela qual se disparam múltiplas interpretações. Tem de selecionar o material mais relevante segundo o momento para poder interpretá-lo.

T: Em geral tem muitas pressões externas. Por um lado, está a escola: não funciona, não lê, está em um curso inferior ao que lhe corresponderia e ele está percebendo tudo isso. Por outro lado, está a mãe, que inesperadamente fica grávida. É um menino que está sendo muito forçado. O medo que tenho é ficar, às vezes, com interpretações que aparecem como mais edípicas e que dariam a aparência de que ele é maior. A mim me preocupa mais sua parte mais primitiva e talvez tenda a interpretar mais neste nível.

Meltzer: A desvantagem é que a mãe está também na sala. Isso é uma limitação.

T: Sim, sinceramente, sua presença me condiciona nas interpretações. É uma mulher muito correta, e não sei até que ponto pode suportar ouvir falar de peitos, pênis...

Meltzer: O que ocorre é que a mãe deixa de escutar. A melhor forma de tirar a mãe da sala é, precisamente, fazendo interpretações sobre os objetos parciais. Então estará muito feliz de sair da sala, concordará de repente [risadas] que há de fazer urgentemente umas compras ou algo parecido. Caso as interpretações sejam interessantes para a mãe, ela se manterá ali...

Continue com seu trabalho, mas o que você pode fazer é, no começo de cada sessão, colocar para a mãe (não para o filho): "Talvez pudesse ficar na sala de espera e ver como o menino reage".

Ps: Em algum nível, [o ato de estar a mãe dentro da sessão] pode ser vivido como estar a mãe à noite com o menino. Pode ser uma evolução importante quando a mãe puder esperá-lo lá fora.

Meltzer: Quando o menino puder prescindir da mãe durante a sessão, quer dizer que uma parte da transferência para a mãe será transferida para o terapeuta. Isto libera um pouco a mãe das demandas infantis.

T: Quando vinha depois das férias, durante um tempo eu era a mãe-má e ela, a mãe-boa. Neste momento isso mudou, e penso que talvez já se possa separá-lo de sua mãe durante a sessão.

Meltzer: Quando se tem um menino que se apega muito à mãe, e quando se tem na realidade uma folie-à-deux *entre os dois, é muito difícil tirar a mãe da sala. Mas neste caso o que ocorre não é exatamente isso.*

T: A mim me pareceu que a mãe não queria engravidar novamente; deste ponto de vista, a gravidez seria uma forma violenta de separar-se do menino. Tinha pensado, sim, que a princípio a mãe e o bebê haviam entrado num acordo para retardar o nascimento.

Meltzer: Provavelmente tenha muito medo de ter outro filho. Tem medo pela experiência que teve com a gravidez e o parto, mas também teme o impacto que este nascimento terá nele.

T: Realmente o menino, após as férias, estava incontrolável, muito agressivo e destruidor. Agora consegue ter algumas sessões um pouco melhores.

Meltzer: Adaptou-se bastante bem à terapia, surpreendentemente. Expressa seus sentimentos e suas fantasias, é capaz de escutar o que se diz, é capaz de brincar e é capaz, também, em certo sentido, de responder ao que você fala a ele.

Depois da introdução de sua história, esperava ver um menino muito mais perturbado e muito menos cooperativo. Está se recuperando de uma origem bastante negativa e tem realmente um impulso em direção ao desenvolvimento. Não é o tipo de menino que simplesmente recusa o mundo externo e que a única coisa que quer fazer é instalar-se dentro da mãe e dormir.

Comentários posteriores

O tratamento durou quatro anos. Terminou pela mudança voluntária dos pais para sua cidade de origem. Como tinham avisado um ano antes, pôde-se preparar o término.

Nos primeiros meses que se seguiram às sessões aqui apresentadas, trabalhou-se fundamentalmente a separação: o menino pôde ficar só com a terapeuta e expressou na brincadeira seus conflitos, relacionados com a diferenciação e com o sentimento de tomar consciência de seu corpo como algo próprio; também pôde conectar-se com a função de outros em sua vida: pais, companheiros. Podia-se pensar que as sessões facilitavam a comunicação interna, que parecia ter ficado travada em alguns pontos; também, que se facilitava a aparição de uma capacidade para a representação simbólica por meio das diferenciações dentro-fora e presente-ausente.

O nascimento de um novo irmãozinho provocou, no princípio, grande desorientação e ansiedades de tipo confusional; posteriormente, o sentimento de abandono vivido e/ou revivido se traduziu em um reforço do controle onipotente sobre a terapeuta, em ocasiões com um trato cruel e degradador, com ataques de tipo sádico, todo ele com um tom maníaco.

Vivemos na transferência o ataque ciumento aos peitos que alimentam a outro bebê e a agressão aos meus bebês internos e externos; expressava tão intensamente sua raiva que durante certo tempo as sessões eram cansativas.

Os ciúmes edípicos fizeram sua aparição em um nível pré-genital.

Trabalharam-se também diversas confusões de zonas, em particular a da caca-comida; a ansiedade persecutória pareceu diminuir. Utilizou a masturbação para separar-se de forma reativa.

Trouxe nas sessões suas dificuldades de aprendizado: parecia estar confuso com um objeto onipotente. Não podia reconhecer seus erros - e isto durou algum tempo -, porque o via como um fazê-lo se sentir inferior, como uma ostentação do peito onipotente; pôde-se trabalhar suas necessidades por meio da incapacidade depositada projetivamente na terapeuta como menino necessitado.

Pouco a pouco, pôde entrar em contato com seus aspectos necessitados.

Conectou suas raivas, de maneira que começou a conter-se algo mais, a cuidar-me e a tolerar melhor as separações; realizou tentativas de reparação nem sempre exitosas.

Na parte final do tratamento, dediquei-me à elaboração da separação. Durante essa época apareceram defesas de tipo obsessivo que não foi possível trabalhar suficientemente; provavelmente, fizeram parte do caráter de David.

8. Montse: Uma onipotência delirante

Paciente de 30 anos. Casada. Sem filhos.

Psicoterapia: uma sessão por semana. Nove anos de tratamento.

Informação inicial

T: A paciente foi encaminhada por um psiquiatra, para ser atendida devido a uma disfunção sexual; anteriormente foi atendida por uma psicóloga, com métodos comportamentais, sem êxito.

De fato, o tratamento não foi terminado. Parece que a psicóloga que a atendia utilizava técnicas de relaxamento, e o que se passou foi que a profissional abandonou este trabalho. O psiquiatra me disse que a psicóloga "a havia deixado pendurada". Ele a encaminhava a mim para ver o que eu podia fazer com ela, porque ele se sentia muito incomodado, uma vez que se tratava de uma psicóloga que trabalhava com ele. A paciente me relatou esta experiência sorrindo, como se não lhe houvesse afetado muito.

O psiquiatra informou que Montse tomava 15 mg de Valium por encontrar-se num estado de inquietação psicomotora. (Sempre mexe o braço esquerdo, realizando o mesmo movimento sem parar. O movimento é como se tirasse algo da perna e depois como se a pegasse; em outras palavras, dois movimentos, um parecia mais como se arrancasse algo e o outro como se protegesse.)

Meltzer: Não parece algo como um movimento orgânico?

T: Não, não em absoluto.

A paciente tinha 21 anos, havia poucos meses (um ou dois) que estava casada, sofria de anorgasmia e dificuldades para realizar o coito.

Explicou que houve algumas relações sexuais satisfatórias antes do casamento, mas que, desde que estão casados, não chega ao orgasmo.

Esta informação foi esclarecida muito depois: havia lido um livro sobre sexualidade e imitado os orgasmos. Nunca teve relações sexuais satisfatórias.

Meltzer: Então, na realidade, ela nunca teve orgasmos.

T: Nunca.

Meltzer: O que geralmente significa a presença de uma grande ansiedade relacionada com a gravidez, embora também possa revelar com frequência uma história de masturbação clitoridiana.

Ps: Esta imitação é uma questão consciente dela?

T: Tudo que esta mulher aprendeu é pura imitação. Não entende e lhe é muito difícil simbolizar.

Meltzer: É um comportamento orientado a tentar ser normal.

T: A paciente explica que, dos 7 até os 16 anos de idade, o avô materno abusou sexualmente dela; estes abusos eram frequentes.

Uma das dificuldades sexuais que descreve é que, quando fazia amor com o marido, confundia a imagem deste com a do avô, sentindo-se muito mal.

Meltzer: Comentou de que tipo foi a natureza do abuso sexual?

T: Não havia penetração, mas havia uma situação que se repetia: por exemplo, o avô a colocava na cama com ele, ou, quando ela estava tomando banho, entrava e fazia com que o masturbasse; explicava-lhe que partiria com ela, que a levaria a viver com ele e seriam muito felizes.

Meltzer: Ele também a masturbava?

T: Isto... ela não explica.

Meltzer: Trata-se de avô materno?

T: Sim. O avô materno morreu de câncer quando Montse tinha 16 anos; soube ao voltar de uma viagem da Escócia. Parece que esconderam o acontecido durante dias; quando lhe disseram, já tinha sido enterrado. Queixava-se de ter dores de cabeça muito fortes, taquicardia e inapetência. Trabalhava em um negócio familiar e numa escola municipal. É professora; durante o tratamento, ganhou um prêmio de pedagogia importante, no qual foram publicadas as aulas que ela dava: eram muito criativas. Sua aparência física é muito juvenil.

Penso que quando eu a vi, senti-a tão jovem que a tratei de "você". Ocorreu-me tratá-la de "você" e não de "senhora". Deixa o cabelo curto, ondulado, que lhe cai sobre a testa. Aparência bem cuidada e agradável. Usa sempre calças e camisetas. Sapatos baixos. Nunca saias. É uma paciente que desperta certa ternura, e é fácil sentir carinho por ela.

Meltzer: É uma jovem muito atraente.

T: Sim, atrai.

Meltzer: Que tipo de aula ministra? De qual disciplina se trata?

T: Línguas. Mas às vezes dá aulas de estética ou artes plásticas.

Meltzer: Ela realizou algum tipo de formação artística?

T: Não. Depois veremos os desenhos que ela fez. Parece-me que ganhou também algum prêmio desenhando.

Meltzer: Eu imagino. Já vejo. (Gráfico.)

T: Montse não lembra quase nada dos dados relativos aos seus primeiros anos. Somente sabemos que sua mãe a teve com 19 anos de idade. Montse relata uma época de afastamento entre seus pais, por motivos profissionais do pai; este é advogado.

Foi educada em uma escola progressista. Ali detectaram problemas de comportamento que a sua família, ao que parece, não quis considerar.

Há duas coisas que me parecem importantes. Uma é o fato de ter tido um irmão quando ela tinha 7 anos, que coincide com a fase em que o avô começou os abusos sexuais. A outra é que, ultimamente, em algum momento da sessão, recorda coisas traumáticas e fica muito impactada. Tem lembranças de fatos que aconteceram em sua primeira infância e que quando veio não sabia relatar. Um deles – que agora é um dado a se levar em conta – é que quando a mãe teve o segundo filho, parece que ficou paralisada, **uma paralisia facial. Então afastaram a menina e a retiraram do seu lado; ela começava a sofrer e chorar porque queria estar com sua mãe e não lhe permitiam.**

Na escola, parece que um dia jogou escada abaixo uma menina, que quebrou a perna ou algo assim. A psicóloga da escola disse que ela era esquizofrênica; tentou falar com os pais, e estes não fizeram absolutamente nada.

Meltzer: Então, estes transtornos de comportamento na escola,eram do tipo agressivo.

T: Sim, sim.

Ps: Com respeito aos abusos do avô, ela não pediu ajuda a nenhum adulto?

T: Expressa que em algum momento tentou convencer a sua mãe a afastar-se do seu avô, sem chegar a explicar a razão, porque sua grande angústia consistia em ter que falar sobre os problemas que tinha exatamente com o seu avô materno. A mãe não entendia o que ocorria, e parece que, quando a menina pediu sua ajuda, durante a estadia de férias numa pequena cidade onde eles costumavam ir, a mãe respondeu que não via razão para afastar-se dele, acrescentando que ele estava radiante, e que nunca o havia visto com tão bom humor. **Ocorreram também duas situações em que a avó paterna se apercebeu de algo e alertou a menina, no sentido de dizer-lhe que os homens adultos às vezes fazem coisas que não são boas. Mas Montse não se atreveu a explicar nada do que acontecia.**

Meltzer: Nos contatos sexuais prolongados com crianças, como sucede neste caso, a criança afetada costuma fazer algum tipo de confissão; mas como esta costuma ser ambígua, nenhuma modificação chega a ser possível. O mais importante é que parece que não houve penetração e a relação não teve um caráter sadomasoquista, mas, sim, se tratou de uma relação terna.

T: O que se passou é que ela tinha muito medo deste avô, pessoa geniosa que tinha assustado a todo mundo. Tinha medo.

Meltzer: Sim.

T: Estudou magistério e foi aprovada. Quando começou o tratamento estava realizando um curso "ponte" para estudar Letras. Saiu com meninos e finalmente se casou com Manuel. Passaram-se dez anos e tem um negócio.

Meltzer: O que se destaca é que o avô estava muito enamorado dela e que não a usava simplesmente como uma pequena concubina, mas que realmente sentia paixão por ela. Não vejo nada do que tendem a ser ameaças clássicas: "Se disser algo a alguém... etc.". Esta atmosfera de estar muito assustada com ele é fundamentalmente uma forma de se livrar da própria responsabilidade, colocando-a inteiramente no avô, quando, na realidade, ela, sim, que a tinha.

Provavelmente seria mais adequado pensar em outros termos, uma vez que o abuso acontecia automaticamente, com grande leveza. ***Creio que em um caso como este seria mais adequado falar em termos de experiência sexual, mais do que abuso sexual.*** *Há uma grande quantidade de crianças que mantêm algumas experiências sexuais, que duram bastante, durante a latência, em geral com um irmão, tio, avô, vizinho etc. Isto significa que o mito, no que se refere à latência, não é realmente correto, tanto em relação à masturbação como em relação à atividade sexual. O que caracteriza este período é a hipocrisia sexual. Muitas vezes se tem a impressão de que a atividade sexual, especialmente a masturbatória, é mais frequente hoje em dia do que seria no passado; mas, antes de tudo, o que creio que mudou fundamentalmente é a hipocrisia: as crianças são agora muito menos hipócritas e têm menor tendência ao segredo acerca de tudo isto, de modo que não se dá uma lacuna tão grande – como antes existia – no que se refere à comunicação dessas experiências entre eles e seus pais. Para as pessoas da classe média, pode-se ressaltar, hoje em dia, que é difícil compreender o grande abismo que existia entre os pais e seus filhos nessa etapa em* *que as crianças entravam na idade escolar e desapareciam na comunidade escolar, do mesmo modo que, mais adiante, desapareciam na comunidade adolescente. O resultado das mudanças que se têm operado quanto à comunicação* ***é que hoje vemos muito menos transtornos histéricos, que se estruturavam principalmente no período de latência, em relação à sexualidade e à hipocrisia com que esta era tratada. Também é interessante, do ponto de vista histórico, ver como Freud abandonou a teoria de que a histeria tinha suas raízes na atividade sexual entre as crianças e os adultos, a teoria da sedução.*** *Foi possível demonstrar (o que foi bastante desagradável), por meio de seus arquivos e registros clínicos, que Freud sabia muito bem que sua teoria sexual estava em grande parte correta. A única mudança é que era relativamente pouco frequente que a relação tivesse sido estabelecida com os pais. Quando era com um pai, este provavelmente era uma pessoa mais ou menos* borderline *ou psicótica.*

Penso que seria um erro assumir que as dificuldades sexuais desta jovem tenham sua origem na relação sexual mantida com o seu avô. ***Antes, parece-me que estão relacionadas com um quadro mais amplo de dificuldades que têm a ver com um "falso*** **self"*****, como estrutura de personalidade.***

Não é tão estranho que as mulheres simulem um orgasmo para agradar os seus amantes. Podemos conjecturar que chegaremos à conclusão de que esta jovem pensa, evidentemente, que todas as mulheres simulam seus orgasmos. Deste modo, a sexualidade pode ter para ela uma qualidade irreal, baseada num estado mental de sua conduta sexual induzida pela identificação projetiva... mas temos que esperar e ver.

Este movimento que faz com o braço parece histérico e pode ter a ver com a masturbação, mas também é muito cedo para confirmar; *no momento, temos que esperar evidências. Acho que* *vamos encontrar uma personalidade envolvida na hipocrisia como uma característica muito proeminente. Prossiga, por favor.*

T: Nestes nove anos, Montse tem seguido o tratamento sem faltar a nenhuma sessão, exceto uma vez em que teve um acidente (**foi uma tentativa de suicídio**).

Ps: Como foi?

T: **Se jogou em cima de um carro.** Teve um choque e ficou duas ou três semanas sem vir, internada em um hospital. Vem sempre pontualmente e se preocupa muito com o pagamento. **Neste período, foi atendida por dois psiquiatras que diagnosticaram esquizofrenia e a medicaram. Tentou-se uma terapia familiar, que fracassou.**

T: Com o psiquiatra que a tratava ultimamente, concordamos em avisar a família acerca de seu estado. Falei com o marido para fazer-lhe saber que ela estava em tratamento psiquiátrico. O marido, quando lhe informei, me tratou como se eu fosse louca: que coisas eu dizia, que parecia estranho o que eu falava. Então foi falar com o psiquiatra e, depois, me telefonou, desculpando-se. Tentou-se que os pais viessem. O pai foi uma vez às sessões familiares, a mãe foi duas ou três vezes. O pai apenas dizia que todos os problemas desta jovem podiam ser superados pela força de vontade, não saía disto. Quando Montse fala com sua mãe e explica o que lhe passa, o pai imediatamente a censura, dizendo que a mãe não dorme bem se ela lhe fala; por isso, lhe pede que não explique nada para a mãe. No momento, Montse está internada num Hospital Dia, e até recentemente o pai insistia que o que deveria ser feito era enganar todo mundo para que a deixassem em paz: que com vontade poderia superar tudo. **Foi internada duas vezes em um Hospital Dia. Atualmente, faz um ano que está nele, e também estava fazendo uma terapia familiar com o marido. Está em vias de deixar o Hospital Dia e iniciar duas sessões**

semanais de psicoterapia. Medicação atual: Haloperidol - drágeas (1-1-1); Sinogan 100 (1 à noite); Modecate injetável (a cada 15 dias); Akineton (1 pela manhã); Meleril 200 (1 à noite); Akineton injetável.

Meltzer: Daria a impressão de que uma das coisas fundamentais é que se trata de uma jovem muito atraente, que envolve muita gente: temos dois psiquiatras, o pai, o marido, dois psicoterapeutas, a medicação, o Hospital Dia...

T: Os psiquiatras a trataram consecutivamente: primeiro um em Barcelona e depois o outro na cidade em que vive; a mudança se deveu à consideração de que, se ela apresentasse algum problema, poderia recorrer a alguém na mesma cidade. Eu sempre me surpreendo com tanta medicação, mas os dois psiquiatras concordam porque, segundo um deles, parece que uma dose menor não faria efeito...

Meltzer: Nada lhe afeta...

Ps: Esta medicação é mais ou menos o que se usaria num estado de agitação...

Meltzer: Sim

T: Esta mulher não dorme; pode passar assim noites inteiras. Está constantemente em movimento.

Meltzer: Ela dorme muito mal, mas estes problemas com o sono ela projeta em sua mãe, de modo que a mãe tampouco dorme. A paciente tem muita capacidade para projetar: projeta suas ansiedades nos demais, e assim eles acabam preocupando-se muito com ela. Mas, claro, o fato de atirar-se à frente de um carro em movimento é excessivo, não? Quando começou a fazer duas sessões de psicoterapia por semana?

T: Começará quando sair do Hospital Dia.

Ps: Trata-se de uma instituição ou é algo privado?

T: É uma instituição.

Material mais significativo nestes anos de tratamento

T: A paciente teve a princípio sérias dificuldades para se comunicar. Iniciava as sessões explicando alegremente banalidades; depois vinham grandes silêncios nos quais me perguntava sobre o que eu queria que falássemos. Quando se convenceu de que não havia alternativa senão falar dela, pude detectar os seguintes aspectos de sua personalidade:

1. Sua vida emocional estava definida com duas frases: "Estou 'pocha'"11 e "Estou de mau humor". Qualquer matização do seu estado de ânimo era rechaçada. Explicava que se chorasse era porque os olhos estavam cheios de água. Tinha frequentes ataques de riso e choro que duravam várias horas, sem poder conter nem explicar o que havia produzido.

Meltzer: Está totalmente fora de contato com sua realidade psíquica, com suas fantasias, com seus sentimentos. Não se trata somente de que não está em contato com tudo isto, mas, sim, de que está determinada a permanecer fora de contato com tudo isto. Encontramo-nos frente a uma personalidade muito fortemente determinada a persistir em tal projeto.

11 Termo que usualmente significa "deprimida".

Alucinações. Ouvia vozes que lhe insultavam: "Inútil", "Puta má" etc. Outras vezes lhe davam ordens contraditórias: "Abra a porta!", "Feche a porta!" etc.

T: Ela explica como uma situação muito atormentadora, isto é: "Me levanto e a geladeira me diz: abra a porta, feche a porta...".

Também tinha alucinações visuais: via Puig Antich (revolucionário catalão que foi fuzilado durante o franquismo), o seu avô, a terapeuta que ia visitar a sua casa, o "Homem Bom".

Às vezes não conseguia dormir, porque havia animais que se aproximavam.

Meltzer: Então parece que o seu avô está entre as pessoas boas, entre os heróis.

T: Sim, mas o "Homem Bom" é mau, e também pode aparecer Pinochet, a quem ela tem como mau. Ou seja, não aparecem só todos os bons.

Se ela os olhava, eles ficavam quietos. Organiza um delírio em que ela é poderosa, seu olhar é destrutivo, pode mandar e destruir.

Há um desenho, dos que ela faz, em que se põe como sendo poderosa.[12]

Meltzer: Tem talento... Os carros terão acidentes se ela olhar para eles; por isso atravessa as ruas sem olhar. Como forma curativa da possibilidade de destruição do seu olhar, põe Vick Vaporub todas as noites.

---

12 Não dispomos do material gráfico referido, por ter sido entregue à paciente.

T: Vick Vaporub nos olhos todas as noites: vem sempre com os olhos vermelhos.

Meltzer: Nas pálpebras ou no interior?

T: No interior, sempre tem os olhos vermelhos, vermelhos. O olhar vermelho.

Meltzer: Não é possível crer que realmente possa colocar a pomada diretamente nos olhos: ela os queimaria. Se vem com os olhos vermelhos, é porque coloca em suas pálpebras, e o vapor entra e acaba produzindo irritação.

T: Pode ser que seja isto. De toda forma, penso no que faz, e em algumas ocasiões me fez recordar algo que se diz: "O que arde, cura".

À noite, desce desnuda para a rua porque o ar frio da noite lhe cura.

Ela diz isto, eu não sei se faz.

Meltzer: Não se pode tomar tudo que ela diz como verdade e nada mais que a verdade, porque ela não é uma comunicadora honesta, é uma projetora impenitente. A pergunta a se fazer seria se tudo a que ela refere são alucinações ou fantasias masturbatórias. Sou da opinião de que se trata do segundo, de fantasias masturbatórias.

T: Tenta dominar sua destrutividade nomeando-se a si mesma "Embaixadora da Paz Universal, Nacional e Internacional" e imagina que tem grandes missões a cumprir (se Pinochet sofreu um atentado, foi ela que provocou). Sobre qualquer acontecimento político em que há revoluções ou lutas, diz que, se ela estivesse atenta, não haveria ocorrido. Para ajudar os outros inventou um comprimido que cura tudo: "O comprimido unificado da Catalunha: a Aspirina".

Meltzer: Tudo isto parece estar contido num ditado inglês que se traduziria por: "Pôr a língua na bochecha". Costuma referir-se a quando se diz algo com um sentido humorístico que inclui a burla, a ironia ou a pachorra. É um humor muito irônico e também depreciativo com os demais.

É uma mulher difícil, muito obsessiva, e que vive muito num estado de identificação projetiva, sentindo-se superior a todo mundo. Não tanto no sentido dos delírios de grandeza, mas, sim, no sentimento de grandeza que resulta dos aspectos identificatórios da identificação projetiva, especialmente a arrogância. Imagino uma menina muito conflituosa na escola, muito inteligente, muito agressiva, muito depreciativa, desobediente etc., e com uma certa forma de fazer as coisas às escondidas e astutamente.

Não parece que há aqui, na realidade, nada parecido a um sistema delirante que nos pode fazer suspeitar de uma genuína enfermidade esquizofrênica. *Do mesmo modo que ela simula o orgasmo, também simula a esquizofrenia.* ***A dificuldade mais destacável é que se acha afetado o sentido da realidade, tanto no que se refere à realidade psíquica como à realidade externa.***

Uma das dificuldades das pessoas **borderline**, ***que vivem permanentemente dentro de um estado de identificação projetiva, é que estão sempre fingindo. Elas se apresentam com o conflito de sentirem-se envergonhadas ou culpadas por estarem sempre fingindo, razão pela qual também se sentem fraudulentas acerca de tudo, ou pensam que todas as pessoas são assim, fraudulentas como elas. Há algo de verdade em tudo isto. Todo mundo tem uma máscara social caracterizada pelo modo como conduz normalmente suas relações nos contratos sociais. Esta máscara é abandonada quando se está numa relação íntima. As pessoas que vivem em identificação projetiva não podem tirá-la, porque estão nela. Esta mulher me faz pensar, em primeiro lugar, em***

uma* borderline *psicótica, vivendo em um estado de identificação projetiva, com uma personalidade muito dura e muito agressiva.

Isto quer dizer que, para tratar tudo isto numa terapia, haverá uma relação muito tempestuosa com ela, porque vai ser muito agressiva, muito pejorativa, e vai ameaçá-la com o suicídio. Estará numa posição em que você terá que tentar tirá-la de um estado de mente do qual ela não quer sair. Suas tentativas podem chegar a encontrar uma agressividade de tal magnitude que beira a selvageria, de uma qualidade quase de ordem animal.

Ps: Com este tipo de paciente não é muito difícil que o psicanalista se veja fora de sua função e se envolva com a realidade externa.

Meltzer: Neste tipo de pacientes, o que se encontra é que se dá um constante acting *na transferência, a qual, às vezes, provoca que o psicanalista atue na contratransferência. Uma das dificuldades que derivam disto é que se interpreta a emocionalidade da transferência, o paciente experimenta como se se tratasse de um* acting *na contratransferência, como uma agressão, como uma sedução etc. Em minha experiência, muitas vezes é fácil se desanimar pelo uso deste tipo de interpretação na transferência, porque logo se descobre que não existe esta forma de resposta emocional genuína para a imagem da figura parental.* ***O que é necessário, e que a mim me parece surpreendentemente efetivo, é simplesmente limitar-se a descobrir no paciente a natureza do mundo em que ele se encontra vivendo, este mundo claustrofóbico, e descobrir a permanente oscilação entre a identificação e a claustrofobia. Então, você se encontra na posição de estar simplesmente visitando esta pessoa em seu claustro, que você sabe que se trata de uma prisão, ainda que ela insista que é um castelo; descrevendo esta identificação***

que realiza, desde que chegou, que acredita que está vivendo em um castelo, quando na realidade vive em uma prisão, e que em última instância está tratando de diminuir a identificação e tentando aumentar a claustrofobia. Quando então se manifesta a transferência, esta adota uma forma muito infantil, muito de bebê. Então se entra em um processo em que cada vez que há uma separação, cada vez que há um conflito... bum! O paciente se volta para dentro.

Nestes pacientes, quando se encontram em identificação projetiva, é característico que o trabalho se frustre ao tratar de analisar a transferência, uma vez que experimentam cada comunicação como se tivesse sido uma ação. Por tudo isto, durante um tempo, você deve limitar-se a ser um observador e comentarista acerca do estado mental do paciente. Então se pode ver, muito claramente, como a identificação diminui e a claustrofobia aumenta. Prossiga, por favor.

T: Sente que os demais podem envenená-la ou roubar-lhe o pensamento. Diz que é de outro planeta, que seu corpo foi emprestado. Isto aparece à medida que toma consciência de que pensa e sente de forma distinta dos demais.

Dizia-me: "É verdade que todo mundo ouve vocês como eu?".

Estando a televisão desligada, vê programas de lutas e enfrentamentos, sobretudo relacionados com o Chile e o fascismo.

Aqui também há um desenho sobre o fascismo. [Mostra o material gráfico da paciente. Comentam-se os desenhos.]

Ps: Isto aqui é um gato...

Meltzer: Sim, são muito humorísticos estes desenhos. São satíricos, brincalhões.

Ps: Ela é como se fosse de esquerda...

T: Esquema corporal. Não tem ideia de ser uma, há duas Montses (ela e a outra).

Quando eu dizia: "Mas você...", respondia: "Mas quem? Eu ou Montse?". Ela é esta, que tem duas cabeças [mostra um desenho]. Há uma parte negra, a má; uma branca, que é boa; a vermelha geralmente é perigosa. Chora sempre. Em todos os desenhos é possível ver que chora.

Também pode ser um homem. Por exemplo, neste desenho ela dizia que era dois e que era homem. Eu lhe dizia: "Mas você é homem?", e ela respondia: "Sim, uso sapatos baixos, cabelo curto, sem brincos".

Meltzer: São desenhos que parecem uma mescla de Picasso e Miró, feitos com muito talento.

T: Este desenho dizendo que era sua família, ela explicou que somente um havia crescido. De fato, suspeita-se de que o irmão pequeno também está perturbado. Digo pelos comentários que ela faz e também pelos comentários do psiquiatra.

Isto que há em sua cabeça são as vozes que se manifestam de muitas maneiras.

Meltzer: Seus desenhos realmente são muito bonitos, muito humorísticos, como os de Picasso e Miró.

T: Não sente que tenha um corpo como o que tem, e, sim, um em que há braços, mas o tronco é como se não existisse. Somente como se tivesse um tubo digestivo.

Meltzer: Não há ossos? É como se fosse de borracha? Como é que lhe disse tudo isto?

T: Ia-me trazendo: de repente me dava um escrito, de repente me trazia desenhos. Agora não os traz, ou traz escassamente, porque os que estão desenhando no Hospital Dia estão lá. Estes são mais da primeira época.

Meltzer: Há que se ter muito cuidado em aceitá-los e fazê-lo somente no sentido de os reter com o objetivo de pensar neles, como se faz com o material das crianças, uma vez que indubitavelmente ela pensa que estas produções têm potencialmente muito valor econômico. Ela poderia suspeitar que você poderia explorá-la neste sentido. Portanto, você tem que esclarecer, como se faz com as crianças, que somente vai guardar os desenhos temporariamente e que os devolverá no final do tratamento, queira ela ou não. Logo, se ela deseja lhe dar algo, então talvez possa aceitar. O importante destes desenhos é todo este aspecto de borracha, de ausência de ossos... Prossiga, por favor.

T: Partes do seu corpo podem separar-se ou engrandecer-se. Há um braço (o que se move) em que coloca a sua parte fraca; nos momentos de tristeza ou temor, beija o seu braço como se dando alento. Coloca fitas para que sua cabeça não aumente de tamanho. Sua cabeça pode aumentar de tamanho mais e mais, seus braços, separar-se do seu corpo etc.

Sempre tudo está no exterior: ela está mal porque tem o cabelo crespo. Tem que alisar seu cabelo como uma forma de ordenar seu pensamento. Segundo ela, as pessoas que fazem a separação do cabelo ao meio estão bem.

Ela está casada se está ao lado do seu marido, mas está solteira se seu marido não está fisicamente ao seu lado.

T: **O tempo.** Não estrutura o tempo: Puig Antich está vivo; maio de 1968 está para acontecer; e em algumas ocasiões, já aconteceu.

Não podia aguentar escutar alguém falar; o tempo se faz extremamente demorado: uma hora é algo insuportável.

Meltzer: ***O que pode se ver, realmente, é que ela faz o que quer. Não há nenhum tipo de limitação da realidade ou da realidade psíquica: quer pensar e atuar como lhe apetece, o que, certamente, é também uma característica de muitos esquizofrênicos.***

Lembro agora de um dos meus pacientes esquizofrênicos, um rapaz de 17 anos, que fazia algo embaraçoso para mim. Desnudava--se e corria para cima e para baixo pela rua onde ficava meu consultório, gritando: "Vou fazer o que quero", ao mesmo tempo que pegava as garrafas de leite das pessoas e as abria. Eu não poderia menos do que admirar o caráter inglês, porque os vizinhos se comportavam como se não passasse absolutamente nada... Formidável... [Risos.] Em compensação, vinha às sessões e era pontual. ***"Apanhá-los antes que o roubem..."***

T: Sempre sabe quando estamos no final do mês. Lembra-se do onomástico do terapeuta...

T: Pensamento. Seu pensamento é mágico, espera que as coisas se arranjem por arte da magia, nunca porque ela pode efetuar alguma coisa... Não gostava de dar aulas porque tinha medo de se descontrolar com os alunos, e a única coisa que podia pensar é que um dia a escola seria destroçada por um incêndio.

Meltzer: Uma das características dos pacientes borderline *que vivem em identificação projetiva* ***é que não têm realmente nenhuma ideia do que eu chamaria de "natureza".*** *Quero dizer, a natureza da realidade externa e da realidade psíquica. Creem que tudo está legislado. Então, têm fundamentalmente uma atitude política frente à vida: tudo se reduz a uma ordem entre aristocratas e* *camponeses. Não há realidades, a única coisa que existe é que os fortes impõem sua vontade aos fracos. Então, por exemplo, se você bate numa pedra isto simplesmente quer dizer que a rocha é mais rápida e agressiva que sua cabeça. Tudo se interpreta de acordo com este ordenamento fortes-fracos. Neste sentido,* ***tudo se antropomorfiza e, portanto, não existe "a natureza", nada está submetido a uma Lei da Natureza, tudo é Lei dos Homens, tudo está legislado.***

Quando fala de magia, refere-se simplesmente a um tipo de magia como dizia seu pai, isto é, que tem que ter força de vontade, que algumas pessoas têm mais força de vontade do que outras. Mas não se trata de magia no sentido de algo que é sobrenatural, porque não existe em primeiro lugar o natural para que possa haver o sobrenatural. É isto o que quero dizer quando proponho que temos que discutir o tipo de mundo em que vivem – o que significa que se deve ser muito explícito a respeito de que não vivem neste mundo.

Explicitar que vivem em um mundo de realidades internas e realidades externas, nas quais as ideias e os significados se superpõem, dando um sentido aos fatos da realidade externa, e, portanto, que uma pedra pode machucar uma cabeça porque a pedra é mais dura que a cabeça; e que a pedra machucar a cabeça não tem nada a ver com as ideias que se pode ter acerca da pedra: simplesmente tem a ver com o fato de a pedra ser mais dura que a cabeça. Este tipo de descrição do mundo em que ela está vivendo vai contra a onipotência que se desprende da identificação e esclarece que eles são como prisioneiros de um mundo do qual não sabem sair, e que você não vive neste mundo, simplesmente é um visitante. Prossiga, por favor.

T: Decisões. É difícil que pense ou elabore por ela mesma uma decisão: decide o que alguém pressionou que faça por último. (Não há dentro para pensar ou elaborar.)

T: Mundo simbólico. Qualquer utilização por parte do terapeuta de algum símbolo, metáfora ou palavra abstrata não é entendida pela paciente: sua forma de pensar é concreta e literal.

Quando em alguma ocasião foi utilizado um símbolo, a paciente pergunta com estranheza: "Isto é filosofia, não é?".

T: **Onipotência dos seus desejos.** Segundo sua especial forma de pensar, se pensa muito num desejo, ele ocorrerá. Então argumenta: "Claro que há de acontecer: se eu desejo, ocorre".

Meltzer: ***Seu estado mental, o tipo de mundo que descreve, dá a impressão de ser o mesmo que um transtorno de pensamento, mas não é o mesmo.*** *Não é um fracasso na formação de símbolos, mas, sim, que ela está vivendo em um mundo onde não há mais símbolos, e então eles perderam o seu valor. Seria algo parecido com a história do rei Midas, que vivia em um mundo em que tudo que tocava se convertia em ouro: então se tudo o que se toca se converte em ouro, o ouro perde o seu valor.*

T: **Medos.** Sempre tem um pânico: que os outros não a queiram e a abandonem. Quando se sente sozinha se põe dentro da banheira, se enrola sobre si mesma e diz que está no ventre de sua mãe. Tem pavor de cães.

Meltzer: Isto é esperançoso, porque há todo um mundo de diferenças entre um estado pré-natal e um estado de identificação projetiva. Porque viver dentro da mãe, recolhida e submersa na água, tem uma realidade histórica e uma realidade psíquica. É muito esperançoso que uma paciente deste tipo busque um estado pré-natal e não um estado dentro de um sistema delirante. Não entendo porque aqui se fala dos cães... ah, sim... está dentro da categoria geral dos medos, por isto foi posto o medo dos cães.... Bem.

T: Os medos...

Meltzer: ***O importante, aqui, é que este recolhimento dentro da mãe não é por causa do medo, mas, sim, por causa da solidão.*** *Isto ocorre quando os pacientes começam a sair da identificação projetiva, quando começam a sentir a solidão e quando experimentam o desejo de encontrar o analista. A solidão e a capacidade para experimentar a solidão são algo muito importante. Então, aqui, a solidão seria em essência todo o oposto da insistência com que eles mantêm que não se encontram regidos pelas mesmas leis que os demais.*

Estou muito interessado em um fragmento do material de uma paciente minha, que é uma **borderline** ***psicótica, no sentido de que é uma pessoa completamente pseudomadura, encontra-se no processo de entrar e sair, entrar e sair etc. Teve um sonho em que ela se encontrava em um parque que estava situado atrás da casa onde tenho o consultório e tinha que fazer um trabalho consistente em recolher toda sujeira que outras pessoas haviam atirado – papéis etc. –, e a punha dentro de uns sacos grandes de plástico. Tinha dois sacos para fazer isto, um que era para o lixo normal e o outro, para o lixo especial. Quando era mais jovem (agora tem uns 42 anos), trabalhava como enfermeira pediátrica, e uma das suas obrigações de que mais gostava era o cuidado especial das crianças que estavam muito doentes. Nesses casos***

havia uma enfermeira que assumia a responsabilidade total da criança e estava todo o dia atenta somente a ela.

Neste sonho aparece a palavra* litter*, que em inglês é bastante ambígua: por um lado, significa sujeira e, por outro, se usa para designar as crias dos animais, por exemplo, a de um gato também é* litter*. Trata-se tanto de lixo como do cuidado de todas estas crias. Então, precisamente nesta palavra "especial" (que também aparece no sonho), podemos ver o equilíbrio entre se ela era "especial" para mim ou se eu estava fazendo algo "especial" porque ela estava enferma, isto é, cuidando dela especialmente, ela era a mais enferma de todas as crias... de todos os bebês-lixo.

Ps: Aqui nestes desenhos, há um bebê dentro e outro que sai.

Meltzer: Tudo isto pode estar conectado ao nascimento do irmão. Precisamente quando nasceu o irmão começou a experiência sexual com o avô, e foi o momento em que ela tomou a resolução de que faria o que quisesse. Prossiga, por favor.

Identificação com a terapeuta

T: Durante certo tempo, o fato de não estar vestida igual causava problemas; sentia-se aliviada se coincidíamos em estar usando calças ou se estava com o cabelo curto como ela. "Eu sou você", dizia-me. Numa ocasião em que eu havia me ausentado do consultório, sentou em minha poltrona, contente: "Agora tudo de bom que você tem, tenho eu".

Meltzer: É importante lembrar que estas pessoas que empregam massivamente a identificação projetiva também se sentem extremamente vulneráveis frente a outras pessoas que empregam idêntico mecanismo. Então, uma das coisas que ocorre nesta psicopatologia, como neste caso, é que a pseudomaturidade, tomando a forma de borderline *psicótico, pode transformar-se em possessão demoníaca, e adquire, então, um sabor psicótico. Dá-se uma constante oscilação entre estas duas situações, podendo resultar em comportamentos muito paranoicos em relação ao terapeuta.*

Podemos lembrar aquele período em que o "Homem dos lobos" adotou uma atitude muito paranoide com Freud, e apareceu aquela preocupação pelo grão que tinha no nariz e pelo dentista que também se chamava Wolf. Neste período, deu uma terrível reviravolta e deixou de ser um tipo borderline *psicótico para ser claramente psicótico. É muito interessante reler o caso do "Homem dos lobos" deste ponto de vista da identificação projetiva. Prossiga, por favor.*

Aparelhos elétricos e caixas de música

T: Fez uma coleção de caixas de música. Quando se sente mal por suas alucinações auditivas, coloca-as em funcionamento para tentar não ouvir as vozes.

Os aparelhos elétricos lhe atraem, sobretudo aqueles que têm uma luz vermelha, a qual a faz acreditar que pode dominá-la e roubar seu pensamento.

Angustia-se muito diante de qualquer mudança: de hora, de móveis etc. Dá a sensação de que todo o seu equilíbrio interno depende de que nada mude no exterior.

Meltzer: Provavelmente isto é exatamente o mesmo. Quando ocasionalmente passa a estar inundada por perseguições claustrofóbicas, convida e prepara a situação de ser invadida e controlada por um objeto externo; esta luz vermelha, a música ou qualquer coisa entra dentro dela destruindo os processos mentais. Neste sentido, é fundamentalmente uma neurótica obsessiva: encontra-se sempre mantendo todas as coisas em equilíbrio e, ao persistir neste caminho, neste caminho errôneo, é quando aumenta a grandiosidade, que também incrementa a claustrofobia; e quando aparece excessiva claustrofobia, busca este perseguidor externo que a invade; e segue assim, num movimento sem fim, na busca do equilíbrio.

Carta entregue à terapeuta aos três anos de tratamento

(Foram postos pontos e vírgulas para facilitar a leitura, pois geralmente a paciente nunca os coloca.)

T: Não há separações, nem limites...

Meltzer: Quando se escreve de uma forma egocêntrica, não é preciso usar pontuação... Prossiga, por favor.

T: "Manuel fala de Montse no jantar; não sabe o que ele diz, porque ela está partida e não escuta junto, e sim separado, e suas palavras sim saem ordenadas; por isto faz cara boa, mas não sabe nada, e as minhas, onde estão? Eu tenho demasiada comida por esta boca estúpida, que não fala para que não a tirem e não entende que as pedras não se comem, mas a mãe disse, sim, que se comem, mas para comer uma tem que pegar uma colher e não se perder, e de quem é esta mão que se movimenta sozinha? Quem sabe se são as minhas! A mãe tem medo de cobras e não as quer, e eu tenho uma dentro e talvez ela tivesse medo e não a quisesse."

(A terapeuta havia dado à luz meses antes.)

Meltzer: Muito, muito interessante... Prossiga, por favor.

Estado atual

T: A paciente está mais conectada com seus sentimentos: já não diz que está deprimida ou tem mau humor e, tampouco, tem ataques de riso e de choro. Tem enriquecido seus estados de ânimo e pode se conectar com algo que ocorre, apesar de poder se desconectar rapidamente. Passa com extrema facilidade de estados de compreensão do que ocorre a delírios.

Chora mais e está mais deprimida.

As alucinações e delírios de Puig Antich, do avô, da Pastilla Unificada de Catalunya aparecem cada vez menos. Por outro lado, aparecem lembranças, expressadas muito vivamente, de acontecimentos traumáticos (abusos do avô, rejeição da mãe etc.).

Por temporadas, tem relações sexuais com seu marido. Deseja ter um filho e se sente mal por não conseguir.

Meltzer: Encontra-se num estado de oscilação permanente, mas começam a aparecer estados sãos, estados relativamente sãos, nos quais pode se conectar com seus sentimentos, nos quais ela pode ter relação, mas sob estresse retrocede de novo. Prossiga, por favor.

T: Tem certa ideia do tempo, sabe o tempo que leva a terapia. Não diz que vai para a banheira, dizendo que está na barriga da mãe.

A possibilidade de um suicídio parece mais remota.

Começa a entender a ideia de morte. Para ela não existia. O avô havia morrido, mas não estava morto.

Meltzer: Neste tipo de paciente, que está constantemente em um estado de identificação projetiva, o tempo é simplesmente circular. Prossiga, por favor.

T: Desde que não consegue ter um filho, começou a brincar com bonecas.

Isto ela me explicou como um segredo: que ela pegava as bonecas, lavava, cuidava. Eu não sei que significado pode ter isto. Não sei se, na medida em que se sente muito frustrada porque quer ter filhos e todo mundo a aconselha que não os tenha, e o marido disse que não em seu estado – por seu estado mental, não porque não pode –, então é que surge esta brincadeira com as bonecas.

Meltzer: Não; penso que isto é devido a que ela se transformou verdadeiramente em sua menininha. Brinca com estas bonecas para entrar em contato com você. Muitas meninas brincam com bonecas com o fim de perpetuar este sentimento de ser o bebê da mamãe. Outras meninas brincam com bonecas de uma forma mais concreta, como se fossem os bebês, em seu estado de identificação projetiva. Mas a razão de ser um segredo é que se trata de um assunto privado, faz parte da relação privada que tem com você. Prossiga, por favor.

T: Nas sessões que apresento faço muitas interpretações; a experiência me fez perceber que, mais que o significado em si da interpretação, o que a ajuda a não se desconectar é escutar que alguém lhe diz coisas e que ela sente estar ao seu lado. Numa ocasião em que não o fiz assim, a paciente ia delirando cada vez mais, num tom cada vez mais triste e desolado.

Meltzer: Não há que subestimar o valor do conteúdo da interpretação, mas interpretar muito, falar muito, é muito importante para estes pacientes. Deve-se mantê-los em contato, como com as crianças autistas; é necessário mantê-los em contato para que não voltem a desaparecer na identificação projetiva. Se não tem uma ideia clara do que quer interpretar, o que tem a fazer é dedicar-se simplesmente a organizar o material. Porque, por outro lado, é muito difícil levar estes pacientes a experimentar que estão sendo alimentados. O muito bom é experimentado como estarem limpos; evacuando tudo aquilo que molesta, mas consideram muito difícil introjetar. São "introjetores" (com dificuldade de introjetar) muito deficientes. Prossiga, por favor.

Sessão de 27 de junho

P: (Chega cinco minutos antes da hora.) Sou "A Embaixadora da Paz Universal, Nacional e Internacional".

T: Parece que você quer apresentar-se diante de mim ensinando-me muitas coisas boas.

P: Sim, claro, porque ademais "O Homem Bom" não me deixa.

Meltzer: Eu diria que isto é uma confissão de masturbação. Prossiga, por favor.

T: Sim, mas sabemos que o homem que você nomeia como bom lhe diz coisas más; quem sabe se por detrás desta apresentação como a "Embaixadora da Paz", você está me dizendo que há sentimentos não tão bons que você não quer nem se lembrar; por exemplo, que chegou cinco minutos antes e teve que esperar; quem sabe, houve dias que não nos vimos e nos quais você passou mal... e ficou impaciente.

P: Sim, é verdade. Além disto, o dr. X me disse para que eu tire férias de ser a "Embaixadora da Paz", mas não posso: no mundo há muitos problemas, os do Chile... e eu não posso tirar férias.

Meltzer: Um dos aspectos a considerar é sua ansiedade sobre o seu bem-estar, em relação a se está contente, encontra-se bem ou goza de boa saúde. Isto lhe preocupa muito. Em pacientes deste tipo, a solidão e a preocupação se encontram intimamente ligados. Prossiga, por favor.

T: Creio que o que está dizendo é que dentro de si sente que há muitos problemas, muitos enfrentamentos, muitas lutas.

P: Eu não tenho nenhum problema. Dentro tenho um vazio!... enrolado.

Meltzer: Isso... é verdade. Ela é uma introjetora deficiente e não pode haver-se com o que tem introjetado. Quando se esvazia por meio da masturbação, sente-se confusa e seus pensamentos são confusos e enrolados. Penso que não enfatizou suficientemente quão importante é para ela a masturbação, embora provavelmente não chegue a reconhecer nunca. O problema reside em que também o coito com seu marido chegue a converter-se, dentro de um tempo, em uma masturbação. Prossiga, por favor.

T: Montse, temos visto em outras ocasiões que o enrolado era o trançado, o confuso, o bom e o mau juntos; que sente o interior vazio, mas pode ser preenchido se puder pensar.

P: Eu brigo com todo mundo, com Manuel... com meu pai... me ponho nervosa e brigo.... Não sei por que me irrito com meu pai... me disse minha mãe, mas não consigo me lembrar, porque...

(assustada) com Manuel fomos tomar um vermute... ia também meu irmão pequeno e ele me respondeu mal, e eu não queria chorar diante do meu irmão... mas não sabia porque chorava.

Meltzer: Qualquer coisa relacionada com seu irmão pequeno provavelmente provoca nela sentimentos assassinos.

T: Sim, sim. Tem um ciúme terrível de tudo que ele pode fazer, especialmente deste, que é o pequeno. O segundo, o que se segue a ela, dado que é um rapaz muito estudioso, conseguiu ter êxito em seus estudos e parece que se converteu num modelo.

T: Parece que me diz que lhe respondeu mal e isto a fez chorar.

P: Estes dias estou muito chateada: uma amiga minha teve um filho e não me disse; sei que outras amigas foram visitá-la, já não me chamam, vamos jantar e não falam comigo.

Meltzer: Quando você teve o bebê?

T: Faz sete anos.

Meltzer: Todavia, não a perdoou! Prossiga, por favor.

T: Parece que está se sentindo excluída e que os outros faziam coisas e não contavam para você; também podemos pensar até que ponto ela estava chateada comigo porque a equipe do Hospital Dia e eu nos veremos na sexta e você não estará presente.

T: Trata-se de uma reunião para comentar o caso, e isso foi dito a ela.

Meltzer: Isto é muito importante. É necessário que você trabalhe na transferência, que considere tudo à transferência. Porque tudo é uma transferência muito intensa com você. Ela sabe se o seu bebê é menino ou menina?

T: Não sei. Bom, eu tive uma menina, e é provável que ela saiba.

P: Mas... o dr. X me explicará, e eu gostaria que também você me explique... Vou cumprimentá-la, aliás, teremos expressão corporal e é onde fico melhor: grito até me cansar. Deixam-me fazer o que quero.

Meltzer: Pode se ver neste material quão duramente você deve trabalhar com esta jovem. É o tipo de paciente que qualquer um se sente esgotado quando termina a sessão. Prossiga, por favor.

T: Parece-me que tenta encobrir com algo agradável, a expressão corporal, algo doloroso, que é você poder se sentir excluída.

Meltzer: Ela está gritando: "Como pode estar com outras pessoas?". Embora esteja falando dela, pensando nela: você deveria estar só com ela, só as duas no mundo. Prossiga, por favor.

P: É que estas amigas são burras?... Agora... Já não tenho amigas... (Um pouco triste.) Antes tinha muitas... Vou para o meu planeta. Eu sou de outro planeta! E as deixarei para sempre... Todas têm filhos... Que estupidez!...

T: Creio que há muitas coisas que lhe doem, e para não as sentir tenta ir, como se para ficar longe ou pensar que ser de outro planeta mitigará sua dor, como negar a importância que tem para você ter um filho, e a inveja que sente delas que os têm.

Meltzer: Eu duvidaria disto, duvidaria de que ela possa sentir inveja destas mulheres ou das pessoas que têm filhos, ou que ela tenha o desejo de ter um filho. Eu me inclinaria a pensar que ela tem ciúmes de qualquer bebê que goza da presença da mãe constantemente. Ela só tem você uma hora por semana. Prossiga, por favor.

P: Farei uma cirurgia, ficarei toda diferente. Veja: primeiro matarei Pinochet, depois irei a outro país e deixarei todos: Manuel, minha família, todos...

Meltzer: Tudo isto significa que nestes momentos está mais ou menos a estripando, destruindo todos os seus bebês internos, matando seu marido, seus bebês e tomando possessão de você. Tem um temperamento muito violento. Realmente, surpreende muito que não tenha se suicidado, que não tenha conseguido se matar. Prossiga, por favor.

T: Penso que tudo que me diz é uma tentativa de não sentir dor, que quando eu a lembro, você vai embora ou me mataria, que quer mudar por dentro, que não quer esta parte sua Pinochet-tirânica, que oprime a outra parte débil que necessita compreensão e ajuda.

T: Isto é um assunto antigo. Ela sempre fala de uma parte dela como uma parte que tenta não querer saber de nada, que necessita de ajuda. Ela é forte, ela pode tudo, é esta parte poderosa...

Meltzer: Eu pensaria que não deveria se preocupar tanto com sua onipotência. O mais importante é que lhe indica, para que você compreenda os ciúmes terríveis e o sentimento de abandono que ela experimenta. Isto é o que a leva a uma constante masturbação com a qual ela ataca você até que fique completamente vazia de você e ela se sinta maléfica. Prossiga, por favor.

P: Sim, ouço muitas vozes e fico muito mal... E este "Homem Bom" que me diz que devo pôr a mão na lavadora quando está em movimento ou que ponha a mão no ferro quente de passar roupa.

Meltzer: Esta é a mão que se masturba. Prossiga, por favor.

T: Penso que o que me diz é doloroso, e que expressar o mau que sente você vive como um perigo, como uma ameaça de que eu possa ficar irritada.

P: Com você não quero me irritar... (chora).

Claro, eu quero só dizer-lhe coisas bonitas, senão, não vai me querer. Mas estas sextas tomarão o Modecate, e serei poderosa. O Homem Bom é cada dia mais brilhante e tem o risco ao meio, por isso é um Homem Bom.

T: Risco ao meio sempre quer dizer ordem, o mau de um lado e o bom de outro...

Meltzer: Então, Pinochet e o Homem Bom converteram-se em seu marido: os dois, o homem feliz...

T: Ela ultimamente me disse que se casaria comigo e com seu psiquiatra.

T: Montse, que o "Homem Bom" tenha risco ao meio e seja brilhante não quer dizer que seja bom; que seu exterior seja arrumado, que você se apresente como uma pessoa arrumada externamente, não quer dizer que no seu interior não haja dificuldades. Parece-me que, sem querer, está me falando de algo que aprendeu de pequena: finge em seu exterior que tudo está bem, não queremos saber nada do que passa por dentro.

P: Esses dias eu tenho muita dor de cabeça, não consigo dormir, sinto golpes na janela... Vi sair o sol... Dirá ao dr. X que me dará férias? Senão minha mãe se irritará.

Meltzer: Está muito assustada de que você chegue a esgotar-se, porque lhe faz trabalhar muito arduamente. Por esta razão, está num permanente estado de ansiedade, receando que acabe esgotada e finalmente perca a paciência com ela. Assustada de que esteja interferindo em seu sono como fazia com sua mãe; que tenha dores de cabeça por sua culpa, que esteja arruinando a sua vida.

T: Ela está sempre muito atenta se estou cansada, se não estou cansada, se estou com uma cara ruim... é o que parece e, ademais, quando diz, às vezes realmente é verdade.

Meltzer: Naturalmente, estará atenta a este fato muito minuciosamente, o que não quer dizer que veja corretamente, porque o que vê está muito determinado pelo seu estado interno. Esta é uma das razões porque é tão importante que trabalhe duramente mantendo um alto nível de atenção e vitalidade na sessão, porque isto realmente a reassegura.

T: Eu estou ultimamente muito ativa na sessão e como se estivesse lutando com ela de uma maneira muito forte, e às vezes tenho pensado: "Bom, quer dizer que não lhe ocorre nada?". Porque com outros pacientes não o faço. Mas com esta mulher tenho que estar segurando e segurando...

Meltzer: É absolutamente necessário. É um tipo de atividade interpretativa muito muscular, insistindo no que foi compreendido, insistindo na necessidade de que ela pense acerca das coisas etc.

Neste tipo de paciente, cada período de férias significa que você necessita de férias dela, para assim poder sobreviver. Por outro lado, a inveja de um pai que é capaz de restaurar uma mãe esgotada por uma menina como esta chega a ser tão tremenda que evoca nela a masculinidade. Surpreende-me que ainda não se possa ver a evidência de um desejo masculino em relação a você. Parece-me muito importante que lhe tenha dito que queria se casar com você: chegar a ser o marido que a restaura quando este bebê a esgota. Porque em algum lugar ela é consciente de que ser amada como uma criança não é o mesmo que ser amada pelo parceiro, um marido ou uma esposa. É uma forma de amor diferente, e isto a atormenta. Prossiga, por favor.

T: Creio que me diz que se sente mal quando duas pessoas que quer agradar lhe pedem coisas distintas, sem poder pensar que Montse deve ser cuidada e ir ao Hospital Dia porque não se sente bem.

P: Ontem na assembleia disseram que os medicamentos tranquilizavam, e não é verdade... Veja como tenho uma mente poderosa! O da frente tossiu depois de mim!

T: Vejo que está falando de algo muito poderoso, quando estamos falando de que Montse se sente mal e necessita ser atendida.

Meltzer: Os "projetores" tão poderosos como ela tendem a sentir que qualquer coisa que vai mal a alguma pessoa em quem tenham depositado algo é consequência do que foi projetado. Um paciente assim diria: "Por que se moveu em sua cadeira? Eu não o fiz se mover".

P: Isto é como o psicodrama, sei que se passam coisas, mas depois não se pode retê-las.

Meltzer: Muito trabalho!...

Sessão de 4 de julho

P: O que é este ruído que se ouve? (Assustada.)

T: É o ar-condicionado.

P: Não pude sair da expressão corporal e não pude vê-la.

Meltzer: Imediatamente ela pensa que seu corpo está fazendo algum ruído... Prossiga, por favor.

P: Você gostou do Hospital Dia? Você cortou o cabelo. Não foi possível aguentar! Fica mais fresquinha... eu tampouco pude aguentar. Estamos iguais.

Meltzer: É a angústia constante: que você não pode suportar, não pode aguentá-la, o trabalho com ela. Prossiga, por favor.

T: Parece-me que vem com muita curiosidade e vontade de saber de mim, como se não pudesse aguentar, e que eu tivera a mesma vontade de saber, para não pensar que pode haver diferenças entre você e mim.

Meltzer: Não é tanto que ela queira que você seja a mesma coisa, apenas que é incapaz de compreender como pode ser que outras pessoas sejam diferentes dela. Ainda não vive suficientemente no mundo externo e, todavia, não pode introjetar o suficiente para ter uma experiência substancial de objetos internos, para sentir como é ser uma pessoa feliz e sã: todavia, não pode imaginar. Sente que todo mundo, inclusive os que fazem a risca ao meio, estão vivendo à beira de uma catástrofe. ***Porque fazer a risca ao meio não é o mesmo que ter um verdadeiro esqueleto para sustentar o corpo unido e objetos internos para manter a mente unida. Quando se carece desta organização, só se consegue um arranjo temporal que qualquer coisa pode desfazer.***

T: Esta é sua grande angústia. Isto é, quando sai de férias ou tiramos férias, no Hospital eles têm visto que retorna pior, muito pior, muito mais angustiada, e que ela dizia que "o dr. X, não me lembro"; é como dizer: "Se não o vejo já não está".

Meltzer: Nos pacientes que são frágeis, cheios de uma ansiedade que os desintegra, a medicação que diminui sua ansiedade é de grande ajuda. Mas em pacientes como esta, que são tão explosivos, a medicação às vezes os piora, porque diminui seu controle. Ela é uma dessas pessoas muito fortes. Os materiais com os quais é construída são muito fortes, como o granito, o ferro. Mas é muito explosiva emocionalmente, e a forma que explode é indubitavelmente por meio de suas violentas fantasias masturbatórias.

P: Já me disseram das férias. Não entendo por que me fazem tirar férias desta maneira. Minha mãe disse que deve ser um costume da gente de Barcelona... (Em tom pejorativo.)

Eu tinha férias quando queria, e não isto, os primeiros dias, meias férias, e os outros quinze dias, completa. Isto é como uma lei que vocês impõem! Todo mundo tem direito de tirar férias.

Meltzer: Aqui podemos ver: "Eu faço o que quero". Esta é a substância desta jovem. Seu conceito de mundo é, simplesmente, que certo tipo de pessoas no poder tiraniza os outros, gente má tiraniza as pessoas boas; é necessário matar as pessoas más: "Porque nós amamos a paz". Ela, basicamente, é uma terrorista.

T: Sim. Estava envolvida com um grupo de esquerda, não sei se terrorista, mas quase...

Meltzer: Bem... Prossiga, por favor.

T: Vejo que está expressando o seu descontentamento por não ter podido estar na reunião no Hospital e não saber o que fazíamos e o que falávamos de você... e que é difícil aceitar que há ocasiões em que não pode fazer o que quer, e aceitar que está enferma e que não pode tirar férias como quer.

P: Você está me confundindo, dizendo coisas de que não gosto, é como um ataque, penso que é melhor não sentir, e assim não me afeta.

Ademais, tem gente que tem um mês de férias... necessito banhar-me! Além disso, vou deixar de tomar os comprimidos... acredite, não sabe? O dr. X disse palavrões quando eu disse que ia tirar férias dos comprimidos...

T: Claro, você não quer assumir que necessita de ajuda e tem que tomar os medicamentos e vir às sessões.

P: Pedir ajuda? Como se fosse idiota!

Meltzer: Eu lhe falaria mais em uma linguagem de bebê...

T: É um bebê...

Meltzer: ***Tem que falar em linguagem de bebê. É assim que os bebês se sentem. Isso lhe reassegurará muito mais e lhe consolará mais que qualquer explicação que se possa dar. Simplesmente fazê-la ver que a entende e a aceita como um bebê.***

Ps: Como faria isto de falar como a um bebê?

Meltzer: Por um lado, usando um vocabulário que somente se utiliza com um bebê e, por outro, empregando um tom de voz pertinente. Seria como uma qualidade que no tom corresponderia mais a uma canção; ***algo mais melodioso, mais na forma como falamos com as crianças pequenas, usando um vocabulário do tipo: "Sim... sim... isto é que se passa com você, isto é o que sente". Trata-se de uma qualidade musical especial do tom da voz, do tipo de nanar, canção de ninar.***

Quando se vê que a paciente está como uma criança organizando uma birra, o tom em que fala deve ser um tom natural que empregaria com uma criança: "Sim... sim... está muito zangada com a mamãe porque foi falar com o papai no quarto ao lado". Então ela pode se irritar e chiar: "Está me tratando como se fosse meu pai, me tratando como se eu fosse um bebê". É o momento de dizer: "É que você é meu bebê; você é meu bebê analítico, e a estou tratando de acordo com isto". Vai responder: "Pois eu não gosto".

Ps: E se disser que gosta muito e quer que a trate sempre assim?

Meltzer: Pois, então, faça assim. Neste tipo de paciente se necessita de muito tempo: como ela, que já faz nove anos de tratamento.

Necessita-se de tanto tempo para colocar sob controle um temperamento tão explosivo, porque somente se conseguirá quando realmente houver um objeto interno continente suficientemente firme. Até lá, você deve contê-la, contê-la e contê-la... e lutar e lutar e lutar... por isso é um processo tão longo. Para este tipo de paciente, na minha opinião, é muito mais importante a duração do tratamento do que a frequência das sessões.

Muitos dos pacientes que vemos, que estão vivendo em identificação projetiva com objetos relativamente sãos e que apresentam transtornos de caráter do tipo da pseudomaturidade, quando saem deste estado de identificação projetiva fazem progressos muito rápidos. Ou bem se trata de profissionais, homens de negócios ou de outras ocupações, cuja vida parece bastante ordenada, e a única área que está alterada é a das suas relações íntimas. Estas pessoas progridem com muita rapidez. No entanto, pacientes como esta, que é uma borderline *psicótica, que se acha em constante perigo, no fio da navalha, de cair na esquizofrenia, na paranoia ou no que seja... este tipo de paciente está destinado a necessitar de muito tempo e tratamento. Não sei até que ponto chegava o grau de perturbação do avô. Com qual idade morreu? Estava senil?*

T: Senil, não, porque todos são muito jovens e tiveram filhos muito jovens.

Meltzer: Provavelmente o avô também era um pouco psicótico. Seu pai também parece um tanto "maluco", com todas estas ideias sobre a "força de vontade". De todo modo, o mais notável dela seria a violência do seu caráter, porque sua enfermidade parece que emergiu depois do nascimento do seu irmão, quando tinha 7 anos. Antes não se havia observado nada estranho. ***Creio, portanto, que é uma paciente cuja enfermidade se fundamenta primariamente na violência de seu caráter. É um caráter muito violento, unido a uma grande inteligência e a uma mentalidade muito imaginativa.***

Vai necessitar de muito tempo, e não resulta nada estranho ter tido que entrar e sair dos hospitais repetidamente para que fosse possível contê-la. Prossiga, por favor.

T: Você e eu sabemos que pedir ajuda não tem nada a ver com ser idiota... Mas, sim, tem a ver com uma parte sua que não quer ver-se como uma pessoa necessitada.

P: Todo mundo é um fresco... Deixam-na...

T: Antes me havia dito que eu havia cortado o cabelo e estava muito fresquinha... Parece-me que se sente mal quando pensa que eu estarei em férias e você não terá sessões durante umas semanas, que sou uma fresca ao sair de férias.

P: Nunca pedirei ajuda! Quando era pequena já era adulta, adulta... adúltera... O que quer dizer isto? Sou uma adúltera!... Disse-lhe, é uma manifestação... Sim... Já me lembro, disse: "Eu também sou uma adúltera!". Creio que tem a ver com algo de sexo.

Também vi em um livro... Levávamos escrito em um cartaz...

Meltzer: O que quer dizer que você é uma adúltera.

T: Sim, agora penso que sim, creio que sim.

Meltzer: A anedota aqui seria: "Oxalá pudessem as crianças gozar do prazer de serem crianças, como os adultos do prazer de serem adultos". Prossiga, por favor.

T: Você mudou de tema, falava de ser adulta e terminou falando de ser adúltera... creio que às vezes não é fiel ao que lhe dizem... Dizem que tem que fazer umas férias curtas para seu bem e trocar por outras coisas... Uma injustiça que lhe fazem.

P: **Sim, tem algo mau dentro de mim, que me diz para passar Vick Vaporub nos olhos ou que me espete facas... eu quero ser poderosa e não sofrer... ontem estava chorando o dia todo... não sei por que chorava... eu não me entendo com os outros... vou partir... para sair desta vida tem que desejar muito e depois ir...**

T: Parece que não se entende com os outros e por isso está triste.

P: O dr. X me censura, me disse que tinha que ser adulta, mas todos a abandonam.

Meltzer: É ***interessante observar o aspecto de automutilação nesta paciente, porque é como na hipocondria, em que a confusão de identidade é a principal causa pela qual o paciente não pode estabelecer diferenças entre o*** **self** ***e o objeto, quando se fala em estado de identificação projetiva;*** *em consequência, emerge o suicídio depressivo, e os ataques a si mesmo são, em realidade, ataques ao objeto. Culpa você por olhar o pênis do papai e avança em seu interior para assassinar os seus bebês. É muito importante interpretar como ataca você, e muito especialmente no que se refere à sua sexualidade e pelo fato de ter bebês.*

O outro assunto de interesse com este tipo de pacientes que realiza mutilações, ou que potencialmente pode atacar a si mesmo, é deixar bem claro que ela está atacando o seu bebê analítico: este é outro aspecto do seu terrorismo, por meio da captura de reféns. Mantém-se a si mesma como um refém (bebê analítico) com a finalidade de tentar controlá-la. A interpretação que mantém refém pode ser muito efetiva em pacientes que o ameaçam ao ameaçarem-se a si mesmos, porque todo mundo sabe que ter reféns é algo decididamente covarde.

Sabem que não a afetariam se não tivesse afeto por eles. Por isso, se aproveitam do fato de ter afeto por eles. Prossiga, por favor.

P: Eu tento ser adulta, beber *whisky*, perguntar coisas que parecem ser interessantes..., mas o dr. X me diz: "Chatice! Ser adulta!".

T: Não se trata de copiar e imitar, mas de uma mudança dentro de você.

Meltzer: Isto é importante. Este tipo de paciente que se encontra em identificação projetiva não faz uma cópia, não é como as pessoas adesivas que copiam o comportamento dos outros. Na realidade, quando se comportam de acordo com uma parte de sua identificação com figuras adultas, sentem que copiam porque são fraudulentos. Isto é algo diferente de copiar. ***O paciente que está em identificação projetiva se identifica com o estado mental da outra pessoa, enquanto o paciente de personalidade adesiva se identifica com a aparência externa e o comportamento da outra pessoa.*** *Por exemplo, quando se está entrevistando uma pessoa bidimensional e lhe ocorre de cruzar as pernas, ela também cruzará as pernas; se você abre os olhos, ela também abrirá. Imita-a automaticamente. Nesta paciente, isto que é sentido como uma cópia na realidade tem o sentido de fraude.*

P: Agora já faço a comida para Manuel... Sinto-me responsável por todos os acidentes... De que falavam o dr. X e você?

T: De como você está...

P: Foi como fazer-me uma radiografia? De como estava por dentro? Matilde me disse que pediu alta médica... e me disse:

"Quando falar com o médico não diga besteiras. Você sabe a que me refiro".

O que são besteiras?... Procuro não chorar... Embora tenha vontade... (Atira uma almofada no chão.)

Quando sair daqui terei um filho!... Cinquenta!

Sou tão poderosa! Veja! Outro dia fui pegar um trem, e o trem não vinha, então perguntei a um empregado: "Por que o trem não vem?".

E ele me disse: "Ah, a Renfe!",[13] e logo na plataforma perguntei a outro: "Por que o trem não vem"?". E me disse: "Ah, a Renfe!".

Veja, disseram a mesma coisa, porque eu sou poderosa e fui eu que fiz eles dizerem: o poder da minha mente.

T: Acho que fica triste quando não entende o que lhe dizem, e furiosa porque a incomoda aceitar que tem coisas que não sabe.

Meltzer: ***Ela se sente furiosa ao ser este bebê desprotegido que não pode fazer nada por si mesma e que tem que esperar que chegue o trem. Quando faz uma birra e atira a almofada no chão, realmente é um bebê. E nesse caso é fácil falar-lhe como se fosse um bebê. Prossiga, por favor.***

T: Depois disto me explica que é poderosa em relação à Renfe, acho que é uma tentativa de não sentir dor por aquilo que não entende.

13 Renfe: sigla da Companhia Nacional de Transportes Ferroviários na Espanha.

P: E se quando vier a duas sessões, não souber o que dizer e ficar nervosa?

T: Já é a hora.

Meltzer: A última queixa é que ela só tem duas sessões na semana e, no entanto, seus filhos a têm sempre.

É uma apresentação muito bonita: trata-se de um caso muito instrutivo. Também costumamos ver pacientes como esta, que vivem em identificação projetiva e, não obstante, têm um temperamento razoável, podendo parecer como muito bem-sucedidos e bem adaptados, e que somente sofrem, mais ou menos secretamente, por seus sentimentos de fraudulência, os quais os levam finalmente à análise.

Numa paciente como esta, com um caráter tão violento, em que sua identificação é sentida com grandiosidade – com um sentimento de poder, com o desejo de fazer tudo com o uso da força, fabricando o mundo ao seu gosto e resistindo a toda tentativa de controle –, caberia esperar que a sexualidade fosse sadomasoquista e perversa.

O compartimento do objeto que estes pacientes estão habitando é mais como estar no reto, encontram-se num lugar horrível, em uma câmara de torturas, num campo de concentração etc., onde a perseguição é espantosa; é mais terrível que estar nos genitais ou no peito. *Encontram-se ameaçados pelo risco de se tornarem paranoicos, que a perseguição passe a se organizar em paranoia ou que a situação dê uma reviravolta e passem a ser invadidos pela identificação projetiva de qualquer pessoa e desenvolvam, assim, delírios demoníacos, de possessão demoníaca. Em cada uma dessas posições, tanto a organização paranoica como a possessão demoníaca estão em perigo de serem atraídos em direção ao* *interior do sistema delirante.* ***Por isto é um bom sinal, nesta paciente, o aparecimento do fragmento do material no qual ela toma banho e se converte em uma criança, em vez de fugir para o interior do sistema delirante.*** *É provável que todo mundo tenha um sistema delirante no fundo de sua mente.*

É certo que muitas enfermidades esquizofrênicas parecem começar de forma insidiosa. Esta situação pode levar a um equívoco em razão do insidioso do material delirante que aparece... Na verdade, pode-se cometer equívocos neste sentido. ***No entanto, para muitos esquizofrênicos o princípio da enfermidade é muito explosivo: um dia acordam e já se encontram dentro de um sistema delirante.*** *Como o caso de Schreber, vem precedido de umas enfermidades "premonitórias", como também acontece com esta jovem.* ***São muito parecidas as enfermidades "premonitórias" desta jovem e as de Schreber.*** *Por exemplo, me faz pensar quando Schreber estava paranoico em relação a seu médico, quando acreditava que sua mulher tinha um amante... O que ela disse sobre o adultério é importante, porque para este tipo de paciente o fato de sua mamãe e papai conversarem não pode ser diferenciado de que mamãe e papai estão tendo relações sexuais. Então, quando você fala com o médico, ela não pode estabelecer a diferença entre falar e realizar o coito com ele.*

Quando se tem uma avaliação deste tipo de paciente há de se ter em mente duas coisas: uma é a constante oscilação dentro e fora da identificação projetiva nos distintos estados da mente; *e a outra, distinguir entre os processos de dissociação, nos quais uma parte da personalidade se mostrará num momento, logo retrocederá e em seu lugar se mostrará outra parte. Apesar de ela falar de si mesma como se estivesse muito dissociada, no material, na realidade, pouco se vê acerca desses processos; vê-se melhor esta oscilação de dentro/fora da identificação projetiva. Há momentos em que* *passa isto, momentos nos quais, por exemplo, pode se sentir triste, ou pode se sentir sozinha, e então volta outra vez na identificação projetiva. Até aqui se encontra em um estado muito pouco estável. Também é muito perigoso, porque está num bom momento contigo, o qual a leva a sentir-se muito mais sozinha quando não a tem.* ***E nesses momentos, quando se sente muito sozinha, vem aquele "homem bom" e lhe diz que ponha a mão no ferro de passar roupa ou dentro da máquina de lavar.... e isso é muito perigoso.***

Aqui, a linha de separação entre a posição esquizoparanoide e a depressiva está muito nebulosa. Quando se sente sozinha pode passar rapidamente a se sentir culpada e buscar o castigo. Quando ocorre isto, quando tem uns desejos enormes de se castigar de uma forma tão masoquista, e além disso se dá a confusão de identidade, essas duas coisas juntas podem conduzir em direção à possibilidade de uma mutilação, uma automutilação realmente bastante destrutiva. Uma das formas pelas quais se pode reduzir o perigo da mutilação durante o tempo em que ela não está com você é incrementando a responsabilidade da paciente nos momentos em que está com você. É preciso tentar conectar-se com a parte adulta de sua personalidade para que possa assumir responsabilidades quando não está na sessão. Os pacientes se assustam quando veem que os terapeutas levam a sério estas ameaças de suicídio ou automutilação. No entanto, esta posição do terapeuta também lhes chega a reassegurar muito. É como se perguntassem: "Realmente acha que estou tão mal?". E você responder: "Sim".

É algo parecido com o que acontecia com a paciente sobre a qual eu falava antes, que necessitava ser, como ela dizia, "especial", com toda a dedicação exclusiva para ela: "Necessito?", "Sim, necessita". E era assim porque estava suficientemente doente para precisar. No dia seguinte ao que me referi, veio com um sonho na qual suas pernas estavam muito, muito inchadas; eu lhe disse: "Parece uma gravidez ectópica"...

Perguntas, comentários...

Ps: Eu me perguntava, face a dar-lhe um tratamento de bebê por uma parte e reforçar a parte adulta por outra, como se combina uma coisa com a outra?

Meltzer: Pode-se fazer a interpretação duas vezes: uma vez em linguagem de bebê e outra vez tentando atingir a parte adulta da personalidade. Quanto à ordem, não sei ao certo qual é melhor, mas eu prefiro fazer primeiro a interpretação de bebê e logo falar ao adulto acerca deste bebê. Não se trata somente de repetir o que se havia dito antes de uma forma mais adulta, mas sim de tentar conectar a interpretação com o material.

Ps: Qual é a opinião do dr. Meltzer sobre tratar este caso sem medicação?

Meltzer: Penso que todos os pacientes têm família, e a família também tem muita responsabilidade para com o paciente. Se a família considera que ela necessita de outra coisa, tampouco se pode interferir na decisão. E isto ocorre assim porque a família pode se sentir incapaz de manejar a paciente sem que esta receba algum tipo de medicação. Neste caso, eu não interferiria nisto. Não beneficiaria o terapeuta e nem aliviaria a responsabilidade que o terapeuta está carregando. Neste tipo de pacientes ocorre com frequência que não têm família, não têm ninguém, porque cortaram relações com a família; não têm amigos, não têm marido, não têm nada e vêm sozinhos ao tratamento. Este tipo de paciente vem a ser igual ao outro quanto à preocupação que se pode sentir a respeito dele, quanto ao sentido de responsabilidade. Quando há uma família e insistem em outro tipo de tratamento, isto nem ajuda nem interfere no tratamento que eu posso fazer com ele.

Quando há uma família, num tipo de paciente tão enfermo como esta, e ela, por exemplo, vem e diz que a família está contra o tratamento, que se opõe ao tratamento porque está com dificuldades financeiras ou porque está pior etc., realmente não há que lhe conceder muita credibilidade, porque provavelmente ela estimulou, de uma forma ou outra, este tipo de sentimento por parte da família. Então não tem que se preocupar muito com a sensação de estar tendo inimigos lá fora, porque isto é sobretudo um assunto da paciente. Isto costuma ser visto muito com as crianças que, por exemplo, dizem aos seus pais que não gostam de ir ao tratamento, que é chato, que é muito tedioso, que o terapeuta é tonto etc.; no entanto, quando chegam à terapia se mostram muito contentes e ficam muito bem. Na realidade, o que acontece é que constroem esta estória como uma tentativa de aplacar o ciúme da mãe. Pela mesma razão, com uma paciente deste estilo, caberia pensar se não se trataria de um modo de aplacar o ciúme dos pais, do marido etc.

Ps: Eu queria comentar algo a respeito das fantasias masturbatórias, porque o dr. Meltzer disse que estas estão na diferenciação entre os estados borderline, psicóticos, da mente e a pseudomaturidade. Queria perguntar, a esse respeito, se há algum tipo de diferença quanto ao conteúdo ou ao manejo que faz o paciente das fantasias masturbatórias.

Meltzer: Em um caso assim, no qual há um "homem bom" que a está incitando a colocar a mão na máquina de lavar, se pode pensar que as fantasias masturbatórias são anais, que as diferenças entre ânus e vagina são tão nebulosas que realmente parecem a mesma coisa. Sempre vem a ter um significado de masturbação anal. No entanto, a violência vinha, pelo contrário, de uma masturbação clitoridiana masculina. Mas pode-se ter a certeza de que um tipo de paciente assim, tão doente como ela, é uma masturbadora crônica; e também se pode pensar que não vai assumir nada de tudo isso até ao fim de alguns anos de tratamento.

Ps: Penso se pode haver algum tipo de relação entre a identificação projetiva muito forte e a identificação adesiva, ou não. Porque nesta paciente me parecia que a identificação projetiva dominava bastante, mesmo quando em certos momentos ficava muito adesiva. Então não sei se pode haver algum tipo de relação entre uma e outra.

Meltzer: Eu estava esperando ver, talvez, alguns exemplos desta identificação adesiva, mas não os encontrei. Você tem em mente algo específico a respeito do material que temos visto?

Ps: Não, não. Talvez pelo modo como a terapeuta às vezes a descrevia. Penso que a conhece muito bem, depois de tantos anos, e que talvez aprendesse pelas formas, ou que imitava, e que em algum momento parecia, sim, dar-se esse aspecto.

Meltzer: As duas psicopatologias são diferentes. A melhor descrição que se tem feito para compreender a identificação adesiva é a da Esther Bick, quando ela fala da pele como continente. Uma característica deste tipo de pacientes é que "se espalham", ali por onde o continente se rompe. Quando ela começou a falar que chorava, comecei a pensar: "Talvez aqui". Isto pode ser visto também, por exemplo, naqueles pacientes que vomitam ou que caem, ou que têm menstruações muito copiosas, ou que colapsam psicologicamente e caem de cama, ficando lá durante muitas semanas. Um dos aspectos mais característicos deste tipo de paciente é o sentimento de que não têm lugar, de que são pessoas sem lugar. Vão por aí se enganchando a pessoas, instituições, ideologias etc., com a finalidade de encontrar sua identidade.

Aqui, neste caso, não há sonhos, e então é muito difícil saber o que se passa com seus objetos internos. Pode-se analisar na transferência com o analista o que se passa com os objetos externos, mas sem os sonhos é muito difícil saber o que se passa com os objetos internos. Isto é muito importante.

T: Teve um sonho em que sua mãe ia ter uma criança e ela não podia chegar à clínica; tinha muitas dificuldades e a criança que saía era deformada; sua mãe, assim, tendo uma criança deformada, não a queria. Este é um dos últimos sonhos. Nela são repetitivos os sonhos em que lhe acontecem coisas e não pode chegar à sessão. Sempre está sofrendo, como se pudesse acontecer algo que lhe impedisse de vir.

Meltzer: Este tipo de paciente tem uma parte interna, um núcleo, no qual há muito segredo, e sem os sonhos vai ser muito difícil que ela chegue a revelar estes segredos. Dificilmente vai aparecer pelo simples fato de nomeá-los. O que aparece, sim, são as práticas masturbatórias perversas.

Comentários posteriores

Depois desta apresentação do caso, segui as sugestões que Meltzer formulou. Foi possível detectar mudanças, que mencionarei brevemente.

Seu sentimento de responsabilidade com respeito aos ataques que realiza contra si mesma tem se incrementado. Não tem realizado novas tentativas de suicídio. Tem havido, sim, autolesões, que até o momento não têm representado risco sério para a sua vida. Ela produz queimaduras em seu braço para "castigar-se", mas o confessa quase no momento de fazê-lo.

Descrever como ela vive na identificação projetiva lhe produziu um grande impacto. No dia seguinte trouxe um desenho em que ela e eu estávamos separadas por uma linha horizontal. No meu espaço, o superior, estava eu sentada, havia vida, sol, flores, pássaros em liberdade, coloridos em amarelo, verde, laranja. Em seu espaço, estava ela com os braços levantados, a cabeça com duas bocas, três olhos e vários ovais em forma de cara, mergulhada em uma noite de lua e com um mundo de alucinações (três figuras fantasmagóricas saíam de uma porta fechada), as cores eram mais escuras. Entre a parte superior e a inferior havia uma escada que comunicava seu mundo e o meu. Quando se sentia muito perseguida pelas alucinações, me dizia: "Mas você me espera fora, não é verdade?".

Quando segui a sugestão de Meltzer de explicar-lhe que eu era sua mamãe-terapeuta e ela minha criança-paciente, Montse pôde expor mais claramente seus medos; pôde, também, mostrar suas emoções. Fora do tratamento, a relação com sua mãe e com seu marido tornou-se muito infantil e afetuosa. A partir desses momentos iniciou uma etapa em que suas capacidades criativas foram encontrando expressão. Nas sessões costuma recitar poesias, que estão conectadas com o que está falando. Começou também a ler contos e, posteriormente, a escrevê-los. Teríamos gostado de publicar aqui alguns deles, porque são muito demonstrativos do seu estado mental, mas não nos parece oportuno por ser uma pessoa que ainda está em tratamento.

9. Felipe: Semana analítica no umbral da posição depressiva

T: A apresentação deste caso se deu em razão de umas Jornadas Internas que fizemos sobre a identificação projetiva. Fiz referência ao caso quando comentamos o material clínico que havia sido apresentado, e os colegas sugeriram que eu o trouxesse a este Seminário porque o consideravam interessante para desenvolver melhor o conceito. Trouxe as anotações da primeira entrevista, uma semana de tratamento (três sessões) e a sessão de ontem, em que surgiu um sonho que achei interessante e ilustrativo.

Anotações da primeira entrevista

T: Quando fiz a primeira entrevista, Filipe tinha ao redor de 30 anos. Havia consultado um psicanalista que o enviou para mim.

P: Você é argentino? Eu queria um catalão, para me integrar. X me disse que o que eu queria era integrar minha cabeça. Emigrei de meu país há muitos anos, estive na Venezuela e na Califórnia, até que cheguei aqui... Mas desconfio da psicologia argentina. (Depois disto fez algumas referências a outras tentativas de receber ajuda terapêutica em seu país que acabaram sendo interrompidas.)

Meltzer: A Argentina não é o país dele?

T: Não. É chileno.

T: Sua primeira consulta, durante sua adolescência, aconteceu porque havia muito tempo que estava trancado na sua casa com um poncho e um gorro (que era do seu avô, fato do qual tive conhecimento anos depois)...

Meltzer: Que tipo de gorro?

T: Era um gorro de lã, bastante apertado. E ficava lendo literatura e livros pornográficos para masturbar-se; mas fazia isto com as coxas, não com as mãos. Foi encaminhado para um analista para tratamento, não falava com o analista, mas desenhava... esta análise foi interrompida devido a atuações do paciente. Mais tarde houve outra tentativa de análise, porém fracassou. Ele tem três irmãos menores que vivem na mesma cidade que seus pais. Contou que descobriu sua origem judia na puberdade, apesar de sua mãe nunca haver negado; não obstante, colaborou com organizações antijudias. Com sua esposa se dava bem; tem com ela escassas relações sexuais. Com sua filha Lucia, para quem lê histórias, se dá bem. Costuma ter conflitos com a sogra, que passa temporadas com eles; o sogro fica sempre no Chile, nunca deixa sua terra. Vive na periferia da cidade e trabalha como vendedor, viajando e oferecendo produtos de limpeza para casa.

T: Passaram-se doze anos, e agora alcançou uma situação econômica e social satisfatória.

Meltzer: Na mesma empresa?

T: Não. Conseguiu mudar entrando em outra por concurso. Atualmente [na data da apresentação], tem três filhos. O casal esteve a ponto de separar-se, mas agora se estabilizaram. Foram interrompidas as atuações de promiscuidade sádica em que se alimentavam os ciúmes e que foram muito dolorosas para ambos. Em seu trabalho, atingiu colocações de grande responsabilidade, apesar de persistirem suas dificuldades para estudar (quer, mas não pode).

T: Destaco a promiscuidade sádica pelo elemento sádico. Por exemplo, seduzira uma mulher (o que implicava para ela a ruptura de uma significativa relação) com uma secreta e excitante fantasia de submetê-la ou possuí-la; ou agrediria fisicamente uma outra mulher.

Ps: Isso é uma fantasia ou realidade?

T: É realidade.

Meltzer: Mas até onde se pode chegar a saber. É assim que ele relata... Continue, por favor.

T: A família cultiva medicinas alternativas: homeopatia, vegetarianismo, acupuntura etc. Algumas vezes faz ioga.

Meltzer: É hipocondríaco?

T: Sim, teve uma úlcera e problemas com seus ossos. Utiliza um estranho equipamento onde fica pendurado de cabeça para baixo.

Meltzer: Por que quer fazer um estiramento ou algo assim?

T: Porque se sente tenso e rígido. Há um toque de rigidez em todos os seus movimentos.

Meltzer: Como é fisicamente?

T: Estatura média; bem apessoado, moreno, com olhos vivos, castanhos e marcados com espessas sobrancelhas negras. Tem aparência muito agradável, apesar de sempre apresentar uma certa rigidez, como se fosse um robô. Preferi apresentá-lo assim porque acreditei que era melhor trazer as notas da primeira entrevista antes de fazer um relato, tendo já se passado doze anos de tratamento.

Meltzer: Doze anos de sua vida! Doze anos da vida dele!

Esse tipo de masturbação é como uma perversão. Como uma identificação projetiva com o peito. No que diz respeito ao gorro e ao poncho, surge uma confusão bastante séria entre o mamilo e o pênis. Tenho a impressão de que sua orientação sexual é primordialmente feminina. Sua crueldade com as mulheres, esse sadomasoquismo com elas, seria provavelmente uma manifestação de sua inveja das mulheres. Dá uma impressão de que toda sua família é meio maluca, louca. O que ele quer dizer quando fala que tem dificuldades para estudar? Porque na verdade ele é um homem que progrediu no seu trabalho.

T: Conhece outras línguas, (viveu na Califórnia, aprendeu inglês), mas não conseguiu aprender outras coisas relacionadas com seu trabalho, por exemplo, contabilidade ou como usar um computador. São coisas básicas e que lhe fazem falta.

Meltzer: Matemática, talvez, já que estas são matemáticas...

T: Bom, tentou aprender matemática, mas não consegue e abandona. Sempre tem a sensação de cansaço e sempre teme que se perder seu trabalho não terá conhecimentos suficientes para competir em um outro lugar, porque não aprende, não sabe...

Meltzer: Estudou algo? Foi à universidade?

T: Não completou os estudos médios. A empresa possibilita cursos de capacitação que ele converte geralmente em viagens turísticas, pois alguns destes cursos são fora de Barcelona e da Espanha; em geral, não consegue completar os seminários nos quais se inscreve.

T: Não. O que tem é uma capacidade de ser um funcionário que está sempre pronto.

Meltzer: Então o que é, é um vendedor?

T: Sim. Está no departamento comercial de uma empresa.

Meltzer: Conversa bem?

T: Sim. Acontece que é inteligente: tem capacidade de criar novos produtos para vender, e suas propostas costumam ser aceitas pela empresa.

Meltzer: Pergunto-me se não seria um adesivo bidimensional. Todas essas migrações, o trabalho que lhe permite emigrar e viajar... Questiono-me se não se trata essencialmente de uma pessoa que não tem um lugar. Esta é a minha hipótese, a que vou pensando. Vejamos agora o material.

T: Comprou uma casa em uma zona elegante e central da cidade.

Meltzer: Aí, sim. Aqui há algo de uma pseudomaturidade; é o elemento de fraude, mas também há algo de psicopático. Por que continua vindo à terapia?

T: Continua vindo porque diz – talvez pelo aspecto adesivo – que graças a este tratamento não se tornou psicótico, nem perdeu sua família, nem perdeu seu trabalho.

Meltzer: Por quê? O que o tratamento fez por ele? É você o lugar dele?

T: Parece-me que eu sou sua cabeça.

Meltzer: É uma história muito ambígua para que possamos fazer o diagnóstico aqui, em uma caracterização. Vamos ver o material.

T: Tem sessões às segundas, quartas e sextas.

Primeira sessão da semana: segunda-feira

P: (Chega pontualmente e permanece cinco minutos em silêncio.) Pergunto-me o que estou fazendo aqui, na sessão. Estou com a cabeça cheia de coisas do trabalho. (Observo que durante todo esse tempo está muito aborrecido.) Hoje cedo escrevi uma carta para a empresa Z [uma multinacional química] propondo um negócio. Meu chefe aprovou, da mesma maneira que o chefe da oficina central; mas o advogado da empresa não estava de acordo. Então, suprimi um parágrafo e entreguei assim mesmo.

T: Aqui o que o paciente faz é uma "maldade", porque não reconsidera o que o advogado está dizendo; simplesmente se aborrece, retira uma pequena parte do que escreveu, mas não reconsidera o que o advogado está dizendo.

P: A responsável pela área comercial da empresa me disse que prefere a outra (carta) em vez da nossa. Discuti com o advogado: se acham que tudo o que eu faço está errado, que me mandem embora. Deveria ter sido frio como M. (Essa fala dura cerca de dez minutos.)

Meltzer: Na verdade, vomitou.

P: Por que será que estou contando tudo isto aqui? É como se estivesse enchendo a sua cabeça.

T: Você estava se perguntando o que estava fazendo aqui, como se tivesse a sensação de estar na empresa, como se estivesse metido naquele mundo, perdido de si mesmo. Você está tão lá que não pode estar com você mesmo.

Meltzer: Quando foi que isto se passou? Foi no mesmo dia? No dia em que veio à consulta?

T: Sim.

Meltzer: Tudo se passou no mesmo dia...

T: Sim, vem direto do trabalho. Esta sessão foi à tarde.

Meltzer: Parece que quando termina o fim de semana já perdeu o controle e se comporta de uma maneira que põe em risco o seu trabalho, se põe em perigo. Depois ele vem e vomita ali, na sessão, na sua cabeça, dentro da sua cabeça.

T: Algumas vezes temi que pudesse colocar seu trabalho em risco.

P: Sou como minha mãe, gorda e desmedida, é assim que eu a imagino. Quando me ponho a trabalhar sou como um touro.

Meltzer: Isto é um grande contraste: em um momento age como sua mãe, logo em seguida age como um touro. Ele se identifica com um coito muito violento: uma mãe que é exagerada e um pai que é como um touro. Aqui há um coito muito violento. Prossiga, por favor.

P: Eu meto a cabeça e aí: adiante! A minha mãe, quando se põe a limpar a casa, limpa tudo até ficar esgotada, resfolegando.

Meltzer: Não nos surpreende o fato de que este touro está resfolegando, pisoteando e ejaculando por todo lado, que a mãe tenha que limpar tudo. Aqui temos a imagem de um tipo de coito. Prossiga por favor.

T: Você será como a mamãe, como a Empresa... (Isto corresponde a uma ideia com a qual trabalhamos muito, a fantasia de que ele é a Empresa, e, portanto, dispõe das coisas dela que estão diante de seus olhos.) Mas depois aparece o advogado que tira você dessa fantasia.

Meltzer: E o Comitê também recusa a sua proposta...

P: Passei todo o fim de semana com medo de ter feito papel de bobo, que era um touro que se intrometia em tudo, interrompia seu chefe, e que por fim, foi afastado, mandado para o cemitério dos elefantes; e o que mais me deixa com raiva é que puseram no seu lugar uns funcionários incompetentes, que não são ninguém, e uma mulher.

Meltzer: Tiram o touro e o substituem, e afinal é a mulher que controla tudo. A mulher, a que tudo limpa, é que acaba controlando tudo. Prossiga por favor.

T: Talvez você acreditasse que estava sozinho com a mamãe; mas veio o papai e nasceu uma irmãzinha que o afastou.

Meltzer: Não é bem que pensasse que estava só com a mamãe, mas, sim, que pensava que era a mamãe e o papai, mamãe e papai fazendo um bebê; e então eles vieram e disseram: "Que merda é essa?! Não é assim!". Ele pensava que a única coisa que precisava fazer era friccionar os músculos e que fazendo assim viria um bebê. É um paciente que não está no nível de uma relação de objeto total. O comum é que a masturbação bissexual corrente seja feita com as duas mãos: uma mão nos genitais e outra no ânus, representando ambos, o homem e a mulher no coito. Uma alternativa para as crianças é colocar seu pênis entre os músculos e friccioná-lo, juntando os músculos. Aqui também teríamos a representação da união do homem com a mulher, a mulher os músculos, e o homem o pênis. Estou pensando no gorro e no poncho, creio que tudo se encontra em um nível de objeto parcial. A intenção não é tanto a de produzir o bebê, mas a de poder converter-se no peito que está alimentando o bebê. Suspeito que o fundamental aqui é converter-se no essencial, no indispensável. Vamos ver se essa hipótese se confirma com o material. Prossiga por favor.

P: E assim eu a fiz pagar! Que maneira de torturá-la!

Meltzer: A quem se refere aqui?

T: À relação hostil com a irmã.

Meltzer: Quando diz que o fez pagar, a quem se refere? à mãe ou à irmã?

T: À irmã.

Meltzer: E também à mãe... por meio do ataque à sua irmã, também estava atacando ou torturando sua mãe.

T: De fato, o ataque à mãe também está presente quando a trata como gorda-louca.

P: Hoje, quando saí do trabalho, passei pelo parque e lá estavam minha mulher e meus filhos maiores, que já haviam terminado suas aulas. Sentia-me tão mal que lhes contei tudo: que iam me despedir do trabalho... etc.

T: Toda uma grande descarga.

P: Lucia, que é insegura, se angustiou e me disse: "Bem, não vai ser para tanto".

T: Você estava falando sobre maltratar sua irmã e em seguida menciona como Lucia se angustiou, como se ambas fossem equivalentes.

Meltzer: eu teria recorrido ao fato de não poder esperar outra sessão para vomitar, para livrar-se de tudo isso. Não se tratava tanto de um ataque à sua mulher e à sua mãe, mas, sim, de que não podia reter tudo isso dentro. Prossiga, por favor.

P: Com o menino, sim, me sinto pai; mas com Lucia, não; principalmente agora que terminou os estudos. Eu acabo com ela. Ontem fez um creme catalão, é muito obsessiva, e eu com uma faca suja de outra sobremesa, eu quis prová-lo. Disse que não, que não misturasse; fiquei irritado e lhe disse que era uma histérica, uma maníaca etc. (Disse isso em tom exaltado.) Ela me disse que talvez seja mesmo, mas que ainda assim merece respeito.

Meltzer: Ali também não pode esperar, queria o creme. Temos aqui duas situações nas quais ele não pode se controlar: primeiro na evacuação e em segundo lugar na sua avidez pelo creme.

T: Creio que essa é a função que tenho na sua terapia: recolher a descarga de angústia: assim vai se estabilizando e pode continuar funcionando.

Meltzer: Tem mais. Não pode esperar o alimento nem a evacuação; não pode esperar as duas coisas. São relações de objeto parcial com a mãe que o alimenta e o ensina a ser limpo. Ele a representa como um bom objeto parcial que recebe não só suas evacuações de pequeno touro, mas também as de touro grande. A representação parcial do genital masculino é a de um objeto incontinente parcial; aqui o que se vê é a representação do órgão masculino como um órgão incontinente. Algumas vezes há pouca diferenciação, por exemplo, entre língua-pênis, pênis-excrementos, incontinente, enfim. Em contrapartida, é a mulher que organiza, a que trabalha, a que limpa. Aqui temos uma inveja muito primitiva da mãe, que tem uma capacidade de receber a sujeira e de alimentar com coisas boas. Trata-se de uma masculinidade primitiva muito confusa.

T: Como anedota da família, o pai ou é muito parecido com ele: telefona-lhe para falar de suas angústias, ou bem lhe escreve, reclama durante horas de conversação pessoal.

Meltzer: Quando em um paciente se encontram tantos traços de objetos parciais primitivos, vê-se que a qualidade real dos pais é irrelevante. Aqui o que realmente importa são as projeções do paciente. Temos neste caso a ideia de um menino que foi bem cuidado na sua infância, foi alimentado, limpo, mas com uma inveja muito grande da mãe, que podia se organizar, que podia alimentá-lo e podia limpar todas as cacas que o menino fazia. Muitas vezes isso nos faz supor uma mãe que é eficiente, mas que talvez não pense ou não sinta muito; trata-se de uma situação que não permite muito que as ansiedades primitivas e a sexualidade primitiva se convertam em emoções mais evoluídas, e que os prazeres sejam os de uma boa evacuação ou de uma boa alimentação, de uma boa mamada; costuma acontecer que esses prazeres sensuais e essas ansiedades primitivas não sejam moduladas; uma mãe muito prática, muito organizadora, muito eficiente, mas com pouca emoção, com pouco pensar em seu filho, com pouca rêverie. *Prossiga, por favor.*

T: Você estava falando sobre misturar as sobremesas, do creme, em como não estava claro para você, era como se Lucia fosse sua irmã e não sua filha.

P: Quando tive aquela crise com minha mulher, eu me sentia como se eu fosse um filho dela. Mas eu massacrei as minhas irmãs, principalmente as duas que vêm depois de mim, mas elas, as burras, fizeram carreiras universitárias, e eu, em compensação, o belo de Mapocho, o esperto, nada. (Silêncio.)

Meltzer: Aqui ele está dizendo: "E essas criaturas que não têm pênis são capazes de ir à Universidade, enquanto eu, que tenho um órgão esplêndido, não pude aprender, não pude pensar". Está muito confuso, perplexo, com tudo isto.

Ps: Gostaria de lhe perguntar se essa dificuldade para estudar poderia ter sido fomentada por uma inveja muito primitiva da mãe e pela própria dificuldade dela (mãe?) para pensar.

Meltzer: Provavelmente tem esse tipo de mentalidade que procura resolver determinadas situações mediante truques: é capaz de organizar as coisas, mas por meio de truques. Isso não é pensar realmente sobre as coisas. É algo semelhante a quando se diz que alguém é esperto, mas não inteligente. Ele tem um bom computador na cabeça, mas não pode realmente pensar sobre as coisas. O que você interpretou para ele, aquilo para o que você chamou a sua atenção, é sua confusão. E ele capta. Está tão confuso, tão perplexo, que não entende o que se passa no mundo. Prossiga, por favor.

P: Estou surpreendido com o que cheguei a falar hoje. "Amanhã vou a Paris, não sei se ao meio-dia ou à tarde. Vou ter que dormir lá porque na quarta quero estar bem cedo em Créteil. Talvez convide para jantar duas amigas; ambas são ex-mulheres de um antigo companheiro de trabalho".

Meltzer: Agora começo a ouvir o seu desejo de que ele seja o que alimenta. "Oh! Fiquei muito surpreso com o quanto eu as alimentei hoje". Não lhe importa com o que as alimentou. Mas diz: "Ah, eu preenchi a sua cabeça hoje! Agora vou preencher a cabeça das minhas amigas, alimentar minhas amigas. Não são suas amigas, são ex-mulheres de um companheiro, e ele tem duas irmãs... ouve-se em tudo isso que ele quer ser o peito, para alimentar a estas meninas-bebês.

T: De fato, ele tem uma atitude sempre muito serviçal: oferece coisas, acolhe, dá muito, é solidário...

Meltzer: Generoso de forma compulsiva?

T: Sim, ao receber visitas, ele as serve: mas evita sempre a relação; quando está servindo não dialoga.

Meltzer: Por um lado é como você descreve, mas por outro é o objeto pleno, o que dá as coisas, que é generoso, o que faz tudo, o que dá tudo, o que tem tudo. Oferece presentes muito caros, muito desproporcionais, para as pessoas, ao ponto de deixá-las incomodadas ao recebê-los?

T: Não.

Meltzer: Esse tipo de generosidade compulsiva tem a característica, por um lado, de dar coisas para as pessoas, mas também, por outro, o de colocá-las em uma situação embaraçosa, já que o que lhes é dado é desproporcional. É como aquela anfitriã que lhe provoca uma indigestão porque insiste que você aceite o mesmo prato uma terceira vez, sem que você possa negá-lo.

T: Há alguns dias relatou algo que confirma tudo isto. Havia chegado uma compatriota sua só com seus filhos, que precisava de um assessoramento. Primeiro, pensou em convidá-la para comer em um restaurante elegante, mas às custas da Empresa; porém, refreou sem nenhum problema esse impulso e combinou um encontro em um lugar adequado; mas enquanto lhe dava as informações de que ela precisava, enquanto a informava, estava excitado como se estivesse "trepando" com ela. Por um lado, estava lhe dando uma informação, e por outro, queria levá-la para a cama. Uma coisa muito excitante.

Meltzer: No ponto de partida de sua inveja das irmãs, ele se transformará em peito, assim poderá superar sua inveja, porque será o peito e poderá alimentá-las. Prossiga, por favor.

T: A quem?

P: Sim, X aquele companheiro, do meu primeiro emprego. Éramos como irmãos, quando ele se separou da sua primeira mulher, ela foi viver em Paris; depois ele se casou com uma outra, e ela também foi viver em Paris. A segunda, não a conheço. Dizem que está muito bem e que quer me conhecer. As duas se tornaram amigas.

Meltzer: A situação oscila, como podemos perceber: em um momento são meninas, em outro, são peitos, em outro, bundas. São todos objetos parciais, e seu impulso dirigido a eles muda dependendo do tipo de objeto parcial ao qual se dirige a cada momento. Em um momento são meninas abandonadas, em outro, são uns peitos muito bonitos para admirar; e em outro, são traseiros nos quais "se pode ter relações sexuais", ter um coito. Sua personalidade infantil é muito bissexual: por um lado é como a menina que quer ser igual à mãe, que quer ter os genitais e os peitos; e por outro também quer ser um menino muito primitivo, que não pode esperar, que não pode esperar para ir ao banheiro e ao peito, e está muito confuso com tudo isso. Parece que aqui também. Nesta sessão ele entra como aquele touro, de cabeça, para atacar ferozmente. Já que lhe deu indícios de que você é capaz de conter tudo isso, ele muda então para a sua identificação com a mãe-toalete, que pode limpá-lo, que pode tolerar suas evacuações. Ao mesmo tempo, temos a identificação com o papai-touro, que também suja, e os dois juntos estão produzindo um bebê-excremento. E aí, subitamente, muda da filha e das irmãs para essas mulheres que verá em Paris. Tudo muda de repente com essas mulheres atraentes. Aquilo que podemos ver aqui é uma nítida impressão de sua feminilidade e seu desejo de alimentar bebês. Neste momento, o que você pode interpretar é a confusão que ele experimenta, e isso o leva para uma situação melhor. Esta situação melhor é um estado feminino, em que ele é generoso, ajuda, se preocupa e se interessa por mulheres desprotegidas e por crianças também muito desprotegidas, desde o princípio é muito instável. Começa com um tipo de identificação introjetiva, em que você cuida dele, lhe dá coisas, para logo depois mudar para um tipo de erotismo masculino. É muito diferente do primeiro paciente que vimos, porque não está fixado, não está vivendo em uma identificação projetiva. É uma pessoa que entra e sai facilmente de uma identificação projetiva, especialmente com relação à sua sexualidade e sua avidez. Não o consideraria um paciente psicopata ou borderline; *no início, quando vi toda esta questão da sua sexualidade sádica, pensei nisso, mas no resto da sessão não aparece nada disso. Mas o que vai surgindo é que ele podia responder a qualquer intervenção que você viesse a lhe oferecer. As intervenções que você fez mudaram seu estado de ânimo de uma maneira muito radical, e isto é indicativo de uma transferência materna com você. Não sei como era há doze anos, mas, no momento, não está tão mal – exceto pelo fato de que depende muito de você para manter sua estabilidade, como ele mesmo diz –, o que significa que quando sai de uma sessão sente-se muito bem. Muito sadio; porém, esse é um estado que não consegue manter por muito tempo.*

Agora, quando virmos a segunda sessão, poderemos comprovar o que o leva a ficar sem controle: se são os três dias de separação de você, entre segunda e quinta, ou se é o fim de semana (também três dias), com toda a problemática edípica que provoca nele. Suspeito que se trata dos três dias; neles ele se enche de porcaria, sente fome, irritação e perde o controle. Quando uma coisa assim acontece, se observamos uma reação como essa diante de um intervalo de muitos dias entre sessão e sessão, é conveniente reformular o intervalo entre sessões. Neste caso eu passaria a sessão para segunda e quarta, para aumentar o intervalo do fim de semana.

T: No início de seu tratamento vinha às sessões segunda, quarta e sexta, mas depois, por razões ligadas a seu trabalho (viagens para fora da cidade, por exemplo), tivemos que modificá-las.

Meltzer: A questão do tempo também está presente na situação em que convida as mulheres para jantar; para isso precisa de tempo. Provavelmente cada uma das viagens a Paris é como uma escapada. Prossiga, por favor.

Segunda sessão da semana: quarta-feira

T: Ele chega dois minutos mais tarde. Precisa passar sempre pela sala de espera.

P: Por que eu tenho que passar primeiro pela sala de espera, por que não posso entrar direto na sala sem ter que ir primeiro à sala de espera?

Meltzer: Por que você o fez passar pela sala de espera?

T: É sempre assim.

Meltzer: Mesmo quando se atrasa?

T: Sim

Meltzer: Ele teve que esperar? Do que se queixa nesse momento?

T: O que ele queria era passar direto à minha sala e não ir antes à sala de espera.

Meltzer: É assim que você faz habitualmente?

T: Sim, esse é o enquadre.

Nota do revisor: ele quer passar direto para a sala de análise pela porta de saída da sessão e não quer fazer o trajeto e entrar pela porta de entrada à sessão quando está atrasado.

Meltzer: Mesmo quando ele se atrasa, você espera que ele vá à sala de espera, e aí vai buscá-lo. Bem, prossiga, por favor.

P: Custa-me dizer essas coisas, fico com vergonha. Estava com muita vontade de vir. Não sei se é por causa das férias que estão próximas: como você disse na segunda-feira que faltavam vinte dias e era um mês...

Meltzer: Tudo isso é muito diferente. Esse início é muito diferente, porque ele não vem cheio de caca, vem com uma espécie de fome. Faz uma imediata referência às férias e parece que é como se dissesse que o material que se pode comer é importante; não somente a separação, mas também o material, que é claramente edípico... Prossiga por favor.

P: Sinto-me mal, perseguido. Fui à central da empresa e meus chefes me gozaram [humilharam] pela carta para a empresa química. Enfrentei-os dizendo que havia lhes pedido ajuda. Disseram que o que faltava na carta era uma saída elegante. O diretor geral dizia que não estava tão mal e que ninguém iria me levar a um juiz por isso.

Meltzer: Talvez não tenha sido uma grande discussão com eles, mas que somente riram dele. E então tenha se colocado assim: "Bom, eu bem que pedi ajuda, e eles é que não deram". Prossiga, por favor.

P: Além disso, me disseram que eu era muito agressivo, que ando "de moto". Mas também, pensei, eu li a carta para eles, corrigi algumas coisas. E agora eles vêm com essa gozação, o que me incomoda é que digam que "ando de moto" e que meu chefe esteja tão reflexivo... se a carta, nós a escrevemos juntos. Pensa-se que sou tão assim apressado, afinal, não me fizeram responsável pela área de Barcelona?

T: Está pensando em que o fazem responsável.

Meltzer: Aqui há um indício de que pode pensar, porque está pensando sobre as críticas que fazem a ele; e está pensando que essas críticas não são só por ser agressivo, mas também pela imagem que apresenta, como se fosse um menino, quase adolescente, andando de moto pela rua.... E também que essa não é a imagem que a empresa quer para uma pessoa que trabalha lá. Está pensando. Não gosta, mas mesmo se rebelando contra esse tipo de crítica, está pensando. Essa crítica provocou nele alguma ansiedade depressiva. Não está tão mal. Diria que está bem em seu estado de ânimo. Está muito sensível às críticas e acho que com você também, porque como você não foi buscá-lo imediatamente, pensou: "Não gosta de mim, porque sou muito agressivo". Prossiga, por favor.

P: Também em casa estou mal. Disse para minha mulher que estou negativo, que vão me despedir, que isso ou aquilo. Irritei-me com minha filha porque reclamaram os livros que eu havia emprestado, eu não os encontrei, sendo que ela que os havia guardado.

Meltzer: Parece estar confessando sobre como não se comportou em casa, o que também lhe provoca ansiedades depressivas. Tem sentimentos depressivos, sente-se deprimido: é uma forma de confissão. Prossiga, por favor.

P: Julia teve um acidente grave; ficou sem o carro: um carro saiu da pista e trombou com o seu. Desmaiou e estava engessada no hospital; agora já está bem. Seu marido que nos contou.

Meltzer: Quem é Julia?

T: Uma amiga da família.

Meltzer: Estava preocupado ao dizer isso?

T: Sim

Meltzer: Não é bonito que essas pessoas agressivas invadam as outras faixas e se choquem com as mulheres. Isso não está nada bem, não é nada bonito... Prossiga, por favor.

P: Não tenho nenhuma vontade de me relacionar: chamam-me pelo telefone e eu não atendo.

T: Depois fez referência às perseguições aos emigrantes. E também fala das perseguições com helicópteros com alto-falantes, que viu em um filme. Continua contando que, na China, os velhos matam os adolescentes: "Passam eles pela máquina de moer carne".

Meltzer: Parece dizer isso não mais tão indignado, mas como se estivesse triste, pelas coisas terríveis que ocorrem no mundo. Sente-se deprimido e voltado para si mesmo. Acusam-no de ser agressivo e, na verdade, ele é, já que bateu nas mulheres com a ajuda de objetos. Provavelmente há uma conexão na relação que estabelece entre a perseguição às pessoas com helicópteros e quando ele gritava com a filha por causa dos livros, e a máquina de moer carne. Prossiga, por favor.

P: Esta noite sonhei que meu pai me perseguia; depois teve uma outra cena em que havia dois nazis, e eu ajudava um velho a entrar ou a sair no meu carro; e este, ao sair, dizia *manhof* [tradução livre], que para os judeus quer dizer "saúde" - acho que é o que dizem nos casamentos, quando o noivo quebra um copo –, e aí os nazistas nos perseguem. Sempre perseguições: lembro-me de um refugiado que depois eles mataram.

T: Separar-se, nascer (nazi), você o vive como ficar no meio de um mundo hostil, cheio de perseguição. Sair do ovo, de dentro da mamãe-terapia, você está vivendo com ficar abandonado no meio das hostilidades.

Meltzer: Aqui temos o assunto das separações. Quando não está com você, não só se sente perseguido, mas sente que todo mundo é hostil. Os nazis provavelmente representam suas mãos agressivas e também sua língua agressiva quando grita com sua filha ou seu pênis sádico no passado. Aqui está realmente deprimido. Não se trata de uma enfermidade depressiva, mas, sim, da ansiedade depressiva. Prossiga por favor.

P: Enquanto você falava tive dois desses tremores que me dão.

T: Isso acontece às vezes. Como se estivesse muito comovido. Eu não o percebo fisicamente, mas ele o aponta logo em seguida.

Meltzer: É um estremecimento como o de um calafrio?

T: Não, é como se algo o tivesse tocado, como se eu tivesse me aproximado dele e tivesse lhe dito "é isso".

Meltzer: Há muitas pessoas que experimentam a ansiedade depressiva como uma sensação de frio: de repente sentem-se congeladas por dentro.

T: Não creio que se trate disso.

P: É que esse é meu lugar, aqui posso despejar minha angústia. Talvez, sim, para mim este é um lugar protegido.

Meltzer: Realmente esse é seu lugar, e provavelmente não tinha lugar quando você começou a tratá-lo.

P: Ele menciona uma imagem da televisão que mostra um adolescente chinês enfrentando um tanque.

T: Você havia sonhado, sentia-se perseguido pelo papai, como se o papai e a mamãe fossem dois tanques que poderiam esmagá-lo. (Faço uma referência às férias de verão, nas quais se sentiu literalmente invadido pelos pais.)

Meltzer: Falta um pouco de informação aqui… Poderia parecer que o pai o está perseguindo; vive a situação como se nas férias o pai vem, não tanto no sentido de persegui-lo, mas, sim, de tomar-lhe a mãe e de ir-se com ela. Prossiga, por favor.

P: Sinto alívio com o que você me diz. Faz referência a um livro sobre o humor. Na adolescência aparecem os problemas...

T: A adolescência é quando os filhos se separam dos pais.

Terceira sessão da semana (breve registro)

P: Vamos, Ricardito, rápido.[14] Fiquei muito impressionado com a imagem dos três chineses com um tiro na cabeça. A imagem dos tanques: um grande canhão e o adolescente na frente. Ontem todos os meus colegas do trabalho se reuniram, mas eu não fui.

Meltzer: Por que disse isto: "Ricardito"?

T: Senti que era algo próximo, de uma intimidade comigo.

Meltzer: O que quer dizer com "Vamos rápido"?

T: Que eu viesse logo. Não registrei se ele chegou atrasado. Ele tem muita vontade de chegar.

Meltzer: Refere-se, então, a entrar na sala do consultório? Já estava no divã?

T: Não, disse isso como se fosse um pensamento que lhe ocorreu na hora em que veio.

Meltzer: Bom, é como se estivesse dizendo: "Vamos, as férias ainda não começaram...".

T: Uma reclamação.

Meltzer: Isso é carinhoso. Tem o ar um tanto próprio dele, atrevido, insolente, mas no fim das contas afetuoso. Prossiga, por favor.

P: Sinto tristeza pelo que compreendi. Dormi a *siesta* e não fui trabalhar à tarde.

---

14 Foi trocado o nome do analista, mas respeitou-se o diminutivo dado pelo paciente.

T: Dormir para não pensar.

T: A reunião dessa tarde era para ele e seus funcionários serem treinados em uma nova técnica. Haviam combinado de se reunir em um lugar para praticar essa técnica, e em lugar de ir aprender essas técnicas, ficou dormindo.

P: Não sei por que estou deprimido. Tenho uma situação privilegiada... Será que são as férias?

Meltzer: Sim.

P: Eu empurro os outros para que eles aprendam. Ontem a tarde havíamos programado de nos reunirmos para discutir, e fiquei dormindo.

T: Os tanques estão aí dentro, empurrando os adolescentes para que não cresçam, não aprendam.

Meltzer: É um remorso pelo que aconteceu no passado, não tanto pelo que está acontecendo no presente. Tem uma sensação muito forte de não merecer a posição privilegiada de ser seu paciente... Prossiga, por favor.

P: Isso me surpreende. Espero que a loucura não tome conta de mim, senão, me dou um tiro.

T: É um pensamento que já apareceu, o do suicídio em um estado de muita desolação. Matar-se quando os filhos tiverem chegado à adolescência, momento em que já não seja preciso mais crescer, e então dar-se um tiro.

Meltzer: Com pacientes assim, que já fizeram dano na realidade externa, quando emergem sentimentos depressivos aparece a tentação de permanecer na posição esquizoparanoide, empacados em umas ideias muito suicidas que teriam a função de castigo. Essas ideias que têm sobre o suicídio se organizam como uma defesa contra a sensação de não merecer esta posição privilegiada de ser seu paciente. Prossiga, por favor.

T: Como a imagem dos chineses que, antes de mudar, matam os jovens. É a mesma ideia, mais ou menos...

Meltzer: É mais ou menos a mesma ideia.

P: Amanhã iremos para a montanha, várias famílias. Temos que tomar cuidado com os fogos, senão podemos incendiar o bosque.

Meltzer: É preciso ter muito cuidado: não se pode destruir coisas boas... Essa é uma semana muito interessante, e seu desenvolvimento também. No início da semana vem cheio de irritação, de fúria e perseguição, e no final acaba com ansiedades depressivas. Isso é muito característico do umbral da posição depressiva: o paciente que entra como um leão e sai como um cordeiro. O paciente experimenta cada sessão com muito alívio, já que lhes deixamos algo bom dentro deles. Quando isso começa a aparecer com certa consistência, o paciente começa a mostrar sentimentos de não estar merecendo essa posição privilegiada, começa a formar-se a situação do final do tratamento. Em algum lugar do material, começa a aparecer a ideia de que alguém está esperando para receber uma terapia e esperando que ele termine; algum bebê está esperando para nascer; mamãe e papai estão começando a falar sobre o próximo bebê. E é aí que começa a se configurar a verdadeira situação edípica genital. ***Todo o outro material que examinamos anteriormente era pré-edípico; não era na realidade um material edípico, mas, sim, triangular. É importante fazer essa diferenciação porque, do contrário, o termo edípico chega ser utilizado de forma exageradamente abusiva. O material pré-edípico é realmente material triangular, em um nível de objeto parcial, e não envolve os ciúmes da situação edípica; o que envolve, porém, é a inveja e as ameaças à posse.***

Quando o material realmente edípico aparece, o que emerge como foco é que o amor que a mamãe sente pelo bebê não é o mesmo tipo de amor que ela sente pelo pai. Como o paciente ao qual me referi e que teve um sonho, o papai é especial, e o bebê está se convertendo em algo especial; pois é especial também e deve ser cuidado de uma maneira individual e exclusiva. Isso não exclui o fato de a mãe estar enamorada pelo bebê ou de que vivencie o bebê como um objeto estético. Inclusive, quando isso ocorre, quando a mãe esta enamorada do bebê e o vivencia como um objeto estético, não é da atualidade do bebê, mas da sua potencialidade; de que esse bebê seja milagroso, de que o papai seja maravilhoso e que a mamãe também o seja, porque o bebê é milagroso. É uma forma de amor, de estar enamorada, mais cósmica. Havia um outro sonho que você mencionou no início.

T: O de ontem. Na quinta foi feriado aqui, eu tinha a possibilidade de atendê-lo, já que quando cai um feriado no meio da semana, não na segunda ou na sexta, eu atendo. Eu havia me oferecido para atendê-lo, mas ele me disse que não podia porque iria passear com a família longe da cidade; todavia, um de seus filhos pequenos ficou doente e tiveram que ficar em Barcelona. Explicou que na quinta acordou na hora de costume para vir à sua sessão e que ainda era muito cedo, mas levantou-se mesmo assim; só que não viria porque havíamos combinado assim.

Meltzer: Por que não veio se estava em Barcelona?

T: Porque na sessão anterior havíamos combinado assim. O filho adoeceu depois da nossa sessão de segunda.

Meltzer: Mas se estava em Barcelona, por que não foi?

T: Teria que ter me chamado...

Meltzer: Você não estava?

T: Sim, eu estava, mas... Não estava combinado que viria na quinta; se ele quisesse vir, teria me comunicado. Depois eu lhe disse: "Por que não me chamou?", e ele respondeu: "Não me ocorreu". Contou que na quinta levantou-se tranquilamente, lavou-se etc., fez todas essas coisas com muito tempo... e então me conta um sonho, que não foi desse mesmo dia, mas do dia anterior.

Meltzer: Quando foram essas sessões.

T: São de junho. O sonho é o seguinte:

No meio da sala do pessoal da empresa, havia um WC muito pequeno. Era tão pequeno que não tinha portas para abrir, nem na frente e nem atrás; o que tinha era uma porta articulada de duas folhas. Ao lado do WC havia uma escada de madeira que vinha do primeiro piso. Na sala do pessoal estava a Matilde; que é uma boa mulher [sala do pessoal é a sala do chefe do pessoal da empresa]. Ele entra no WC e, ao sentar-se, vê janelinhas na altura da nuca, nas costas e na frente. As janelinhas aparecem na hora em que se senta.

Meltzer: Aparecem? Ou já estavam antes e simplesmente se dá conta de que estavam quando se senta?

T: As vê no momento em que se senta porque estão na altura da cabeça; estavam antes, mas as vê quando se senta.

Ele fica muito irritado, diz que é porque não há intimidade. Pede explicações e lhe dizem que essas janelas foram colocadas lá por causa de problemas, porque se alguém desmaiar no WC, se tiver alguma coisa, algo assim, para que alguém possa ver. Estando dentro do WC, ele vê pelas janelas da frente que a chefe do pessoal descia pelas escadas com uma porção de gente; e diz que se nesse momento tivesse saído do WC, teria se encontrado com todas essas pessoas.

Meltzer: E isso teria sido uma situação embaraçosa?

T: Claro...

Reclama que o WC deveria estar em um lugar mais afastado e mais íntimo.

P: (Termina de relatar o sonho e continua.) Preciso lhe dizer como faço cocô. (Quando se senta no WC coloca uma madeira na frente, no lugar onde se colocam os pés, e isso lhe permite elevar-se e ficar agachado sobre a bacia, porque quer fazê-lo como se fazia antigamente, porque isso é bom para evacuar e também é bom para as hemorroidas.)

Meltzer: Se põe assim, agachado?

T: Sim, e me conta que a seguir se limpa com um papel e depois se lava etc.

Meltzer: Tem hemorroidas?

T: Sim. Perguntei-lhe com o que se comunicava a escada (do sonho). Aonde a escada vai dar.

P: Diz que acima está a chefe do pessoal, que se chama Matilde, e que estava muito bem. (Separada, com filhos, e que agora se casou com um dos maiores dirigentes da empresa.) Está muitíssimo bem. Todos os homens da empresa vão atrás dela, é muito sedutora, mas me parece que ela não liga para nada, não está nem um pouco interessada. Manobra a todos, não é competente.

T: Enquanto ouvia tudo isso, eu pensava em termos de lá em cima, o branco, o leite, mas a mamãe não está lá, e aí vem toda essa raiva que estava por trás da angústia no WC, e lá vem ele para descarregar no consultório, e se não tem o de cima, vai se enfiar na parte de baixo e vai sujar tudo.

P: (E então ele diz, como que surpreso:) É como se eu viesse aqui para cagar no seu carpete e deixasse tudo sujo e fedendo, cheio de moscas. (Mas depois diz:) Fora a frustração porque não pude vir e tudo o mais. (Depois associou com uma nota que havia lido em um jornal sobre Freud; uma frase que lhe causou grande impacto, que dizia: "Para não sofrer se vive no desconhecimento, na ignorância".) Pensei que isso acontece comigo, porque na empresa eu não aprendo.

Meltzer: Esse sonho é muito bom. Temos a dissociação da mãe, não só em um nível de objeto parcial, mas também horizontalmente: no de cima e no de baixo. Ele não quer que a gente saiba que está usando a mamãe-divã da mesma forma que um bebê utiliza uma bacia. Porque quando se aproxima do peito, tem que se apresentar como um pretendente que quer se casar com o peito. O peito se apresenta basicamente como o peito sexual, o peito sexualmente atraente, peito sexualmente atraente que a todos controla com tais atributos: e é muito importante a acusação que formula contra essa mulher. Em inglês, quando se diz que alguém é incompetente, além de se dizer que não é eficiente, também se diz que "goteja". Por exemplo, quando uma válvula cardíaca é incompetente, queremos dizer que ela não fecha direito, dizemos que ela é incompetente, incontinente. Gostaria de saber o que o paciente quer dizer quando diz que ela é incompetente. Digo isto porque há uma grande, masculina, tendência a degradar o peito, a reduzi-lo a um saco, que só tem leite, e não a vê-lo como realmente é: um órgão ativo. Trata-o como se fosse um órgão puramente passivo. Na realidade, o peito é também ativo, porque é capaz de lançar jatos de leite, e não apenas permitir que o leite flua. Se o bebê não colocar a boca no peito, logo pode ser que leve um jato no olho. Essa acusação de incompetência à mulher pode ser uma referência à sua própria incompetência. Porque não lhe procurou para pedir a sessão. Talvez fosse melhor dizer que não veio pela mesma razão pela qual se afasta dela, isto é, porque não quer ser simplesmente um pretendente. Você trabalha em um feriado, e ele tem medo de que você lhe diga: "Ah, sinto, mas já assumi outro compromisso!".

T: É verdade!

Meltzer: E isso faz parte da aproximação do desmame, quando há sempre um outro bebê esperando... É importante, aqui, com este homem, estar alerta aos indícios de que o final da análise está se aproximando. Porque, com uma pessoa assim, que foi tão instável, que passou por momentos de tanta instabilidade, não poderá ir se estabilizando até que se tenha elaborado o final da análise. Porque se para começar o processo de finalização tivéssemos que esperar que ele se estabilizasse, a análise não terminaria nunca. Em muitas análises deste estilo, que parecem estar indo muito bem porque continuam e continuam, ocorre que a instabilidade não é contrarrestada, até que se fixe o final da análise; e isso porque a urgência de internalizar é estabelecida pela proximidade do final. Talvez não seja tanto uma questão de internalizar quanto de reconhecer o objeto interno, e isto significa para o paciente que pode, sim, começar a entrar em contato com seu objeto interno. Aqui, por exemplo, vemos que em sua última sessão a única coisa que pode fazer, quando se sente tão deprimido, é esperar sua sessão. Não pode encontrar dentro de si o objeto que pode conter sua depressão, e isso se traduz na sua conduta depressiva, que se expressa em ir se deitar, não ir à reunião etc. ***Poderíamos questionar: um caso como este, trata-se realmente de um caso para doze anos de análise como aquele que vimos antes? Creio que não; penso que um caso assim poderia terminar antes. Trabalhando de três a quatro vezes por semana, um caso assim poderia durar de cinco a seis anos. Se tivesse sido possível entrar em contato antes com esse material perverso de identificação projetiva, provavelmente não duraria tanto. O que aconteceu foi que se passaram cinco anos até que se pôde entrar em contato com esse material. Penso que o que fica por fazer, neste caso, é contatar sua bissexualidade.*** *Isso eu digo porque creio que a parte mais rica deste paciente é sua parte feminina. Até que a parte de cima possa ser unida à de baixo não aparecerão os aspectos edípicos totais, completos. Porque, por um lado, sua feminilidade foi absorvida pela masturbação perversa, ou projetou-se e acabou se tornando concreta em um comportamento sádico com outras pessoas. Uma vez que um paciente começa a sentir as ansiedades depressivas de maneira tão intensa como as que ele experimenta, o processo vai muito mais rápido. E é aí que você verá, muitas vezes, que ele oscila entre a posição esquizoparanoide e a* *depressiva, mas rumo à depressiva. Eu deixaria de lado todos os aspectos persecutórios e concentraria meus esforços em fazê-lo experimentar as ansiedades depressivas.* ***Por exemplo, no sonho do pai que o persegue, primeiro eu tentaria perguntar mais sobre a situação, antes de interpretar que o pai estava lhe perseguindo. Porque é provável que se chegue a encontrar material no qual o pai tinha que persegui-lo para que entrasse no banheiro, já que estava muito ocupado com os seus jogos, nos quais se sujava. Poderia ser, então, que não se tratava na realidade de uma perseguição, mas, sim, de pegá-lo e colocá-lo em contato com a mamãe-toalete ou de levá-lo ao peito. Isso podemos ver melhor no sonho em que os nazis e ele estão ajudando esse senhor mais velho a sair do carro; os dois nazis poderiam representar as duas mãos que estão esperando para agarrar ou sujar esse homem velho,*** *que representaria a sabedoria, as partes saudáveis, para agarrá-lo. Como se ele dissesse que pode ser muito atencioso com os homens velhos, mas que com os jovens, belos, exitosos, tem desejos assassinos. Durante a semana, quando você está trabalhando pesado, pode ser o Ricardito, mas no fim de semana, transforma-se no papai que pega a mamãe e vai embora com ela.*

Alguém sabe alguma coisa desta palavra em hebreu que ele traduz por saúde? Me parece estranho ele dizer que sua mãe era muito rígida quanto aos preceitos das tradições judias e que ele se deu conta de que era judeu só quando completou 13 anos.

Ps: Não poderia estar ressentido com sua mãe? Porque até colaborou com grupos antijudeus...

Meltzer: Sim, sim, seria antissemitismo, judeu.

Ps: Me lembrei do conceito de transformação em Bion, quando se refere à evolução da mente. Seria possível exemplificar relacionando a antiga situação do paciente masturbando-se com o poncho e o gorro, e o sonho do WC – com seus pensamentos relacionados a Matilde –, aquilo que seria uma evolução do aparelho mental? Aparece Matilde acima e os de baixo. Pareceram-me demarcações, masculino e feminino. Não sei se isso poderia exemplificar o que seria uma evolução.

Meltzer: ***A impressão que tive dessa história da masturbação compulsivo-perversa com o poncho e o gorro foi a de que estava em uma identificação projetiva com o peito como um objeto combinado parcial: a parte de cima, a cabeça, achava-se nessa identificação projetiva, enquanto a parte de baixo, seu pênis e músculos, representavam um coito perverso masoquista que poderia ter provavelmente o significado de um coito anal. De cima e de baixo.*** *Aqui, não seria bem uma dissociação da mãe entre a parte de cima, que seria a parte Virgem Maria, pura, e a de baixo, a prostituta, mas, sim, a de que se trataria de uma dissociação de objetos parciais, peitos e bundas.* ***No entanto, no material de junho aparece uma relação com o peito, que corresponde a essa relação de objeto parcial: ali, ele, por identificação projetiva, pode se converter em peito e alimentar, e de repente o peito pode virar bunda. As ansiedades depressivas que começaram a trabalhar são as que permitiram que esses objetos parciais possam passar a ser objetos mais totais. A ideia à qual me refiro é: é como se houvesse um objeto total que está dividido em dois objetos totais. Esse tipo de dissociação é que levou ao que se chama "double-standard": os homens esperam que suas mulheres sejam puras – para fazê-las mães de seus filhos –, mas a expectativa é a de que não sejam sexuais; enquanto das amantes – que são as que não lhes dão filhos – se espera que sejam as eróticas, as prostitutas.*** *É isto o* "double-standard"*, ou dupla moral, como preferir. Resumindo, parece-me que você tem evidências de que o peito e suas qualidades foram o primeiro objeto das preocupações e da identificação projetiva dele, e não tanto o problema edípico. Tudo isso deu forma muito precoce à sua conduta sexual.* ***Pode-se pensar***

que o transtorno de sua personalidade ocorreu muito cedo. A minha conjectura é a de que essa mãe pode ter sido bela, eficiente, mas que alimentou com seus pensamentos muito pouco o seu filho; ou, melhor ainda, como ele mesmo a descreve, limpando, controlando tudo – como descreve a chefe do pessoal, a que está no andar de cima –, mas como uma mãe que não pensava e nem sentia muito. Essa seria a origem de sua psicopatologia e de seu caráter. *A urgência de seus conflitos estaria mais em relação com a mãe e nem tanto seria edípica.* ***Esse peito não é o tipo de peito que Bion menciona, que recusa a identificação projetiva, aquele em que o que se projeta retorna como um "terror sem nome", mas é o peito invejado de Klein, o peito, que se alimenta a si mesmo.***

T: O paciente tinha a fantasia de que, durante os primeiros meses de sua vida, chorava permanentemente por problemas de enfermidade, mas provavelmente tenha sido por falta de alimentação.

Meltzer: Não havia alimento suficiente para satisfazê-lo, ou de modo direto não havia o suficiente para que realmente comesse; mas que não tenha recebido o suficiente para comer não é realidade, e, sim, uma fantasia; não temos como comprovar se isso de fato é uma realidade.

T: Comentou que sua mãe se desesperava até bater nele.

Meltzer: Quando era muito pequeno, um bebê?

T: Sim, na sua infância.

Meltzer: Provavelmente são fantasias. Sabe algo de sua alimentação, durante quanto tempo lhe deram o peito?

T: Não.

Meltzer: Nesse caso há poucos dados de realidade, poucos fatos. De qualquer maneira, a história de um paciente no início da análise e no final é muito diferente.

Comentários posteriores

O paciente foi se aprofundando em seus sentimentos depressivos. Foi se sentindo responsável por seus impulsos e fantasias. Como esse processo aumentava sua dor, concordou em introduzir uma quarta sessão. Seus ataques invejosos dirigidos às mulheres e suas atuações agressivas desapareceram; pôde recuperar uma imagem mais digna de sua mãe. ***Mas, enquanto avançava na compreensão de sua inveja das mulheres e de sua identificação feminina, foi emergindo uma imagem muito primitiva de si mesmo: sentia-se como "um cachorro cego que busca uma teta"; e também temia sua voracidade: "É uma boca buscando a teta, mas uma boca de um buldogue que agarra a teta e não solta, dilacerando--a. Fecho os olhos quando o digo. Veja que imagens assassinas eu tenho". Relacionava essas imagens com a protagonista do filme O exorcista: "Menina suave, mas que tem o demônio por dentro", em uma nova manifestação de sua bissexualidade. Esses sentimentos de dilacerar o peito analítico estavam aumentados pelo terror de ser separado deste (peito analítico). Outro dia, começou a sessão assim: "Vamos ver se pode me ajudar a entender minha raiva. Há um rapaz jovem, que me irrita muito: tem valor e é jovem, mas é imaturo... Me enfurece: vou cortar sua cabeça! Ontem você interpretou o meu medo de que se cumpra uma etapa e de que me mudem de lugar, e fiquei com muita raiva de você, da sua interpretação". Apesar do fato de estarmos*** falando sobre o final de sua análise, essa, no entanto, ainda é uma meta a ser cumprida.

10. Júlio: Partes não nascidas da personalidade?

T: Hoje vou apresentar um menino, que chamaremos de Júlio, atualmente com 8 anos de idade. Veio pela primeira vez se consultar quando tinha 5 anos e 2 meses.

Continua sendo tratado em uma instituição de saúde, na qual outro colega assumiu o caso. É meu paciente de psicoterapia há dois anos, com sessões uma vez por semana. Propus à mãe uma frequência de duas vezes por semana, mas ela não concordou.

Quando chegou à terapia, aos 5 anos e 2 meses, foi enviado pela escola, e não por iniciativa da família. A mãe disse que acontece que o menino é muito "burro" e não conhece as cores e que, na idade dele, não fala. O pai é quem conta que o filho sofre com terrores noturnos e vai ao quarto dos pais com olhos arregalados. A partir disso, o pai começa a falar de uma série de terrores que o filho sente. Na rua, aprendeu um caminho e só vai à escola por este percurso. Tem uma jaqueta e é a única que consegue usar. Se vê uma minhoca em algum lugar, nunca mais passa por ali.

Tem um irmão de 16 meses (na época da primeira consulta), a quem tiraniza terrivelmente para que fale. O que mais preocupava – e continua preocupando – a família é a fala. Os pais dizem que aos 6 meses disse a palavra "mamãe" muito claramente, e que a partir de então nunca mais falou até que foi à creche, aos 3 anos. Então, aprendeu a falar alguma coisa com a mãe. Em casa, anda ao redor da mesa com um carrinho, sem parar, e monta um diálogo como um ventríloquo, com várias vozes. Se alguém o interrompe, tem enormes ataques de birra.

Meltzer: Então, esses diálogos são fortes...

T: Chega a ficar aturdido, muito excitado.

Meltzer: Quando começou a ter esse tipo de comportamento?

T: Antes dos 3 anos. Já tinha entre 2 e 3 anos.

Meltzer: Ele não tem problema. Consegue falar. Acontece que não quer falar com as pessoas.

T: Sim. Só tem dificuldade de articulação em algumas palavras que não pronuncia com clareza. Mas isto é algo muito raro.

Meltzer: Não é mudo, mas é "mudo" por opção.

T: Sim.

Meltzer: Sussurra, por exemplo, para alguma pessoa em particular, para a mãe ou para outras crianças?

T: Não chega a emitir sons. Espera que outros digam o que ele quer falar.

Meltzer: Então, espera que outra pessoa diga o que ele quer falar: "Sim, é isso que eu queria dizer...".

T: Sim, balançando a cabeça.

Meltzer: Tem medo de barulhos muito fortes, por exemplo, durante tempestades com trovões?

T: Tem muito medo, especialmente de qualquer desenho, ou de máscaras. No Carnaval, fica aterrorizado. Lembra-se de que não pode trocar de roupa...

Meltzer: Quando fica zangado, chora?

T: Chora e faz cenas de birra. Se joga ao chão. Se desespera e dá uns berros... uns gritos tremendos. Não permite que o beijem. Que o peguem no colo, sim. Mas diante de manifestações de carinho, inclusive da mãe, gritava e as rechaçava.

Meltzer: Ainda continua a ter os diálogos que tinha com o carrinho?

T: Não. Da história dele, podemos destacar que é filho de pais muito jovens. Nasceu por cesariana. A mãe lhe deu o peito por quinze ou vinte dias. Toda informação que a mãe dá é: "Estava tudo bem, estava tudo bem, estava tudo bem". A mãe começou a perceber o que era ter um filho em casa só quando nasceu o segundo filho, quando Júlio tinha 3 anos e poucos meses.

Meltzer: O segundo filho era diferente?

T: Sim, chorava, reclamava, ria...

Meltzer: Então, esta criança [Júlio] nunca havia chorado, nem reclamado?

T: Não. Dormia, era "boníssimo".

Meltzer: O segundo filho é menino ou menina?

T: Menino também.

Meltzer: Então, agora são três filhos no total?

T: Não. São dois.

Meltzer: Isto aqui, dezesseis meses, o que é?

T: É a idade do irmão quando o paciente veio à consulta.

Meltzer: Então o irmão tem entre três e quatro anos menos que ele...

T: Sim, entre três e quatro anos. O que chama atenção é ver uma criança que comia, dormia, a mãe limpava e nada mais acontecia.

Meltzer: Por que foi cesárea?

T: Porque a mãe era "estreita".

Meltzer: Na realidade, era pequena?

T: Sim. O pai e o paciente também são. Dos 4 meses até 1 ano, o menino foi cuidado por outras pessoas, enquanto a mãe estava no trabalho. Ela trabalhava mais horas do que dava conta porque estava juntando dinheiro para comprar um apartamento e deixava o bebê aos cuidados de uma irmã mais nova, de uns 15 ou 16 anos. A mãe ia para casa dar comida e voltava ao trabalho. Quando o bebê fez 1 ano, passou a ser cuidado por uma vizinha. O menino dormia e a vizinha ia olhá-lo. O menino ficava sozinho em casa e a vizinha ia e vinha para vê-lo... E quando o tiravam da cama, o colocavam no "chiquerinho".

Meltzer: Quando começou a sentar-se e a andar?

T: Começou a andar aos 15 meses. Quanto aos fatos anteriores, a mãe repete que tudo ia bem, tudo "normal".

Meltzer: A mãe, na verdade, nunca se conectou de fato com o bebê. Em parte, porque era muito jovem, mas talvez porque fez uma cesárea...

T: A mãe às vezes tem um sorriso um tanto sardônico.

Meltzer: Temos um menino que parece até certo ponto ter rechaçado o mundo externo. A mãe é alguém que, apesar de ter amamentado durante duas semanas, não conseguiu se conectar com ele. Também temos um bebê com temperamento bastante violento. Aparentemente, ou dorme ou é violento.

T: Um neurologista infantil o examinou e não encontrou sinal de lesão. Aos 3 anos, levaram-no a uma creche e chorou por uma semana inteira.

Meltzer: Como eram? Ataques de birra, como sempre, ou era simplesmente choro?

T: Não sei. A história do paciente foi coletada por outra pessoa. Na creche, as outras crianças batiam nele, e ele não se defendia. Não estabeleceu contato com nenhuma criança.

Meltzer: As outras crianças não gostavam dele. Para um menino que decide ser mudo por opção, é estranho. Muitas vezes, estas crianças diferentes se convertem em mascotes dos outros e as outras crianças cuidam delas.

T: Diria que este menino tinha mais problemas, não somente o mutismo. Havia certa desconexão nele. Quando o vi pela primeira vez, não juntava as duas mãos para trabalhar. Usava só uma mão. Os olhos iam para um lado, e o trabalho da mão ia para o outro. Tive que fazer algo para conectá-lo, fazê-lo ver que tinha duas mãos. Que uma mão fazia uma coisa, e a outra mão fazia outra coisa. Porque se guiava, provavelmente, com uma mão e a boca.

Na creche, as cuidadoras também o forçavam, porque punham um círculo e queriam que ele o preenchesse. O menino resistia muito, então as cuidadoras insistiam e o castigavam para que fizesse os deveres. Quando entrou na escola, aos 5 anos, a psicóloga da instituição informou que o menino parecia não ter sensibilidade nas mãos porque não as utilizava. Então, foi encaminhado para o hospital.

Quando o irmão nasceu, procurou contato com a mãe para que ela fizesse com ele as mesmas coisas que fazia com o irmão, para que o alimentasse como alimentava o irmão. A mãe rejeitou isso.

Meltzer: Isto é esperançoso: o fato de que o menino tenha buscado esse tipo de cuidado infantil. Como a paciente de ontem, que ia à banheira e se enrolava lá como um caracol.

T: Este paciente passou quase um ano na terapia dando socos na mesa com um porquinho de brinquedo ou fazendo de conta que era uma briga de animais. Sempre fazia de conta que os animais se atacavam pelo ânus, enquanto ele ficava balançando. Esta conduta tão estereotipada me induzia a um sono muito forte. Quando alguém falava com ele, ficava mais excitado e intensificava a força dos socos. Somente às vezes me olhava nos olhos com a intenção de me escutar e, por baixo da mesa, tocava os meus pés com os dele. Em uma oportunidade dessas, quando me dava sono, consegui falar que ele se sentia só, da necessidade que tinha de que alguém olhasse para ele – porque quando eu desviava um pouco o olhar, mesmo que parecesse que não percebia minha presença, interrompia o que estava fazendo e olhava para mim. Um dia tocou na minha mão para que eu visse o que ele estava fazendo. Se eu deixasse de olhar para aquilo, sentia-se muito angustiado. Desenhava e encenava aparições e desaparecimentos de figuras monstruosas. Eu o via muito excitado ao me contar estas coisas, como se quisesse despertar em mim um grande interesse por tudo aquilo. Quando me contava tudo aquilo, eu fazia uma expressão de pena, de muita pena, para tentar acalmá-lo, porque temia que ele estivesse se envolvendo em uma conduta perversa ao produzir monstros. Depois, quando consegui falar com ele sobre a solidão que ele sentia, ele me disse: "Sozinho, não; era...", se levantou e fez um movimento de: "nada, nada, nada".

Meltzer: É muito eloquente, porque a questão não é de estar só, mas estar dentro de um mundo com nada, um mundo de nada.

T: Ele me explicou como estava com gestos: "nada" e, levando a mão à cabeça, disse que "via uma igreja pela janela". Estava no "nada" e via uma igreja em que havia sinos tocando. Ele pensava que era uma casa que falava e levou a mão à cabeça como se quisesse dizer: "Olhe que loucura, que coisa!". Começou a falar antes do feriado da Semana Santa e na volta parou de falar, até antes das férias de verão, cuja sessão eu apresento hoje.

Há um ano foi transferido para uma escola de crianças especiais. Ali se relacionou com outras crianças e avançou na aprendizagem. Agora pensam que, depois de outro curso, poderá ser transferido para uma escola normal. Chama atenção seu interesse em aprender e o fato de que, quando não entende o que explicam, ele faz perguntas.

Meltzer: É um menino extraordinário! Não é autista, não é esquizofrênico, não é uma dessas crianças que não se desenvolve e que não tem capacidade para a formação de símbolos. Não é como a maioria das crianças que escolhem ser mudas. Não é como as crianças psicóticas que vivem em identificação projetiva. Esse menino é muito diferente!

T: Pensei em apresentar o caso dele porque há 23 anos havia atendido um menino de 22 meses que ficou totalmente isolado em um quarto, sem ver a mãe. A mãe lhe dava a mamadeira, colocando-se por trás do berço. Quando assumi o caso dele, em pouco tempo (só seis meses) conseguiu um desenvolvimento incrível. No princípio, havia se determinado um diagnóstico diferencial entre autista e oligofrênico, tratava-se de um menino que estava totalmente isolado. Sempre me chamou a atenção ver um menino tão carente, tanto de coisas boas como de ruins, isolado, e que depois pudesse se desenvolver em velocidade vertiginosa.

Meltzer: São estas crianças que tiveram uma mãe que absolutamente nunca pensou neles. Estas crianças muitas vezes fazem progressos impressionantes na terapia. Podemos ver, muitas vezes, por exemplo, crianças hiperativas que se comportam como pequenos animais.

Júlio é diferente, é um caso raro.

Tenho a impressão de que a cesárea foi muito importante para seu desenvolvimento. Bion estabeleceu a hipótese de que há pessoas cujos problemas estão em relação com partes ainda não nascidas de sua personalidade: ainda estão em processo de nascimento. Suspeito que este menino tem uma grande parte da personalidade ainda não nascida. As ideias que Bion desenvolve no terceiro livro de Uma memória do futuro, *em que trata destas partes da personalidade ainda não nascidas, e a oportunidade que tive de estudar estudos ecográficos sobre a conduta fetal, me permitiram formar uma ideia muito mais rica de como a vida ocorre no útero. Estive observando o material clínico deste paciente, buscando indícios a respeito de partes da personalidade ainda não nascidas, e fiquei muito interessado nesta história de que ele entrava em contato com você pelo toque do pé debaixo da mesa. Faz-me pensar que poderia ser uma parte não nascida da personalidade dele. Recordo-me de um menino que se sentava debaixo da mesa. Colocava a mão em cima da mesa e fazia um "gesto" com os dedos. Colocava a orelha contra o pé da mesa para ouvir o que os dedos faziam. Se acreditarmos que ainda há partes não nascidas da sua personalidade, que ainda vivem no mundo uterino, podemos pensar que seria um mundo muito diferente da identificação projetiva. Porque o mundo da identificação projetiva está repleto de fantasias, de objetos, de compartimentos, enquanto a vida uterina se caracteriza por uma relação com os objetos, mais sensual, mais bloqueada, encoberta e que não "sai". Os contatos sensuais são feitos fundamentalmente pela pele, especialmente pelo rosto, quando o feto procura buscar a placenta, busca o contato com a placenta, ou, por exemplo, quando tenta tocar o próprio rosto com as mãos. Possivelmente, a resistência que este menino coloca em relação à mudança e essas cenas de birra, quando é contrariado ou quando está frustrado, seriam expressão de uma resistência à tentativa de sair do mundo intrauterino em que vive. A este respeito, me referia à brincadeira que fazia com o carrinho em que tem um ataque de birra quando alguém interrompe a brincadeira. Isto poderia representar a relação do menino com a placenta ou a mão que está ao redor do cordão umbilical. É provável que a placenta emita algum som e que também o bebê o faça no útero. Ocorre que não o podemos ouvir, mas pensemos nas baleias ou nos golfinhos que emitem sons subaquáticos.*

Provavelmente, o menino também emite esses sons. As cenas de birras seriam a resistência a que alguém o tire do mundo intrauterino. Também chama atenção o que ele disse. Que olha pela janela, vê a igreja que fala e logo diz que isso é loucura. Quando disse isso?

T: Antes de março.

Meltzer: Isso poderia ser uma visão muito fugaz do seio, o peito que fala. Parece – é quase certo – que a mãe nunca falou com ele. Nem quando estava no ventre nem depois do nascimento. Vamos continuar nosso estudo e manteremos esta hipótese enquanto lemos o material.

T: Queria comentar que depois do primeiro contato que tive com ele a sós, ainda não havia dado tempo para preparar uma caixa lúdica, e tive que levar os materiais em uma sacola de plástico. Disse a ele que outro dia os colocaria numa caixa, e com a ponta dos dedos da mão direita ele a acariciava, acariciava. Era uma conduta muito tátil. No segundo dia, ele se assustou. Não me atrevi a trocar para a caixa. Assustou-se ao ver a sacola de plástico aberta, girou a sacola e colocou a abertura em minha direção. Depois fez um buraquinho no fundo da sacola e pegou um porquinho. Outro dia, foi para dentro da sacola e fez de conta que estava nascendo. Mais tarde, passou por um período semelhante ao momento em que se tem um bebê pequenino a quem se diz: "E os olhinhos? Onde estão seus olhinhos?". A ele, diretamente, eu dizia: "Olha, você tem uns olhos e uma mão. E veja agora... Você está vendo o que a mão pega". Produzia a mesma sensação que um bebezinho.

Ps: Você descreveu com o olhar todas as partes do corpo dele?

T: Não, era mais com um movimento. Acredito que ele estava se conectando emocionalmente.

Meltzer: Mas também você falou da sua contratransferência, o que é muito interessante.

T: Era como um bebezinho.

Meltzer: Realmente, um recém-nascido. E talvez tivesse a angústia de que escorregaria.

T: Se perdia, é como se virasse fumaça.

Meltzer: É como um animalzinho que está dentro da toca. Você tenta pegá-lo, e ele foge. Desaparece outra vez. É como tentar fazer que a cabeça do caracol saia e, de repente, ela se encolhe outra vez.

T: Esta sessão é a penúltima antes das férias de verão. E a outra é a primeira depois das férias.

Quando entro na instituição, uns cinco minutos antes da hora da sessão, vejo-o pela calçada, correndo e gritando com outro menino (paciente de outro colega com o qual coincide o horário há tempos). No momento em que entro, ouço o que ele diz ao outro menino. "Estou indo."

Ps: Ele vê você?

T: Suponho que sim.

Meltzer: O outro menino é da mesma idade?

T: Sim.

Meltzer: E do mesmo tamanho?

T: Talvez do mesmo tamanho, mas possivelmente de idade diferente.

Meltzer: O mesmo tamanho, mais ou menos.

T: Sim.

Vou buscá-lo na sala de espera. Está sentado muito sério e assim fica até que a mãe lhe diz: "Júlio". Ele me encara muito sério, se adianta pelo corredor, chega ao consultório e se senta com o pé direito enroscado na perna da cadeira e o outro apoiado com a ponta no chão.

Meltzer: Aqui ocorre uma mudança. Na forma com que se despede do menino e como se comporta com a mãe e com você. É uma forma muito mais séria de se comportar. A ideia, a impressão que se tem, é que a conduta dele, quando ele vem diretamente da mãe para você, se ritualiza um pouco. Prossiga, por favor.

Decidido, põe a caixa no centro da mesa, tira a pasta de papel, a galinha com os pintinhos e o porco com os porquinhos. Coloca-os deitados na pasta que havia colocado em cima da caixa.

Meltzer: Em alguma ordem, ou simplesmente ao acaso?

T: Ao acaso. Sinaliza com um gesto muito expressivo ao redor da caixa, exceto o que está perto dele, e diz: "Aqui, praia". Se coloca em atitude de espera, olhando para mim.

Meltzer: Isto não é um ritual.

T: É a primeira vez que conversa comigo depois dos feriados da Semana Santa.

Meltzer: Isto não é um ritual. É fantasia!

T: Sim, é fantasia!

Meltzer: E isto é algo que já havia ocorrido em alguma sessão anterior?

T: Não.

P: (Repete o gesto.) Aqui, praia. (E continua:) Tudo isso, grande. (Continua em atitude de espera. Volta a começar:) Aqui, praia (referindo-se à parte lateral mais próxima dele...).

Meltzer: Então, o que há perto dele também é praia?

T: Não, a praia está em volta da caixa, exceto a parte próxima a ele.

P: ... aqui, pequenos (sinalizando a área perto de mim). Tudo isso grande, muito grande (repete gesticulando muito e com uma atitude que supõe que eu repetirei o que ele disse).

T: Você está sabendo distinguir o que é grande e o que é pequeno.

Meltzer: Fica claro que o grande a que ele se refere aqui é em oposição ao pequeno, ou o grande se refere mais à área?

T: Se refere à área e à profundidade, como veremos.

P: (Não escuta e continua na mesma atitude de esperar que eu diga o que ele tentou dizer.)

T: Penso que se eu não repito o que você diz, você acha que não percebo que você está aqui. Veja, quando você fala, eu ouço por aqui (sinalizo minhas orelhas), escuto atentamente e assim vou entendendo o que você diz.

P: (Repete a mesma coisa.)

Meltzer: Muito bem. Você disse ao menino: "Você está aprendendo a distinguir grande de pequeno, mas o que ocorre é que esse grande e esse pequeno estão em categorias diferentes. O pequeno se refere às crianças. Então, não se pode comparar crianças pequenas com áreas grandes".

Aqui parece haver um erro de lógica. Ou uma confusão do pensamento. Entende? Você diz a ele que ele repete porque acredita que você não está escutando o que ele transmite. Prossiga, por favor.

T: Antes você não falava. Sua mãe ia dizendo as coisas e você pensava "a mamãe é minha boca". (Não para para escutar.) Agora você fala comigo e, se eu não repito o que você diz, pensa que não o ouço, como se eu não estivesse aqui com você.

P: Os meninos se afogam quando se banham na praia com os grandes.

Meltzer: Agora, sim, aqui, sim: o grande e o pequeno; se refere aos grandes/adultos e aos pequenos como crianças pequenas. A palavra grande não se refere neste caso somente à área, mas também à profundidade. Quando vão ao fundo, se afogam. Prossiga, por favor.

P: (Enche a boca de ar. Tampa com uma mão e fica roxo, de tanto forçar a situação.)

T: Ou seja, que os meninos se afogam (e eu faço o mesmo gesto).

Meltzer: Aqui há algo que se confunde um pouco, algo que se confunde com os mais velhos. Há algum tipo de confusão. E há algo também nas palavras, como se quando são faladas, as palavras se afogam por dentro. Ou, por exemplo, se você não repete o que ele diz, as palavras se perdem.

Quando você diz: "Se eu não repito o que você diz, acha que não estou escutando, não estou aqui com você", então ele pode continuar falando. E isto parece que tem a ver com a mãe que não fala. A primeira impressão que tive quando escutei a história foi: "Ah, é uma dessas crianças de que fala Bion, cujas mães não aceitam as projeções, não aceitam a identificação projetiva, e então tudo isso se volta para eles como o 'terror inominável', como acontece, por exemplo, no sonho e nas tormentas".

Prossiga, por favor.

T: E como as crianças gostam da posição dos mais velhos!

P: (Se dirige aos animais e diz:) Já terminaram de comer. (Pega um porquinho e sinaliza o afogamento, chegando a gemer de pena.)

T: Pobrezinho, como passa mal! Não aguenta tanta água dos mais velhos.

P: Vai à praia dos pequenos; aqui se afoga ou não se afoga. Aqui (sinalizando), no lugar dos grandes, certamente se afoga.

T: As crianças passam mal quando estão sozinhas. Mas se vão ao lugar dos grandes, enchem a cabeça das coisas dos grandes, pensam que são grandes e não conseguem crescer. (Enquanto eu lhe dizia isto, ele me olhava e interrompia sua atividade. Ao menor silêncio entre duas palavras, começava a repetir a brincadeira de banhar o porquinho no lugar dos pequenos ou dos grandes. Quando terminei de falar, ele pegou o porco grande.)

Meltzer: Primeiro acabam de comer, logo um porquinho vai e se afoga, e depois imagina que se afoga na praia dos mais velhos. Vai à praia dos pequenos e diz: "Se afogará ou não se afogará?", mas se vai à praia dos mais velhos, certamente se afogará. Parece haver uma possibilidade de sobrevivência na praia dos pequenos.

Todo este fato de que o bebê dormia, depois comia, voltava a dormir e o limpavam e voltava a dormir, tudo isso tem a ver com a questão de onde está dormindo. Está dormindo nas águas dos mais velhos ou está dormindo nas águas dos pequenos, onde há alguma possibilidade de sobreviver? Há uma ambiguidade entre as fantasias de identificação projetiva e de voltar aqui às águas. Há algumas pessoas que, quando dormem, dormem dentro do objeto, dormem em identificação projetiva; nesse caso, é muito importante o lugar em que dormem, e isto aparece nos sonhos. No que se refere à identificação projetiva, essas duas praias poderiam estar dentro do peito ou dentro dos genitais. Em ambos há o perigo do afogamento. A praia dos menores provavelmente será a que está dentro do peito: é aquela na qual ele tem possibilidade de sobreviver, porque não se acha dentro da identificação projetiva, mas, sim, em um retorno ao interior do útero, dentro das águas nas quais se pode sobreviver, onde não necessita de alimentação. Teria algo a ver com a possibilidade de dormir sem ter sonhos terríveis – porque suspeito que, aqui, afogar-se quer dizer ter pesadelos.

Shakespeare faz uma referência a esta questão em Hamlet, *quando este fala com Horácio: "Eu poderia entrar numa casca de noz e ser o rei de um espaço infinito... Mas tenho pesadelos".*[15] *Prossiga, por favor.*

P: Esse aqui acaba por salvá-lo. Se estiver só, certamente se afoga. A praia aqui, grande; aqui também, grande. (Simboliza o porquinho que se afoga e vem o porco grande para salvá-lo; imita o ruído da água e do afogamento com um som firme e excitado.)

15 "Oh, Deus, eu poderia viver recluso numa casca de noz e me achar o rei do espaço infinito se não tivesse maus sonhos." William Shakespeare, *Hamlet*, ato 2, cena 2 (trad. Millôr Fernandes. Porto Alegre: L&PM, 1997). Hamlet fala a Rosencrantz e Guildenstern, dois cortesãos, não a Horácio [N.T.].

Meltzer: Como ele imita o som da água e do afogamento, como ele faz? Pergunto isso porque neste momento estava pensando na placenta. Prossiga, por favor.

T: Agora, virá na quinta-feira e na outra, até 14 de setembro não virá. E pensa: "Um super-homem virá me salvar se eu vier a pensar nos monstros que invento". E pensa: "Aguentarei *sozinho* no local dos pequenos sem vir aqui?". E você fica com pena: você gosta de vir e não quer que eu o deixe fora. Pensa que eu fico nesta cadeira e você vai para a "rua". Por isso, você queria o lugar dos grandes, a minha cadeira.

Meltzer: Isto se baseia em outro material anterior?

T: Sim.

P: (Com a caixa imita a trajetória de um voo. Levantando-se da cadeira, faz ruído de carro.)

Meltzer: Em sua cadeira?

T: Sim.

Meltzer: Então, não é um avião?

T: Não é um avião. No gestual, sim, mas o ruído é de um carro.

Meltzer: O ruído não se enquadra no ritmo da trajetória?

T: Não, não tem base.

Ps: Pode ser o ruído do motor?

Meltzer: Bom. É muito difícil dizer. O ruído é muito diferente. Talvez se refira a que ele faz o mesmo ruído que fazia quando brincava com o carrinho. O menino já brincou outras vezes com um avião e fez um barulho diferente?

T: Não.

Meltzer: Você vai percebendo que você e eu não estamos aqui juntos: que você vai e vem para a sua casa e que eu não estarei noite e dia, sempre neste espaço para você.

P: (Sorri, deixa a caixa na mesa e diz:) Antes eu pensava que durante a noite você ficava aqui (sinaliza um buraquinho negro, de colocar pregos na parede); agora, não; antes, sim, como um verme.

Meltzer: Aqui há uma projeção que expressa com exatidão o que ele faz. É como um verme que volta para o seu lugar. Prossiga, por favor.

P: (Está na hora. Ele fica todo preguiçoso e dá umas voltas sobre a caixa com os braços esticados, fazendo barulho de carro.)

T: O que você deve fazer agora é ir de ônibus para casa, e é para isso que você está se preparando.

Meltzer: Mas ele, neste momento, escuta. Agora pensa que realmente você vai sair voando. Isto tem algo a ver com a formação de conceitos. Conceitos como grande e pequeno, alto e baixo, dentro e fora. Está em tratamento com você há quase três anos?

T: Dois anos. Agora em outubro completará dois anos.

Meltzer: Esta parte do material em que aparece o verme é como uma pepita de ouro. É um achado formidável. Podemos imaginar que para este menino é como o momento em que perdeu o mamilo e então consegue dormir. Nos transmite a sensação de que quando o mamilo se retrai para o seu próprio buraco, ele também volta para seu próprio lugar. Esta ideia de perigo depois de comer é como um perigo novo, um conceito novo, o de que ele, depois de comer, não volta para o próprio lugar, mas continua a caminhar. Este novo conceito de ir embora despertou uma nova categoria de identificação projetiva. Agora se trataria de que você não voltaria ao seu lugar e ele ao lugar dele, mas, sim, que ele iria ao seu lugar, junto com você. É então que as crianças podem se afogar.

É como se, em lugar do que disse antes, o mamilo se retrai e volta ao seu lugar, e ele, por sua vez, volta ao lugar dele. Agora, ele, em vez de voltar ao seu lugar, iria com a terapeuta ao lugar dela. Andariam juntos, e é aí que os meninos se afogam; quando vão junto com a mãe até o interior da vagina dela. Mas há outra possibilidade, que seria a de ir até a praia das crianças, ou seja, ao interior do peito, lugar onde existe a possibilidade de não se afogar. Você conectou e relacionou tudo isso com os monstros...

T: Sim, ele enchia a cabeça de monstros.

Meltzer: Você está interpretando tudo isso como uma ansiedade claustrofóbica. Aqui dá a impressão de que o peito e a placenta estão em uma relação oscilante, um com o outro, de uma forma bastante equilibrada; como dormir sem ter pesadelos, como despertar sem estar dentro de um claustro, sem os monstros... É fascinante. Prossiga, por favor.

Primeira sessão depois das férias de verão

Está sentado ao lado da mãe, muito quieto. Ao me ver, os dois sorriem e logo ele segue adiante, vai diretamente ao consultório, senta-se e pega a caixa.

Meltzer: Este fato de que os dois sorriem, a mãe e o filho, é algo muito diferente da primeira sessão, porque os dois estão juntos e separados ao mesmo tempo. O menino é diferente da mãe, ou a mãe sempre sorri?

T: Não.

Meltzer: E este sorriso da mãe, era do tipo "fingido" ou não?

T: Antes era fingido, mas agora é um sorriso natural.

Meltzer: Depois dos ferias... Prossiga, por favor.

Me parece que está pálido, que emagreceu.

Agarrando-se à caixa durante um tempo, emite repetidamente gemidos-lamentos, olhando para mim e depois para a caixa.

Meltzer: Como um cachorro, por exemplo?

T: Não, é humano. Por isso, digo gemidos-lamentos. Não se tratava de dor física, era dor mental. Era lamento...

T: Ah, como você sofreu por não poder vir! Você percebeu.

Meltzer: Nestes momentos, não vejo claramente se a caixa está viva ou morta.

T: Depois pensei que parecia que a caixa estava viva e que eram os porquinhos – o conteúdo da caixa – que sofriam.

Meltzer: E provavelmente se afogavam ou estavam se afogando... Prossiga, por favor.

T: ... Você conseguiu aguentar e agora vem me contar.

P: (Continua emitindo sons de sofrimento. Abre a caixa, pega um porquinho e me mostra.)

T: Ah! Como você se sentia pequenininho com tanto sofrimento...

Meltzer: Aqui é sua identificação com a mãe, cujo bebê se afogou. É a parte identificatória da identificação projetiva.

P: (Tira outro porquinho, depois a porca e a põe entre os dois porquinhos. Pega o lápis verticalmente e imita os saltos de um lado para o outro, emitindo outro tipo de som.)

Meltzer: É o lápis que pula assim?

T: Sim.

Meltzer: Por cima dos porquinhos?

T: Não, entre eles.

Meltzer: Mas bem em volta deles...

T: Não em volta totalmente. Era uma volta só para um lado.

T: Talvez você possa me explicar isso.

P: Contente.

Meltzer: Vitória, talvez. Provavelmente é o que ele quer dizer... Prossiga, por favor.

T: Ah! Você está contente por estar aqui, que eu conte algo, que explique e que fale de você.

P: Sim, veja... (pega o porquinho, emite gemidos e lamentos e continua falando) não sabe, não sabe...

T: Você sofre quando não sabe o que acontece com você e eu não estou para lhe explicar ou não o entendo.

P: (Pega a árvore e me diz uma palavra que não entendo.)

T: Não consigo entender essa palavra: se me repetisse mais vezes...

P: (Vai repetindo e, cada vez que fala, fica me olhado.)

T: Irmã?

P: Sim.

T: Irmã de quem?

P: Da igreja.

T: Você foi aluno de colégio de freiras?

Meltzer: Quando foi que ele falou da igreja que falava?

T: Antes dos feriados da Semana Santa.

Meltzer: Foi aí que ele falou do assunto... e depois da Semana Santa, não falou mais...

T: Mas dessa vez, sim.

Meltzer: Então, a igreja que falava era antes da Semana Santa. Por que você pensou nas freiras e não na irmãzinha?

T: Não, foi ele.

P: Não.

T: De onde você conhece as freiras?

P: Televisão. (Começa a brincar. A porca bate na copa da árvore). Bate... Não estava lá.

Meltzer: Então quem está batendo? A porca?

T: A porca bate na freira, que é a árvore.

Meltzer: Então a árvore é como a torre da igreja?

T: Não, é redondinha.

Meltzer: Então a porca bate na árvore porque não estava ali. Poderia se entender assim... Prossiga, por favor.

T: Você estava chateado comigo porque eu não estava lá. Você pensa que eu deveria ser uma freira, que cuida só de você e nunca vai embora.

P: (Pega a galinha.) Galo (Põe o galo perto da porca.)

T: Que a mamãe esteja junto do papai, que tem você e seu irmão, tudo bem. Mas eu, só com você, sempre com você, sem ter mais ninguém. (Ele me escuta com grande atenção. É a primeira vez que percebo que presta atenção de verdade.)

P: (Pega todos os blocos de madeira da caixa. Com um bloco maior, dá socos contra os outros e contra a árvore. Mexe e esparrama os blocos na metade direita da mesa.)

T: Você fica muito chateado ao pensar que não sou freira, que posso ter um homem e filhos nas férias, quando você não está aqui.

P: Touro, uf, uf (enquanto investe contra todos), olé, olé (enquanto faz um gesto com a capa que mais parece acariciar um corpo pelas costas).

T: Parece que você acaricia, que chega devagar e está muito, muito zangado. Você me diz: seu homem é uma besta, não a ama, bate em você.

P: (Pega um pintinho e me mostra.) Olhe, um passarinho!

T: Sim, sim. Para que as crianças não entendam e olhem para o outro lado, as pessoas mais velhas falam: "Olhe, olhe, um passarinho". Você não quer que eu perceba sua fúria.

P: (Fazendo um gesto de que o pintinho voa por cima da mesa.) Voa, voa, vê tudo!

T: Você também gostaria de voar como um passarinho, ir por aí, por aqui, por ali, por todos os lugares onde eu estiver e saber tudo o que se passa comigo.

P: (Constrói uma linha reta com os blocos de madeira. Faz a entrada de um castelo com as torres e a porta, fechada, no meio. Põe o porquinho em um dos lados, olhando para mim.)

T: Está fora. Se sente só. A porta está fechada, mas pensa e sente vontade de vir.

P: (Sorri.)

T: Está na hora de arrumar as coisas.

P: (Vai recolhendo os blocos devagar. Quando termina, fica um instante na cadeira, sentado, olhando para mim.)

T: Fica difícil ir embora. (Abro a porta, se levanta e sai.)

Meltzer: É interessante ver como as férias deram um bom impulso a ele neste conflito edípico pré-genital de separação. Antes das férias, ria muito pouco. Mas, depois das férias, se pode perceber claramente... Ele gostaria que você fosse uma freira. Acha que as freiras na realidade não são muito felizes. Acha que as mulheres preferem ter marido e um homem. Mesmo que não goste muito, vai deixar que você tenha esse touro de marido, mas ele também gostaria de estar aqui dentro participando...

É interessante, porque no começo da sessão, você disse que ele parecia pálido e que emagreceu. Porém, imagino que ao final da sessão não estava tão pálido.

A questão é que estes meninos que se consideram mudos tendem a uma grande dramatização. Sabem dramatizar muito bem. Mas acredito que estes gemidos iniciais não eram dramatizações. Eram verdadeiros. Durante as férias, ele foi para dentro e ali foi afogado por este touro nas águas, esta porca e este porco, que também entraram. Quando voltou, estava num estado de ânimo da mãe cujo bebê havia se afogado. Tudo o que você disse a ele está totalmente correto no que se refere ao apego a você.

Porém, acho que uma coisa não está muito clara. É o fato do lápis que pulava. Este lápis poderia representar o pênis do touro que sai triunfante, que triunfa sobre o bebê e a mãe, que matou o bebê. Estes gemidos pareceriam realmente uma representação da mãe do

Guernica, *de Picasso, a mãe com o bebê nos braços... Embora ele diga: "Sim, olhe aqui", diz também "não sabe, não sabe".*

O fato de estar dentro é ainda algo muito pouco explicável, ou algo que ele não consegue explicar ou entender. Mas, no final, constrói o castelo. Quando constrói esta espécie de casa e o muro, ele fica para fora. Um dos porquinhos está fora, olhando para você. Este menino aprende muito depressa.

O que acontece com os meninos que não conseguiram se desenvolver ou nos quais houve um atraso no desenvolvimento porque houve falta na formação de símbolos, ou uma carência na interação com um objeto que pudesse lhes ensinar algo, é que assim que começam, avançam muito rapidamente. Poderíamos pensar que entre as sessões há realmente um trabalho, um trabalho que ele realiza, uma elaboração dos conceitos que está percebendo com você. Está pensando sobre estes conceitos.

Estou um pouco triste porque este material evoluiu muito depressa e, na verdade, gostaria muito de ver o material anterior deste menino. Porque é provável que o material anterior poderia mostrar mais claramente essa ideia de ir rastejando até o buraco e também até você como se voltasse ao útero. Seria desejável para a próxima reunião do Seminário se você pudesse trazer mais materiais, especialmente sobre a ideia de ele ir até o buraco, você ao seu buraco, e a relação com a caixa. É algo muito recente.

Comecei a observar o material referente a essas partes da personalidade ainda não nascidas. Suspeito que tudo é muito importante para chegar a entender alguns estados de retração e também os transtornos da personalidade que foram chamados de "mutilações do eu", em que parece que há partes muito grandes do eu que não aparecem: estão perdidas e não parece que estejam projetadas em parte alguma. Há algum tempo, se pensava que estes transtornos tinham um papel muito importante nas crianças consideradas mentalmente deficientes. Não nas crianças autistas, psicóticas ou hiperativas, mas naquelas em que parecia que uma parte do cérebro funcionava de forma deficiente e que, pouco a pouco, respondiam adequadamente à psicoterapia.

Este menino não se comporta da mesma forma que a maioria das crianças que não se desenvolvem, que, quando entram na terapia, estabelecem uma relação de amor quase apaixonado pela terapeuta, que se entregam à terapeuta. Este menino não fez isso. Primeiro começou a se relacionar com a sacola, em seguida com a caixa, e um tempo depois começou a se relacionar com você.

Interessa-me muito a parte em que o menino disse que antes pensava que você escorreria pelo buraco na parede.

T: Tenho poucas anotações, porque anoto muito poucas informações, só uma ou outra vez que consegui tomar nota. Poderei fazer isso de agora em diante. Vou descrever todas as sessões.

Meltzer: É um pouco tarde para o que interessa: as que mais importam são as anteriores. Você poderia, em todo caso, ficar atenta ao que sucede antes dos próximos feriados de Natal e imediatamente depois, para poder ver se há uma repetição de tudo isso.

T: Transcrevi a penúltima sessão antes das férias, que se referia ao pequeno verme, que chamou sua atenção. Mas, na última sessão, ele fala de mudança de casa. Vai a uma casa pequena que está suja e há um robô que limpa tudinho e que lhe dá muito medo, porque o robô não tem olhos nem ouvidos. Eu consigo conectá-lo com toda a angústia que sente quando não olho para ele, quando não ouço o que ele diz, já que tem medo de que eu seja um robô e me pede que não seja.

Meltzer: Isto, provavelmente, é o pênis-papai que tem no ânus...

T: O robô solta água que queima tudo e deixa tudo limpo.

Meltzer: Isto estaria em relação com o trabalho de Hércules nos estábulos de Áugias: é o pênis que limpa o ânus da mãe. Isto coincide com o touro que aparece depois...

T: Por isso eu pude falar do homem, que eu tinha um homem, e ficou furioso.

Ps: Me faz pensar na irmã e na igreja com o campanário que toca. E duvido de como teria sido a sessão se não tivesse visto desta forma. Porque ele, afinal, estava construindo um castelo com duas torres: ou seja, que há algo da torre ao lado da casa, outra torre...

Meltzer: O primeiro objetivo do trabalho interpretativo não é tanto elucidar a fantasia, mas fazer saber que a terapeuta as compreende. O que é evidente é que este menino traz à sessão indícios de seu trabalho entre as sessões.

Sobre este particular, gostaria de dizer que trabalho com pessoas que são analisadas. Chamamos esta tarefa de supervisão de autoanálise. O que eu faço é seguir o relato da vida onírica que geralmente me trazem. É como seguir, controlar, supervisionar, a forma como a vida onírica funciona, elaborando os conflitos emocionais que continuam vigentes nas profundidades.

Neste tipo de criança, nas crianças que não se desenvolvem, é comum observar que, quando começam uma terapia e começam a se relacionar com um terapeuta, fazem este trabalho inconscientemente entre as sessões. Então, o que trazem para a sessão é algo como "lição de casa". Normalmente, na análise e com as interpretações, o que o analista pretende fazer é esclarecer confusões ou conceitos equivocados e sinalizar como aparecem na relação transferencial. Realmente, fazemos um tipo de trabalho mental para o paciente, com o objetivo de esclarecer confusões.

Há outros momentos em que as questões se esclarecem por si, nos sonhos, e o analista simplesmente dirige e acompanha. Isto geralmente ocorre nas análises de gestantes, em que parece que a transferência se detém e o trabalho se converte simplesmente em acompanhar as fantasias com o analista, que então desenvolve a função de supervisionar as fantasias, diante do fato de ter um filho.

Neste tipo de terapia, que avança rapidamente, poderíamos nos perguntar qual é a função do terapeuta e por que, como neste caso, a/o terapeuta é tão essencial, tão indispensável e há uma ansiedade de separação tão grande. Acho que a terapeuta está proporcionando o setting *e o espaço mental para que se possa pensar, e o paciente tem medo de perder a terapeuta porque tem medo de perder a capacidade de pensar. Há duas formas em que se manifesta o medo de perder o espaço mental: uma delas seria a morte da terapeuta, e a outra seria o fato de que a terapeuta venha a ter um filho.*

Com este tipo de material, não se pode esperar outra coisa a não ser entender uma parte deste desenvolvimento conceitual tão grande que está ocorrendo com o menino. As palavras que diz e as brincadeiras que faz estão realmente carregadas de significado. Isto difere muito do que você havia dito dele, aquele material em que ele simplesmente dava voltas e voltas no carrinho e você dormia...

T: Durante um ano, ele somente dava socos e mais socos.

Ps: Com um caso assim, não faz sentido ser tão meticulosos, não funciona assim, mas deve-se manter um *setting* e sustentar a atitude da terapeuta.

Meltzer: Deve-se ter muito cuidado com o setting *e a extensão.*

Ps: Sim, mas não com o conteúdo.

Meltzer: Nesse caso, seu trabalho interpretativo não é esclarecedor simplesmente. Você leva o menino a saber que está entendendo o que se passa com ele. Mas é importante que a terapeuta coloque em palavras o que está pensando, o que se passa em sua mente, porque essa é a prova, para o menino, de que a terapeuta o escuta.

Pensei também que parece que a igreja-peito-falante está conectada com o ânus da freira, não casada. Chama atenção como deixa, tão depressa, que você fique com este touro-marido. Ou seja, não aparece somente no fato de que ele pensa que você não é freira, mas também que você não gostaria de ser freira, que você gosta muito de crianças para ser freira e não ter seus próprios filhos.

Quando você diz a ele que a mamãe está com o papai e ele fala que tem você e o irmão, também está dizendo que não quer privar você de um homem. Depois disso, vem toda a brincadeira da árvore, o homem e as duas torres. Então produz, de forma extremamente rápida, como que uma elaboração de todas estas fantasias pré-genitais. É impressionante como você pegou esta ideia da fala "olhe, um passarinho!" e a hipocrisia dos adultos e como isto sinaliza para as crianças que os adultos estão fazendo coisas secretas e sujas. Isto provoca nas crianças tanta curiosidade suja como se as fizesse querer entrar na cena primária. Aqui vemos o contraste do menino que está dentro do castelo esperando que entre o touro-pênis e o outro que é como um vermezinho que entra no buraco depois de ter comido. Além disso, como é diferente este refugiar-se no útero, no espaço pré-natal, de forçar um caminho através da identificação projetiva. São duas coisas muito diferentes.

Comentários posteriores

Júlio continuou a terapia durante mais quatro anos. Conforme previsto, depois de dois anos de escola especial, passa para o Ensino Básico Geral, no qual continua a progredir. A mãe mostrou grande sensibilidade e capacidade de esforço para incentivá-lo a progredir.

Por circunstâncias de trabalho do pai, a família tem que se mudar para outra cidade, com a possibilidade de encontrar outra terapeuta.

Durante estes quatro anos, oscilou entre o interesse em esclarecer conceitos e entrar outra vez nos buracos, me vigiando, ao mesmo tempo, para que eu o acompanhasse com o olhar, procurando entendê-lo. Em um momento em que deixei de olhar para ele, ele mesmo se repreendeu pelas bobagens que fazia.

Na hora de arrumar as coisas e de ir embora, ele resistia; muito mais nas últimas sessões, em que, enquanto guardava os brinquedos, dizia, referindo-se à caixa: "Isto é o cemitério". Fechava a caixa e dizia: "Eu começo de novo e ressuscitam". De fato, quando, em uma das sessões, estava envolvido na brincadeira, na sessão seguinte – uma semana depois – disse: "Repetição!". E repetia uma parte, permitindo minha intervenção.

Depositava em mim sua perplexidade perante as descobertas, sensações e sentimentos, como o não saber, de forma que só podia reconhecê-los contratransferencialmente e, assim, utilizá-los como orientação pessoal naquele momento delicado. A verbalização servia para que tapasse os ouvidos, ou que se colocasse como triunfante, ou organizasse alguma confusão entre ambos. (Ele entra no meu buraco e eu o retiro violentamente, para que nós dois não estejamos ao mesmo tempo no mesmo buraco.)

No fim do tratamento, quando conseguiu compreender, disse: "Que estranho que vou embora! Se eu não quero, como isso pode acontecer?". Ficou muito chateado comigo e depois com o pai. Estava convencido de que eu conseguiria que o pai ficasse na cidade. Sentiu que estava se transformando em *menina*. Na volta das últimas férias, me perguntou diretamente sobre o eclipse do sol, e depois passou a se interessar pelas fases da lua. Para ele, só permanece o que se vê. Depois de me escutar atentamente, dá meia-volta ao redor da mesa, se coloca ao meu lado, olha pela janela, volta-se para mim e diz: (sem que eu tivesse dito a palavra "comer") "Se a lua comer o sol, cairão sobre a terra cachos de sol, a Terra se quebrará e será despedaçada. Isto vai se quebrar (indicando o consultório e o que se vê pela janela), mas como pode ser, se já houve muitos eclipses do sol?".

As cenas edípicas estavam carregadas de sadismo paterno na presença de crianças e animais. A figura do avô materno aparecia como organizador, e surgia posteriormente a esperança de amor entre o casal. Não sem temer o que estará acontecendo em sua mente. Vai se fragmentar ou se dissociar verticalmente? Terá possibilidade de comunicação entre seus objetos internos?

Quando faltam duas sessões para terminar, expressa seu sentimento de pena. Vem no mesmo dia em que a tia-avó foi enterrada e me diz com sentimento tênue: "Não verá nossa casa nova". E aceita o mesmo sentimento de que eu não o verei crescer.

No penúltimo dia, quando eu disse que estava na hora, ele disse: "O espaguete (sinalizando entre sua boca e a minha) as tesouras cortam, nós dois nos separamos". E fez, com os lábios, o gesto de ingerir sua parte com satisfação.

11. Sylvia: A excitante servidão do ciúme

Motivo da consulta

No momento em que pede ajuda, Sylvia é uma mulher de aproximadamente 40 anos. Solicita uma consulta porque se sente obcecada por causa de seu ciúme, gerado pelas relações sexuais e afetivas que seu marido mantém fora do casamento. Mantiveram por anos uma relação "aberta", ambos tendo relações com diversas pessoas. Num determinado momento, ela percebe que seu marido está verdadeiramente interessado por uma mulher. A partir de então, sente que seu casamento está ameaçado. Por causa disso, sofre intenso ciúme e teme enlouquecer, caso esse sentimento a invada totalmente.

Explica que foi ela quem primeiro teve relações extraconjugais, embora sempre tenha pretendido que elas não afetassem sua relação de casal; seu marido, pelo contrário, jamais foi discreto e nem sequer evitava os telefonemas de suas amantes para a casa do casal, nem que ela as conhecesse etc.

Meltzer: O fato de o marido não ter ciúme é um problema. Esta parte da história, na qual ela explica ter sido a primeira a ter relações extraconjugais, provavelmente não é verdadeira. É comum que existam duas versões diferentes do casamento, contadas cada uma por um membro do casal. Quando um deles organiza o matrimônio com uma ideia de contrato e o outro o faz com uma expectativa romântica, as versões não se encaixam, e este último entra em uma forma de vinculação sadomasoquista de "agonia romântica". Prossiga, por favor.

Ela descreve o marido como um homem criativo, inteligente, com capacidade para organizar viagens apaixonantes. É uma pessoa que tem visão de futuro e foi ascendendo no trabalho até alcançar um cargo de responsabilidade; não obstante, atualmente sente-se estancado, sem chances de promoção. É um homem comprometido política e socialmente.

Tiveram três filhos. Suas recordações do primeiro parto são muito desagradáveis. Depois de ter o primeiro filho, sentia-se desolada e muito sozinha: seu marido dedicava-se inteiramente a atividades políticas e sociais. Talvez influenciada por isso, ela começou a se relacionar com um homem por quem se apaixonou. Ao cabo de certo tempo, renunciou a essa relação, preferindo a que mantinha com seu marido; este, no entanto, não sentia ciúme.

Depois, ambos foram tendo relações extraconjugais, mas faz dois anos que a paciente começou a ficar obcecada e a sofrer muito por causa das que seu marido mantinha, embora ele lhe assegurasse – e ainda lhe assegura – que desejava viver com ela.

Alguns dados que foram aparecendo ao longo do tratamento

As lembranças que ela guarda de sua infância não são especialmente felizes: explica que tinha que cuidar de seus irmãos, enquanto seus pais tocavam o negócio familiar. Seus irmãos podiam estudar, mas ela tinha que realizar os afazeres domésticos ou trabalhar na empresa dos pais.

Sobre seu nascimento, sua mãe comentou que ela era uma menina feia e morena; que na infância era submissa, sem opinião própria e que sempre sorria indiscriminadamente a quem quer que fosse.

Na adolescência, sentiu-se tão complexada e insegura que recorreu a um psiquiatra. No começo ele a ajudou, mas depois acabou recomendando a ela, como parte do tratamento, ter relações sexuais com ele. Ela as teve e, embora não tenha durado muito tempo, ao longo de seu transcurso ela vivenciou grandes contradições: por um lado, sentia repugnância, mas, por causa da gratidão que experimentava, sentia-se obrigada a manter essas relações. Não podia comentar com ninguém o que estava acontecendo, e isso a angustiava enormemente. Por fim, enojada e angustiada, contou tudo a seus pais. Estes processaram judicialmente o psiquiatra. Ela sentia-se cheia de culpa e consternação.

Meltzer: Foi a primeira relação sexual dela?

T: Sim, acho que sim.

Meltzer: Que idade tinha?

T: Dezessete anos.

Meltzer: Ok. Prossiga, por favor.

T: Fiz um resumo. Não sei se é preferível lê-lo ou ir diretamente às sessões.

Meltzer: Vamos antes ver o resumo.

Alguns aspectos tratados com maior relevância

Foram analisadas suas projeções na figura do marido. Essa análise favoreceu a relação que ela mantinha com o marido e com os filhos. No entanto, ele se sente angustiado e prefere que ela tenha relações sexuais fora do casamento, uma vez que ele quer continuar com seu estilo de vida por sentir-se "sexualmente descontrolado"; não obstante, ratifica que sua vontade é viver com ela.

A paciente sofria muito com as separações: vivenciava-as com grande desespero. Durante as primeiras férias, em alguns finais de semana, ela me telefonou chorando e em desespero. Tranquilizava-se quando eu, pelo telefone, lhe fazia algum assinalamento ou sugeria alguma interpretação: minha resposta fazia com que se sentisse acolhida; seu agradecimento serviu para se equilibrar, e assim não me telefonar nas separações posteriores. Por essa razão, na psicoterapia antecipamos as dificuldades que ela imaginava que fosse experimentar durante as férias. A lembrança do que é previamente mentalizado lhe permite suportar melhor as separações. Ela também aprendeu a acomodar e a adiar a resolução dos problemas, esperando, novamente, ter as sessões.

Viu-se também como, influenciada pelo medo da rejeição, ela não conseguia perceber seus sentimentos autênticos e defendê-los. Com frequência sente dificuldades de diferenciar o que é bom e/ou mau para ela, e é preciso ajudá-la a discriminar.

Para minha surpresa, a primeira interrupção do verão transcorreu serenamente. No entanto, tive algumas dúvidas em relação a seu estado sereno pós-férias. Naquela época, eu não sabia se ela tinha esfriado seus sentimentos em relação à separação de forma defensiva, se estava realmente melhor ou se estava iniciando uma espécie de luto – mais ou menos congelado – antecipado, frente ao grave prognóstico da doença de seu pai. Nesses momentos, penso que, mais que serenidade, tratava-se de uma frieza defensiva.

Meltzer: Essa serenidade poderia ser uma forma de se resignar diante de certas coisas, frente às quais ela sabe que não pode fazer absolutamente nada, como a doença de seu pai. Ela também gostaria de mudar o marido, quando na verdade não pode fazê-lo; a serenidade também poderia estar relacionada a isso.

No luto, há um aspecto no qual vemos que a pessoa se desdobra em si mesma; tem que fazê-lo para conseguir efetuar a elaboração do luto. É um aspecto egocêntrico; é preciso tempo para aceitar e se resignar. Ela havia começado a psicoterapia quanto tempo antes da separação do verão?

T: Tinha começado em outubro. Agora faz um ano e oito meses.

Meltzer: Com que frequência semanal?

T: Duas vezes por semana, cara a cara.

Meltzer: Ok. Podemos dar prosseguimento ao resumo.

Ela expressou – e expressa – com frequência sentimentos de ciúme e de inveja em relação à sua irmã mais nova, sobretudo quando esta ficou grávida. Tentou-se elaborar esses sentimentos transferencialmente. Ela tende a idealizar a maternidade durante a gravidez, o parto e a lactância, mas é difícil para ela ser mãe de seus filhos quando já não são tão pequenos.

Meltzer: Ela é católica?

T: Não. Em termos ideológicos, são pessoas progressistas, de esquerda.

Meltzer: Por opinião própria ou porque seu marido é de esquerda?

T: Acho que é por causa do marido. Ela era muito jovem quando o conheceu e parece que se adaptou bastante à ideologia dele.

Meltzer: Qual é a ideologia da família dela?

T: Também são liberais e não muito religiosos. Seu pai também era de esquerda.

Meltzer: Ok, podemos dar prosseguimento ao resumo.

Tentei ajudá-la a valorizar sua maternidade nas diferentes etapas evolutivas dos filhos. Trabalhamos a forma como ela se adere aos pensamentos em relação ao marido para assim não pensar em outros aspectos de sua vida que a fazem sofrer, como:

- a doença e a morte do pai;

Meltzer: Quando morreu?

T: Faz aproximadamente oito meses.

- o ciúme da irmã, tanto no passado como no presente;
- as diversas dificuldades na transferência;

- a autêntica dor pela relação amorosa que ela e o marido mantêm e pelas dificuldades que ela tem em relação a seus filhos.

Analisei também a satisfação inconsciente que acompanha seu sofrimento quando imagina situações nas quais o marido está com suas amantes.

Meltzer: Sim, aqui está o masoquismo. Prossiga, por favor.

Elaboramos seus sentimentos de tristeza e dor em relação à doença e morte do pai. Também seu temor de ser acometida por um câncer, a propósito de uma intervenção que ela sofreu no colo do útero, a fim de prevenir o desenvolvimento celular que podia se tornar canceroso.

Meltzer: Ela tem uma irmã que nasceu quando ela tinha 5 anos e um irmão que nasceu quando ela tinha 2 anos. Quando nasceu a irmã, ela estava passando pelo período edípico, motivo pelo qual essa menina é o objeto de seu ciúme.

A cena em que ela imagina o marido com outras mulheres e sente tanto ciúme provavelmente tem a ver com suas raízes infantis, quando a mãe estava grávida de sua irmã. O conflito não devia estar, para ela, no momento do nascimento e da lactância da irmã, e, sim, quando esta estava dentro do útero da mãe, sentindo que a irmã estava participando das relações sexuais dos pais.

T: Isso é verdade. Porque ela trouxe uma recordação de sua infância em que ela e o irmão tinham jogos sexuais e ela sofria. Interpretei isso como uma forma de não sentir ciúme de sua irmã, e então ela me explicou que a irmã dormiu no quarto dos pais por muitos anos, enquanto ela, em seu quarto, se sentia bastante excluída.

Meltzer: Os traços de caráter que ela tem – submissa, grata e obediente – podem ter a ver com uma vivência de ter capitulado depois do nascimento do irmão: "Bom, eu já não sou mais o bebê da família...", transformando-se em algo assim como a filha adotiva, um bebê "feio e moreno". É como se ela tivesse cedido seus direitos ao irmão.

Temos uma visão, bastante antecipada, de uma estrutura de personalidade muito submissa e apegada: a mentalidade de uma menina subserviente, pessimista e com sentimentos de inferioridade. Por outro lado, ela descreve o marido como atraente, inteligente, comprometido politicamente, com muitas mulheres etc. Poderia-se pensar facilmente que ela é bonita. Ela é?

T: Não é feia, mas também não é atraente. É bem morena, mas tem uma cor de pele meio apagada. É bonita e poderia ser atraente se se arrumasse com cores mais claras, por exemplo. A expressão de seu rosto a faz parecer pouco atraente.

Meltzer: Você a vê dentro do contexto de uma relação de transferência. Quando ela trabalhava cuidando do negócio que a família tinha, provavelmente fazia o papel de uma menina que atende ao balcão. Dentro desse papel, certamente ela pôde ser atraente, no papel de uma criada; e de fato ela também teve relações extraconjugais, homens não lhe faltaram.

T: Não, não lhe faltaram.

*Meltzer: Parece haver uma cisão ou uma dissociação (*splitting*) entre os jogos sexuais com o irmão e a submissão, a obediência e a docilidade em relação à mãe. A personalidade dessa mulher parece ter se cristalizado ou poderia ter sido imposta por dois incidentes: o* *nascimento do irmão, que a relega ao comércio familiar, e não tanto o nascimento, mas a gravidez da mãe, que mais tarde deu origem à irmã. É aqui, talvez, que começa o masoquismo de suas relações sexuais. Se a pensamos a partir desse ponto de vista, parece que antes das férias de verão sempre há muito medo: ocorre uma situação de pânico, e depois ela volta mais calma e mais serena. Isso poderia ser como quando sua mãe estava grávida, época em que ela tinha muitos medos (medo de que a mãe morresse, que não voltasse etc.); mas no momento em que a mãe dá à luz o bebê, a resignação volta à baila, tornando-a submissa, pessimista, dócil e se rebaixando outra vez. Depois das férias, ela se transforma na menina que ajuda, que lava os pratos, que atende aos clientes etc. Tinha muito medo de ser rejeitada e ficava muito grata a quem tomasse conta dela: é como se ela fosse a Cinderela.*

T: Esta paciente sempre me faz pensar na Cinderela.

Meltzer: Catharine disse que a paciente teve sua primeira relação extraconjugal depois do nascimento do primeiro filho. Quando se casaram, ela já estava grávida? Moraram juntos antes de se casarem?... O que você sabe de tudo isso?

T: Não sei com precisão, mas sei que se casaram sem que ela estivesse grávida: viveram juntos por um tempo, sem filhos, durante o qual não mantinham relações extraconjugais.

Meltzer: Isso faz Catharine pensar que o nascimento do filho, que é justamente um menino, a tenha despertado sexualmente e a tenha feito se lembrar do nascimento do irmão.

O que aconteceu, provavelmente, é que ela se voltou para o pai, e isso foi o que iniciou a mobilização de sua sexualidade. Mas também penso que, talvez, com o nascimento desse menino, a mobilização da sexualidade deve ter sido tão forte que ela teve que encontrar uma forma de dissociá-la, um pouco, entre o bebê e um amante.

Teve que procurar um amante para fazer uma espécie de corte frente a tanta sexualidade.

T: Sexualidade em relação a seu filho?

Meltzer: Sim. Porque é um pouco estranho pensar em uma mulher que está dando de mamar para seu primeiro filho e ao mesmo tempo tendo uma relação extraconjugal.

T: Sim; o bebê não era recém-nascido, tinha oito ou nove meses, mas ok... também não é normal.

Meltzer: Também era complicado, porque ela se sentia abandonada pelo marido...

O que chama atenção é que na relação transferencial está atuando muito fortemente seu desenvolvimento: depois de uma longa separação, ela se torna muito dócil, serena e servil.

T: Sim, servil, é como se estivesse se agarrando a algo que, se não está por perto, ela não sabe o que pode acontecer.

Meltzer: Sim, em qualquer análise na qual há conflitos e/ou problemas emocionais importantes, como no caso da doença e da morte do pai, é difícil ver como a situação real externa interage com a análise: há gestações como a da sua irmã, mortes...

C. Mack Smith: Se ela pudesse ter feito com que o marido sentisse ciúme do bebê, talvez não tivesse ido atrás de um amante. Sua submissão faz com que o marido não tenha ciúme.

Meltzer: Outra possibilidade seria a de que justamente pelo fato de o marido não ter ciúme do filho com ela, ela tenha intensificado sua resposta erótica em relação ao bebê. O marido não se pôs à disposição dela e não se interpôs quando o bebê estava mamando, momento que se caracteriza por ser uma situação erótica sexual.

T: Exato; inclusive ele foi viajar, fazendo "trajetos fascinantes". Ela não foi (tinham viajado juntos em outras ocasiões) porque preferiu ficar para cuidar do bebê.

Meltzer: A reação dos homens quando têm o primeiro filho, sobretudo no caso de ser um menino, pode com frequência ser explosiva. Eles podem entrar em competição com o bebê, ou ser muito exigentes sexualmente com a mulher, ou muito rígidos com a criança, ou procuram outra mulher para ter uma relação extraconjugal. Neste caso, ele foi embora voando e lhe foi muito conveniente a preocupação da mulher com o bebê, que foi o que lhe permitiu partir.

Foi muito bom ver o resumo, que nos permitiu ter uma ideia do que está acontecendo na terapia e na vida dessa mulher. Agora podemos adentrar o material, que provavelmente vai girar em torno da morte e da doença de seu pai.

T: Sim, vai mesmo.

Tenho duas sessões para trabalhar (B e C). A sessão A é um resumo da que precede estas duas, na qual ela fala de seu pai e também relata dois sonhos. Até este momento, ela praticamente não sonhava; a partir daqui, começa a ter sonhos. Acho que é um momento singular da terapia. Agora ela traz até mesmo sonhos demais, inclusive três em uma única sessão.

Ela vinha à terapia às segundas e às quartas-feiras, mas por causa de uns problemas de trabalho me pediu para trocar para para segundas e sextas-feiras; pude fazer esse acerto.

Resumo da sessão A. Segunda-feira, 2 de outubro

P: (Seu pai está internado no hospital, em estado grave. Ela queria explicar a ele a intervenção que talvez fossem realizar e ajudá-lo a elaborar ansiedades pré-cirúrgicas. Mas o pai lhe reprova tanta informação.

Sente-se identificada com a serenidade do pai; sente que seus irmãos, por outro lado, se identificam com os sintomas que o pai teve.)

T: (Interpreto isso da seguinte forma: da mesma forma que seus irmãos, é difícil para ela sentir a dor e a perda; e ficar sabendo de fato que o pai está morrendo é muito doloroso. Parece que ele quer estar com ela como filha, e não como profissional; mas quando ela se sente filha, a perda do pai lhe afeta mais ainda.

Ela recorda uma conversa com sua filha sobre o aniversário desta, conversa que confirma o anterior, e, por fim, ela chora.)

T: (Ressalto que ela chegou a expressar seus sentimentos em vez de guardá-los, mas que às vezes sente dificuldade de comunicá-los, porque teme que sejam tão destrutivos quanto um câncer.)

P: (Nesse momento, faz uma associação, dizendo que se lembrou de dois sonhos.)

Estava com meus colegas de trabalho e queria ir ao banheiro, porque tinha muita vontade de me masturbar, mas não podia fazer isso, uma vez que as pessoas entravam e saíam.

Tinha que sair a campo. Via uns cabides com dois agasalhos, de forma e cor iguais ao meu. Um era mais fino, o meu, e o outro, um pouco mais grosso. Peguei o segundo e saí à rua com meu marido. Sentia-me muito mal, porque pensava que tinha roubado o agasalho e estavam me perseguindo por causa disso.

T: (Esclareço a ela que não temos tempo de trabalhar os sonhos. Acho que ela expressou certo sofrimento com o gesto.)

Meltzer: Chama nossa atenção o fato de que o pai está morrendo no hospital e que é o aniversário da filha: é como se essas duas coisas tivessem se fundido e se condensado em sua fantasia, na mãe que está prestes a dar à luz a menina.

T: Não entendi. Você pode explicar outra vez?

Meltzer: Temos o aniversário da filha e temos o pai, que está no hospital: parece que ela fez uma condensação; a fantasia seria a de que alguém está no hospital para dar à luz um bebê. Isso é o que a incita a se masturbar e a entrar em identificação projetiva com a mãe grávida. Então ela pega esse agasalho. Os dois agasalhos, um mais grosso e outro mais fino, seriam como o bebê – o menos grosso – e a mãe grávida – o mais grosso. O que realmente chama a atenção é que nesses momentos ela fica muito confusa. Ela quer preparar seu pai para a operação, como um bom obstetra que prepara a mulher para o parto. Bem, passemos à outra sessão.

Sessão B. Sexta-feira, 6 de outubro

P: (Ela começa a sessão dizendo que aqueles dias foram especialmente difíceis. Diz se sentir pouco compreendida pelo pai; e, mais, ela sentiu como se o pai a repreendesse. Ela tinha tentado ajudá-lo e informá-lo sobre uns testes que seriam realizados, obtendo como resposta a advertência de que devia agir com mais cuidado ao levar tanta informação a ele, já que isso podia ser prejudicial.)

T: (Interpreto que possivelmente haja aspectos dela mesma que ela prefere desconhecer, como o material dos sonhos do outro dia, em relação à masturbação e ao roubo.)

P: (Em seguida ela comenta que se lembrou de outro sonho.)

Sonhei que você estava trabalhando em um escritório da sua casa e eu ia visitá-la. Explicava a você coisas relacionadas com meus problemas familiares, identificando-os como aspectos patológicos, e você me dizia que esse reconhecimento do problema supunha um grande avanço para a resolução dele.

Meltzer: Este é um sonho intrusivo. Ela está entrando em sua casa privada. Vê-se a parte identificatória da identificação projetiva, na qual você e ela são iguais; você a trata como uma colega etc. Ela, com seu pai, não só está atuando como uma boa profissional, dando a ele informações, como também está atuando como sua psicoterapeuta.

T: Sim, acho que sim.

Meltzer: Poderia haver um processo de deixar de ser o bebê e se tornar a mãe grávida, na pequena mulher. Começávamos a ver que, quando ela era menina e trabalhava na loja, seu funcionamento era como o de uma forma de pseudomaturidade. Essa parte dela, que trabalhava e cuidava dos irmãos, talvez indicasse que tinha pouco interesse nos estudos e na educação e tinha muito mais interesse em ser uma pequena mulher.

T: Sim, foi o que senti. Se tivesse querido estudar, teria conseguido.

Meltzer: Sim, porque ambos os irmãos puderam estudar. Prossiga, por favor.

P: (Ela segue contando os problemas que a tinham deixado preocupada naqueles dias. Além de seu pai, seu marido também lhe deu desgostos. Relata que ele continua saindo com mulheres, mas cada vez com menos discrição. Um dia saiu para procurá-lo, uma vez que era de noite e ele não voltava para casa. Encontrou-o em um bar, com o aspecto de quem acaba de tomar um banho. Sentiu muito ciúme, porque pensou que tinha tomado banho depois de estar com uma mulher.)

Meltzer: Não sei se é frequente, isso de ir procurar o marido no meio da noite, mas vemos aí outra vez esse aspecto de intrusão e invasão. Parece que sabia onde ir buscá-lo.

T: Sim. Agora já não faz isso com tanta frequência, mas no começo fazia muito; além disso, era muito invasiva, porque também olhava a agenda, as cartas, a roupa dele. Parece que agora já não faz mais isso.

Meltzer: Inspecionava também as cuecas! Como fazem algumas mães com as calcinhas das filhas adolescentes... ou cheiram seus dedos. Quando uma mãe está dando um beijo na mão de uma filha, pode sentir o cheiro... Continue, por favor.

T: (Esta paciente habitualmente fala mais em tom de vítima do que de alguém que está com raiva, mas, aqui, sim, demonstra um pouco de raiva.)

P: (Explica que está arrumando um quarto em sua casa e que pensa em usá-lo, caso seu marido continue agindo e se comportando dessa maneira. Também diz ter manifestado ao marido o desejo de viver como um casal de verdade e de ter pedido a ele que pensasse nisso.)

Meltzer: É como um ultimato; está dizendo a ele: "Ou vivemos como um casal normal, ou vivemos em quartos diferentes".

T: Sim, mas isso é muito raro nela. É mais de: "Não posso fazer nada", ter muitas brigas...

Meltzer: Isso forma parte do padrão masoquista: dar esses ultimatos em vez de se esquecer, simplesmente. Continue, por favor.

P: (Depois diz que seu marido recebeu uns documentos relacionados ao seu pai, que produziram nela muita satisfação. Eram uns documentos nos quais se destacava o papel de comissário político de seu pai durante a Guerra Civil, valorizando a luta que realizou e expressando alto grau de reconhecimento. Seu marido lhe disse que vai tentar alcançar algum reconhecimento oficial para o pai dela.)

Meltzer: Então ela já se esqueceu do ultimato.

T: Exatamente.

P: (Por causa desse fato, faz amor com o marido, porque se sente contente e grata pelo que o marido havia feito por seu pai. Mas o marido continua saindo com outras mulheres, o que faz com que a paciente continue se sentindo muito mal.)

Meltzer: As imagens de seu pai e de seu marido estão muito entrelaçadas.

T: Sim. Talvez pelo fato de o marido não ter pai e gostar muito do dela.

Meltzer: Também está aqui o orgulho que ela sente do marido e o que ela sente pelo pai. Você sabe se o pai também tinha muitos casos extraconjugais?

T: Não me disse nada a respeito. No entanto, sei que o pai teve que viver um tempo na França, por razões políticas; não podia voltar e por um tempo ficou separado de sua mulher.

Meltzer: O ponto essencial nessas relações matrimoniais sado-masoquistas de ciúme é o que está se passando de fato na mente da outra pessoa. O verdadeiramente importante não é se um dos dois está saindo com outras pessoas, em termos físicos; o essencial é: o que o outro está pensando? Se está pensando em outras pessoas, o que lhe vai na cabeça, sobretudo, no momento em que está mantendo relações sexuais. O protótipo disso está muito relacionado com fantasias de identificação projetiva.

Aqui vemos o aspecto claustrofóbico da identificação projetiva, da menina que está dentro do corpo da mãe e está recebendo o pênis do pai: quando o pai penetra a mãe, na verdade está tendo relações sexuais com a menina que está dentro, e não com a mãe. Esse pênis que a menina recebe dentro do corpo da mãe é utilizado por ela para brincar, mas também pode ser às vezes confundido com o pênis mau, persecutório e fecal. Isso tem a ver com a fantasia que a menina tem a respeito de qual compartimento está envolvido na masturbação, e se a masturbação é genital ou anal. Como as fantasias passam de um compartimento a outro - genital ou anal - muito facilmente, uma mudança, passando de ser a amante secreta do pai para a vítima erótica de, por exemplo, um diretor de um campo de concentração, ou a ser a freira violentada pelo bispo malvado etc.

C. Mack Smith: Onde tudo isso começaria? Na fantasia genital, anal...?

Meltzer: É muito difícil saber. No entanto, quando há atuação dentro de uma sessão de psicoterapia, aparecem, por exemplo, essas tentativas de seduzir o psicoterapeuta ou, às vezes, inclusive, o psiquiatra, o dentista, o médico... Atualmente, é bastante frequente que alguém possa manter relações, atitudes de escravidão, submissão, diante de profissionais que não são bons ou quem sabe não são éticos.

Então, quando o homem quer romper a relação, a mulher se torna muito vingativa. Aqui, neste caso, foi o que aconteceu com o psiquiatra, quando a paciente comentou com seus pais o que se passou e eles apresentaram um processo judicial. Sua vida sexual estaria muito dissociada, entre um apego erótico a seu pai e um apego masoquista. Isso se reproduziu com o marido. Quando este se identifica com o pai-herói de guerra, então ele se torna uma pessoa altamente erótica para ela. No entanto, quando ele não lhe é fiel e sai com outras mulheres, ela quer castigá-lo.

Os sonhos ilustram muito bem tudo isso. Quando ela entra em identificação projetiva com você, como mãe grávida, tudo isso se intensifica muito, e sua confusão faz com que ela atue. É preciso se concentrar na transferência e analisar a transferência materna, ou seja, você como mãe grávida. Você está grávida de quem?, quem é o bebê? etc. Você não vai poder fazer muita coisa se tentar analisar os actings*: é preciso se concentrar na análise da transferência materna dentro da transferência. Poderiam ser considerados dois aspectos da gratidão que ela sente: em primeiro lugar, uma gratidão em relação ao pai por essa relação secreta que ele tem com ela e, em segundo lugar, um agradecimento à mãe, que faz vista grossa. Quando temos uma paciente que sente muita gratidão e alguém se pergunta o motivo de tanto agradecimento, poderia se pensar que talvez o sinta por algo para o qual você não está prestando atenção.*

T: Sim, por algo que não analiso nela.

Meltzer: Claro que se pode ver, com relativa frequência, em relações reais de incesto, nas quais o pai tem uma relação com uma menina pré-puberal, que a mãe faz vista grossa. Continue, por favor.

P: (De novo ela explica o medo que experimenta ao pensar que seu marido possa ir embora com outra e a raiva que tudo isso lhe produz; sente raiva e gratidão ao mesmo tempo.)

T: (Digo que ela desejava se acalmar, e por isso sonhou que eu a acalmava; mas que na verdade estava muito assustada com os sonhos do outro dia.)

Meltzer: Então é verdade: este sonho no qual você elogiava seus progressos seria como a mãe que faz vista grossa na identificação projetiva. Acontece muito frequentemente, quando um menino ou menina, por identificação projetiva, entra em uma pseudomaturidade e se torna dócil, que a mãe sinta gratidão, agradece muito e não se detém a olhar para dentro para ver o que realmente está acontecendo. Aqui, a identificação projetiva consiste em que ela está se convergindo em uma terapeuta, e que você devia se sentir contente por isso. Prossiga, por favor.

P: (Silêncio.)

T: (Também comento que ela está me pedindo que a ajude a tolerar melhor as separações, a ter uma comunicação melhor comigo e com ela mesma, de modo a poder encarar os conflitos que sente quando eu vou embora. Especialmente quando me imagina atendendo outras pessoas.)

Meltzer: Sim, isso é voltar a colocá-la na transferência. É bastante correto. Aqui você fala de ciúme, da sua gravidez, com outras pessoas. Continue, por favor.

P: (Ela conta que sente que a ajuda anterior ao verão lhe permitiu suportar bem a separação das férias. Sabe que sonhou, mas não consegue se lembrar do sonho.)

T: (Digo-lhe que ela parece estar com muito medo do que possa surgir de dentro de si e que possivelmente essa seja a razão, entre outras, pela qual trouxe seus sonhos no fim da sessão, quando já era impossível que pudesse receber ajuda. Mas, ao mesmo tempo, ao evitar essa ajuda, ela fica muito assustada com o conteúdo dos sonhos.)

P: (Ela diz que é verdade que sentiu muita raiva no momento que me contou os sonhos e a forma como não se deixou ajudar, e que gostaria de explicá-los. Comenta outra vez os sonhos.) Estava com minhas colegas de trabalho e queria ir ao banheiro, porque tinha muita vontade de me masturbar, mas não podia fazer isso, porque as pessoas entravam e saíam.

T: (Digo que talvez, por ter problemas com o trabalho, por se sentir criticada no trabalho, e aqui também, sonha com a masturbação como uma forma de se acalmar.)

P: (Ela me explica que se masturbou pensando em uma freira, que é supervisora de um andar de pacientes oncológicos terminais. Diz que a freira atende e compreende muito bem os enfermos, embora às vezes seja injusta e um pouco sádica com o pessoal da enfermaria.)

T: (Digo que, quem sabe, masturbando-se com essa supervisora, ela pretenda se conectar com essa pessoa tão dedicada aos doentes terminais, com quem pode aprender e com quem queria se parecer. Mas, ao mesmo tempo, a sente dura, fria, injusta e um pouco sádica, talvez como eu, sobretudo quando lhe digo determinadas coisas que não lhe agradam, ou algumas especialmente relacionadas com as separações em razão das férias, a ideia ainda distante – mas que se faz presente – de finalização do tratamento, ou os sentimentos que surgem nela quando eu encerro a sessão. Mas, apesar de tudo isso, ela queria ser um pouco assim: fria, serena e atenta, para poder cuidar melhor de seu pai com câncer e cuidar melhor de todos os aspectos dela mesma que necessitam de ajuda e que para ela são tão difíceis.)

Meltzer: Isso se parece um pouco com Pavilhão de cancerosos, *o romance de Soljenítsin que trata de um hospital oncológico que lembra um campo de concentração. Na verdade, se trata de um campo de concentração camuflado de hospital oncológico.*

Aqui temos o aspecto identificatório da identificação projetiva com o reto da mãe. Já não se trataria da mãe grávida, e, sim, da mãe sádica. O encerramento da sessão seria como lhe dizer: "Bom, agora você morre"; seria como mandá-la ao gueto e à morte.

T: Agora nem tanto, porque ela está melhor; mas antes fazia eu me sentir assim mesmo.

Meltzer: Então também se dá outro aspecto erótico: o da freira que tem relações com o médico, chefe do hospital ou do campo de concentração. Em relação a esse tipo de material, eu teria interpretado que está relacionado a uma masturbação que não é genital, e, sim, anal.

T: Perdão, quando você diz que "teria interpretado", quer dizer "diretamente"?

Meltzer: Sim, diretamente. Então a resposta costuma ser ou o silêncio ou um "sim, eu fazia isso antes". O reconhecimento da masturbação anal é tácito e não tão confidencial. Mais tarde, os pacientes podem reconhecer as fantasias masturbatórias ou as sensações prazerosas que podem experimentar durante a defecação...

Muitas vezes a masturbação anal pode ser algo enigmático, que o paciente não conhece. Os pacientes neuróticos, a não ser que sejam realmente perversos, não vão falar da masturbação anal; alguns nem se dão conta disso. Mas quando, aos poucos, vai saindo no material, é preciso interpretar diretamente a evidência. Quando ela lhe fala dessa fantasia masturbatória, está fazendo uma confidência.

T: Sim, como se estivesse colaborando.

Meltzer: Sim, e é uma recompensa que você recebe por atraí-la novamente para a transferência. Prossigamos.

P: (Ela relata o outro sonho.) Tinha que sair a campo; via uns cabides com dois agasalhos, de forma e cor iguais ao meu. Um era mais fino, o meu, e o outro, um pouco mais grosso. Peguei o segundo e saí à rua com meu marido. Sentia-me muito mal, porque pensava que tinha roubado o agasalho e me perseguiam por causa disso.

T: (Comento esse sonho, relacionando-o com o anterior. Digo-lhe que talvez ela sinta admiração por essa supervisora dedicada, serena, fria, até um pouco sádica, e gostaria de ser como ela; que tenta se parecer com ela, identificando-se tão rapidamente quanto lhe é possível, e assim se masturbando, para alcançar esse objetivo).

Meltzer: Aqui você está interpretando a fantasia de identificação projetiva.

T: Sim.

T: (Continuo lhe dizendo que essa figura a agrada e a excita, e que ela tenta se pôr em contato com ela, estar dentro de sua pele, ser como ela; mas então ela sente que põe um agasalho que não é o seu, por isso acredita que está cometendo um roubo e se sente perseguida. Talvez, tentando se parecer tão rapidamente com a supervisora, acha que pode poupar um processo de elaboração mais lento e que requer esforço; é por isso que o vivencia como um roubo.)

Meltzer: Magnífico!

P: (Ela menciona se sentir muito compreendida e se lembra do sonho do qual não se lembrara de antes.)

T: Quando essa paciente se sente compreendida, começa a me trazer montanhas de sonhos.

P: (Então conta o sonho.) Havia uma mesa de exames ginecológicos na qual jazia uma mulher velha e feia; me dava um pouco de medo e repugnância.

Meltzer: Gosto desse sonho, é um sonho bonito. Como se desenvolve?

P: Esta senhora se levantava e ia embora, e o ginecologista lhe dava um chute nas nádegas. Depois aparecia outra mulher na maca, diferente, mais jovem e bonita, que era atendida pelo médico.

Meltzer: Aqui temos a pequena menina bonita dentro do buraco feio da mãe feia. Continue, por favor.

T: (Comento que talvez ela tenha sentido que eu a rejeitaria, acharia feia, pouco criativa, e que preferiria outra paciente em vez dela. Teme o meu desprezo, mas é ela quem realmente se despreza e rejeita a si mesma; sente-se rejeitada, sobretudo quando a sessão termina.)

P: (Ela manifesta de novo que se sentiu muito compreendida e me pede três sessões por semana.)

Meltzer: Talvez tenha sido melhor interpretar que quando ela se sente compreendida e então consegue lhe contar essas fantasias tão horríveis, ela não se sente nem rejeitada nem expulsa ao fim da sessão. Quando ela se sente compreendida e aceita por você, apesar de suas fantasias tão horríveis, não sente que você lhe dá esse empurrão, esse chute na bunda. Em razão desse sentimento de estar muito ligada a você, muito próxima de você, você é como uma mãe, é preciso que você saiba e conheça bem a fundo todas essas coisas sobre ela. É preciso que você saiba que essa menina servil, que ajuda tanto, que trabalha na loja e que cuida dos irmãos etc. é, na verdade, uma menina horrível, que se masturba etc.

Assim como o pai lhe diria: "Olhe, não seja minha terapeuta, não me ajude tanto", a mãe lhe diria: "Bom, vá para a escola, estude e não se preocupe tanto em ser uma menina tão servil, que ajuda tanto". Agora pede para vir três vezes por semana em resposta à sessão. Bem, passemos à sessão seguinte.

Sessão C. Segunda-feira, 9 de outubro

P: (Ela comenta, no início da sessão, que no dia anterior ela tinha se sentido bastante compreendida. Conta que sua situação matrimonial segue igual, uma vez que seu marido continua mantendo relações extraconjugais sem nenhum tipo de dissimulação. Por causa disso, menciona que teve um sonho relacionado ao marido.) Estou em uma fazenda, a casa onde nasci. A porta está aberta e por ela entram raios de luz e de sol.

Meltzer: A porta sempre está aberta ao claustro, ao interior. A única coisa importante é que a paciente tem que se dar conta de que a porta está aberta e deixar que as coisas saiam. Que pode dizer a verdade e deixar que as coisas saiam livremente. Há pacientes que não estão de fato encerrados na claustrofobia, mas, às vezes, talvez essa claustrofobia lhes excite; é o aspecto sadomasoquista o que os prende ali. Como esse sonho continua?

P: Encontro-me dentro, junto com um cachorro de tamanho mediano, preso a uma corda. O animal tem todos os orifícios do corpo tapados, como se usasse fraldas... E no pênis vejo um aparelho para se masturbar, para proporcionar a ele autossatisfação. O cachorro jazia no chão.

T: (Deixo que ela continue associando livremente e tenho a impressão de que esse sonho está mais relacionado ao pai e a mim que ao marido.)

P: (Ela continua a contar que foi visitar o pai no hospital e o encontrou muito mal, embora sereno. Tinha ido ao lavabo e, ao se levantar da cama, sofreu uma lipotimia, caindo no chão. Ao vê-lo em estado tão grave, frágil, ela manifesta preocupação com o pai e, sobretudo, sente dor ao pensar que um dia o perderá para sempre. Sofre também pela mãe, que, mesmo conhecendo a grave doença do marido, não consegue aceitar que ele morrerá e pede à filha – a paciente – que lhe diga e repita que ele não vai falecer.

Menciona também que tem sentimentos ambivalentes pelo marido. Por um lado, lhe dói e lhe dá raiva que ele continue saindo com outras mulheres sem disfarçar; mas, por outro lado, sente gratidão, já que ele está administrando toda a documentação necessária para que seu pai possa receber uma pensão – que possivelmente chegará a ser bastante elevada, já que o pai ocupava um cargo de responsabilidade durante a Guerra Civil. O pai disse ao marido dela que, se ele conseguisse o pagamento dessa considerável soma de dinheiro, lhe daria a metade.

Comenta que o que mais lhe dá raiva é ter que ser grata ao marido pelo trabalho que ele tem com seu pai, depois de todo o dano que está lhe causando quando sai com outras mulheres.)

T: (Digo a ela que esse sonho tem a ver com seu pai e que tanto ela quanto sua mãe temem perdê-lo. Gostaria de evitar que ele caísse, talvez lhe pondo fraldas, para impedir que dessa forma ele se levantasse sozinho da cama. Também desejava evitar a dor dele e proporcionar-lhe autossatisfação.)

Meltzer: Quando se está trabalhando com uma paciente em um processo analítico e tudo caminha bem, sempre é preciso pensar que os sonhos estão seguindo esse processo analítico, empregando o que Freud chamou de "restos diurnos". Aqui, se veem na gravidez da mãe daquela criança. Neste sonho, o que ela está recolhendo da situação com o pai é a ansiedade da criança a respeito da possibilidade de a mãe ou o bebê morrerem no parto. Por trás disso estão seus sentimentos assassinos em relação ao bebê e sua raiva contra a mãe, por tê-lo tido.

Uma forma de ajudar o paciente quando tem graves problemas reais externos (morte, doença do pai, incapacidade da mãe para enfrentar o problema...) é manter a situação transferencial, tomar cuidado para que não seja vista de forma tão confusa por conta dessas ansiedades infantis; dessa maneira, o paciente não se sente tão confuso. Esta paciente não é usual: o que aqui chama a atenção é como ela aceita a forma como você volta a trazer as coisas para a situação transferencial. Realmente, essa aceitação não é muito comum. Muitas vezes, inclusive, o que fazem os pacientes é lutar contra isso. Continue, por favor.

P: (Ela assente, manifestando que sim, que tinha estado pensando em pôr fraldas nele, evitando assim que, ao se levantar da cama para ir ao lavabo, sofresse outras quedas e pudesse morrer em consequência delas. Ela o vê frágil.)

Meltzer: É uma interpretação que se dirige basicamente ao exterior.

T: Sim.

T: (Digo a ela que tudo isso deve ser muito duro e doloroso.)

P: (Silêncio.)

T: (Prossigo, comunicando-lhe que o sonho também está bastante relacionado à demanda que fez outro dia, de três sessões. Acho que, por um lado, ela se sente ajudada e reconhece essa ajuda ao pedir três sessões; mas, por outro, talvez também expresse que gostaria de me ter sempre presa a seu lado, tapando-me os buracos pelos quais saem as evacuações – urina, fezes etc. –, que, no nível mental, representam os conflitos: ou seja, ela gostaria de tapar os conflitos entre mim e ela. Dessa forma, tudo ficaria bem, limpo e idealizado, inclusive, me proporcionaria satisfações – e a ela também –, para que assim eu não quisesse ir embora e desejasse estar unicamente com ela.

Meltzer: A ideia em si está ok, mas a conexão com o sonho não está inteiramente correta.

T: Eu pensava que ela queria um cachorro bem limpinho, que não fizesse xixi nem cocô...

Meltzer: Também fecharia a boca e o nariz, e o afogaria... Enquanto o pedido de uma terceira sessão é uma forma de se sentir mais próxima a você, também está lhe dizendo: "Bom, você não precisa mais de bebês: você já tem a mim". Vemos aqui um pouco de acting *dentro da transferência, além do desejo genuíno de vir mais vezes. Esses sonhos são muito bonitos. Prossiga, por favor.*

T: (Digo a ela que o sonho reflete o que sente a respeito de si mesma: sente-se mal quando chega à sessão com dificuldades e gostaria de encobri-las. Mas, ao mesmo tempo, ela fica enredada nessa imagem idealizada a respeito dela mesma, o que lhe impede de ter liberdade suficiente para expressar seus conflitos aqui, comigo, embora isso lhe proporcione, ao mesmo tempo, autossatisfação.)

P: (Ela menciona que, no último dia, sentiu-se muito compreendida e desejava vir três vezes por semana; mas que, ao sair da sessão, refletiu sobre isso, pensou que sua terapeuta tinha razão, e que talvez uma parte dela mesma visse essa necessidade como um roubo; seria como pegar o "agasalho grosso".)

Meltzer: Sim, isso está muito bom: é uma paciente muito "boa"! Está roubando a gravidez. Continue, por favor.

T: (Minha interpretação é de que talvez essa sensação de roubo não seja por querer três sessões, e, sim, porque ela a sente, sobretudo, quando as sessões servem para encobrir os conflitos ou para se dar - ou me dar - satisfação ou quando tem a fantasia de que deseja me ter a seu lado, com a fidelidade de um cachorro preso, o que evitaria que ela sentisse, como agora sente, o mal-estar e o conflito de ter que terminar a sessão.)

P: (Ela diz que é verdade e que é difícil para ela ir embora das sessões. Finaliza a sessão dizendo que talvez tenha feito algo assim com o marido.)

Meltzer: A forma como o sadomasoquismo avança dentro da transferência é muito sutil. Às vezes é muito difícil distinguir quando um paciente está colaborando e quando está, simplesmente, em posição submissa. O paciente que sempre paga pontualmente, que chega na hora certa, que traz muitos sonhos etc., pode encobrir aspectos masoquistas; e é fácil confundir tudo isso.

O aspecto da gratidão também tem a ver com isso. Pretenderam-se ser realistas, não deveríamos esperar agradecimentos até o fim da análise. A verdadeira gratidão é uma emoção muito civilizada e altamente sofisticada. Outra acepção para ela é o chamado "amor-armário" (de utilização bem inglesa), que viria a ser como um menino que dissesse à sua mãe: "Hum, hum, obrigado pelos doces que você está me dando".

A verdadeira gratidão implica a compreensão do quanto custou à outra pessoa fazer algo por outra. Aparece somente no fim da análise, junto à percepção de todo o trabalho que se fez e à valorização do tempo que se dedicou a isso. Quando encontramos a gratidão no começo da análise, deveríamos suspeitar de sua qualidade.

T: Neste momento, o que está aparecendo é uma contínua repreensão, porque não lhe dei a sessão extra que ela pediu. Pensa que eu devia ter concordado com a terceira sessão, afinal, ela não estava nada bem.

Meltzer: Normalmente, minha forma de trabalhar é não ter pressa para aumentar o número de sessões, mas tampouco me nego a fazer mais sessões. O que faço com frequência é mencionar que se pode aumentar o número de sessões como algo experimental, para ver se de fato ajuda, já que às vezes pode acontecer o contrário, podendo o aumento obstruir o curso do tratamento. Não podemos afirmar que é melhor que haja mais sessões em vez de menos, já que um número maior pode às vezes produzir uma mudança na responsabilidade do terapeuta e fomentar um certo parasitismo no paciente.

T: Sim, eu tinha essa dúvida.

Meltzer: É equivocada a ideia de que mais sessões levam a análises mais curtas. Para cada paciente há uma frequência ótima; e ela pode mudar ao longo do processo analítico. Também é interessante fazer uma separação entre a frequência de sessões e o pagamento. No meu caso, em geral trabalho estabelecendo um valor semanal. Quando o paciente não tem problemas econômicos, a questão de honorários e de frequência não é tão importante. Mas se há uma relação direta entre honorários e número de sessões, o aumento da frequência poderia supor para alguns pacientes até mesmo a ruína econômica. Por isso prefiro calcular um valor semanal e dividi-lo entre as sessões que são feitas, sejam duas, três ou mais. É um tipo de acordo que se deve fazer, evidentemente, no começo da análise.

Bem, podemos fazer uma pausa para o café e continuar em seguida com o segundo caso.

Comentários posteriores

Um aspecto importante da evolução posterior do tratamento dessa paciente é a interpretação de seu ciúme patológico: foi sendo elaborado na transferência seu ciúme infantil com relação a seus irmãos, cada um de seus pais separadamente, assim como do casal em si. Sobressaía o ciúme de sua irmã mais nova, que emergiu na transferência em numerosas e diferentes situações. As interpretações transferenciais concernentes à gravidez de sua mãe, quando esta esperava sua irmã, ao parto e ao pós-parto, foram as que mobilizaram uma maior e mais rápida transformação na paciente e, portanto, do processo terapêutico. Sylvia sentia que sua "irmã-paciente" tinha o privilégio de estar no interior da "mãe-terapeuta", participando das relações sexuais parentais; isso era o núcleo de seu ciúme, e ela almejava com muita intensidade uma relação desse tipo. Espiara seus pais e sua irmã (esta compartilhou do quarto conjugal por um longo tempo) e, ao mesmo tempo que sentia satisfação nisso, defendia-se dessa situação tentando amortecer seu ciúme mediante jogos de índole sexual com seu irmão.

No decorrer do processo, isso tomava a forma de atuações erotizadas, ao mesmo tempo que, inconscientemente, provocava muitas dessas atuações em seu marido; identificava-se, então, simultaneamente com a esposa, às vezes vítima traída e às vezes mulher triunfante, e com a amante em perigo (uma das amantes de seu marido, depois de abortar, tentou cometer suicídio). Por esse motivo sentia triunfo, satisfação e culpa. E continuava espiando o marido, as amantes e, na fantasia, a terapeuta, do mesmo modo que na infância tinha espiado os pais; sofria com isso, mas também vivenciava uma grande satisfação. Todas essas situações se desdobravam plenamente na transferência.

Durante o primeiro período, interpretei o ciúme transferencial, mas não houve uma mudança profunda. Só quando interpretei como ela desejava estar sempre em meu interior, protegida por mim, desfrutando da minha companhia permanente, mas também das relações sexuais com meu marido, xeretando, investigando e brincando com seu pênis dentro de mim, se produziu a mudança. Houve, como resposta, um *insight* considerável: a paciente compreendeu que às vezes sentia um pênis fascinante, mas em outras ocasiões vivia isso como algo mau, que a invadia e a fazia sofrer, ao mesmo tempo que a "puxava" do meu interior. Portanto, às vezes era uma amante secreta que me traía dentro de mim, temendo inclusive chegar a me matar com seu ódio, e em outras ocasiões eu a punha em perigo, fazendo-a nascer prematuramente, em um parto de alto risco para ambas. Isso se fez patente no período posterior ao anúncio do encerramento. Interpretações desse tipo, especialmente a primeira, tiveram o caráter de revelações: a paciente compreendeu por que tinha que me controlar na transferência e espiar invasivamente seu marido na vida real. Seus ataques de ciúme e de inveja a transformavam em alguém feio, que tinha que ser rejeitado e que só podia sobreviver sendo submissa e masoquista, ainda que, ao mesmo tempo, acalentasse a possibilidade secreta de encenar em diversas relações sexuais, na infância com o irmão e na idade adulta com seus amigos; nesse sentido, era como uma "Cinderela" em uma busca erotizada e permanente por seu príncipe encantado. Diferentemente de outros pacientes, ela agradecia as interpretações transferenciais, que, por sua vez, adquiriam grande potencial esclarecedor. Durante os primeiros anos de tratamento, observou-se uma forte tendência a idealizar a transferência paterna e a subvalorizar e desprezar a materna.

No meio do processo terapêutico emergiu uma recordação de vital importância: o cenário era o lar de sua infância; sua mãe se encontrava em trabalho de parto na alcova matrimonial; a paciente estava sozinha e aterrorizada em seu quarto infantil; escutava os gemidos e gritos de sua mãe, assim como os sussurros dos familiares que estavam muito assustados diante da gravidade da situação. Sylvia viveu um intenso medo ao sentir que sua mãe podia morrer, o que fez com que se intensificasse ainda mais seu ódio pela irmã recém-nascida. O nascimento, dar à luz, significava a perda da mãe, inclusive sua morte, e uma profunda solidão; acho que este foi um dos motivos que a empurraram à identificação projetiva intrusiva, em uma situação na qual ela se identificava simultaneamente com a mãe em perigo, com a "amante-bebê" e com o "pai-doutor", às vezes salvador e outras, agressor, segundo as diversas fantasias da paciente em relação aos diferentes momentos do processo terapêutico. Em diversas ocasiões, anulava as diferenças entre ambas: Sylvia se sentia a "mãe-terapeuta", e isso às vezes me impedia de ajudar uma menina que precisava muito de mim.

No último período do tratamento, desapareceu a paciente submissa e obediente: ela já não precisava recorrer a seu masoquismo nem projetar o sadismo em seu marido ou em mim; não obstante, ao falarmos do encerramento, algumas de suas dificuldades foram reativadas, embora tenham se mantido em tom mais baixo; por outro lado, sua vida onírica, sempre presente, ganhou uma força explícita. As cenas de seus sonhos estavam repletas de gestações, partos e situações de pós-parto, bebês em diferentes estados físicos e emocionais, recém-nascidos feios e bonitos em situações de risco, duplos cordões umbilicais. Sylvia evocava o desejo de uns braços-peito que a sustentassem depois do nascimento, que para ela significava o encerramento do tratamento.

Como se pode inferir pelo aqui exposto, trabalhou-se com bastante profundidade a transferência materna, o que permitiu elaborar a paterna e a fraternal. Observou-se também um duplo aspecto na transferência: o desejo edípico de ter uma gravidez do "pai-marido" significava tanto algo que favorecia a vida como também um câncer; nesse sentido, com frequência confundia o que é bom e o que é mau. Dessa forma, na transferência ela vivia o que lhe parecia algo bom, como uma gravidez de vida, ou como algo mau, como um câncer maligno e mortal. Sobretudo, no início do trabalho sobre a finalização, apareceram claramente os desejos assassinos em relação a meus hipotéticos "novos-bebês", ao mesmo tempo que apareceram a culpa e diferentes desejos inconscientes, mais ou menos logrados, de reparação – que foram facilitados por sua profissão, assim como por sua relação com a irmã, que melhorou ostensivamente. A paciente, não de forma consciente, potencializava o desenvolvimento das capacidades criativas da irmã. Em relação à finalização do tratamento e no trabalho sobre as ansiedades correspondentes à nossa separação, reapareceu seu medo de recair nas fantasias sadomasoquistas implicadas na masturbação.

Outro material que apareceu no último período tinha a ver com a adolescência de seus filhos, especialmente de uma delas, que ela sentia como a mais conflitiva. Identificava-se duplamente de um lado com a terapeuta-mãe e, de outro, com a filha adolescente; às vezes se apresentava diante de mim como uma filha adolescente ideal, projetando os aspectos difíceis, rebeldes e atuadores em sua filha.

Em minha opinião, a paciente terminou o tratamento com uma maior capacidade de dar sentido e significado a seus sonhos, pensamentos e conduta: conhecia seus pontos fracos e sabia canalizá-los; a satisfação destrutiva já não a encerrava em situações ou estados claustrofóbicos. Parece-me que Sylvia adquiriu a capacidade de estabelecer uma transferência baseada em um vínculo mais livre e realista, o que repercutiu em uma qualidade diferente em sua relação com os demais, especialmente com seu marido, assim como também com seus filhos, irmãos e mãe, todos muito importantes para ela, e continuou desenvolvendo sua profissão de uma forma bastante criativa.

12. Paula: A fascinação pelo mundo esotérico

T: Apresentarei a primeira entrevista com a mãe. O texto reproduz bastante literalmente o que vai falando a mãe.

Paula nasceu em outubro de 1982. Faço as entrevistas em março de 1991. A esta primeira entrevista, a mãe comparece sozinha.

Explica-me – e é evidente – que está esperando um bebê; completará nove meses em maio. Em janeiro do ano anterior, sofreu um aborto e não disseram à Paula que ela havia perdido o irmãozinho, disseram-lhe que viria mais tarde.

Meltzer: Como puderam saber que era um irmãozinho e não uma irmãzinha?

T: Esta é uma fantasia deles; não sabiam.

Meltzer: Sim. Prossiga, por favor.

T: A menina disse à mãe que via que os priminhos nasciam, porém, o irmãozinho, não.

Em março do ano anterior, foi diagnosticado um câncer no pai.

"Ela chorava, tinha crises depressivas." Quando lhe perguntavam o que se passava, respondia que estava triste. "Quando fiquei outra vez nesse estado [grávida], a menina me disse: 'não quero'. Ao perguntar-lhe por que, disse: 'porque sou má e não quero tê-lo'."

A psicóloga que haviam consultado explicou-lhes que o problema vinha da creche [escolinha]. Falou de um desequilíbrio entre uma parte muito pouco desenvolvida e outra, muito desenvolvida.

Na escola se integra em grupos pequenos. Sempre tem as tarefas atrasadas. A psicóloga disse que, como ela pensa que é má, não sabe fazer coisas, não se esforça.

Ao perguntar à mãe como esta a vê, a mãe diz que a menina não tem constância e tem um autoconceito muito baixo. Às vezes parece uma pessoa muito maior para a idade; outras vezes, é muito infantil; muito madura em umas facetas e em outras nem tanto. Explica-me que na creche ela queria ajudar a cuidadora, não queria ser criança: "Eu ajudo você a cuidar e a castigá-los", dizia. Recorda a mãe que, quando Paula era pequena, dormia muito pouco, comia muito, mas muito desordenadamente.

Na presença de desconhecidos, chorava.

Na hora de brincar tira tudo, porém não arruma, não se vê capacitada, diz que está cansada, que não pode. Tem pena das pessoas; por exemplo, de um companheiro que vai dois dias com a mesma roupa e diz que é porque não tem dinheiro. No Natal chora pelas crianças pobres do mundo que não têm presentes. Apresenta mudanças de humor bruscas: por exemplo, está brincando com os amigos, começa a dar gritos e vai embora.

Peço que se recorde da gravidez e dos primeiros meses da menina, e ela me explica que foi uma gravidez de 40 semanas. Tiveram que ajudar no parto com fórceps. Tiveram que realizar uma intervenção porque não tinha o hímen perfurado. Foi um bebê muito desejado, primeira neta, primeira sobrinha.

Durante um mês mamou no peito; depois mamadeira, porque não ficava satisfeita. Adaptaram-na às papinhas; a de frutas foi mais custosa na adaptação. A cada duas horas e meia comia. "A pediatra me repreendia, porém, é que ela chorava por toda a noite. Quem sabe a tenhamos protegido demais. Vejo crianças que com sua idade estão mais soltas. Quase nunca sabemos lhe dizer não."

Explica a mãe também que é como se ela, a menina, fosse uma vítima. Quando algum mal se passa, culpabiliza-se. "Se me vê séria, me pergunta: 'está zangada comigo, não me quer, é que não sou bonita?'."

"Pergunta-nos – a seu pai e a mim", diz a mãe, "se estamos contentes com a filha que temos."

"Agora está muito contente com o irmãozinho; inclusive sacou dinheiro das economias para comprar-lhe roupa."

"O xixi ela pediu muito rápido", o cocô, não, custou-lhe mais. Caminhou aos 13 meses. Até os 6 anos passava o dia com os avós maternos, porque a mãe trabalhava.

"Brinca com a Barbie, com Chabeli, com o Baby Feber, que agora é seu filho."

"'Posso deixar o seu neto?' Diz-me que tem que ir trabalhar. Na sala brinca segundo os desenhos da TV. No escritório faz notas de qualquer bobagem. Faz papeizinhos e os coloca em envelopes porque diz que é necessário. Agora, com o que mais brinca é com a Barbie. Às vezes vai ao lavabo, se pinta, coloca uma roupa da mamãe, se disfarça." Põe cintos e dança ao som da música...

T: É uma menina que me impressionou quando a vi. É muito bonita, ela é muito gordinha, muito coquete, como uma senhorita.

A mãe conta que falou muito rápido e claramente, e que sempre teve um vocabulário muito bom para sua idade.

Com a enfermidade do pai passou muito mal. Estiveram desde abril até junho no exterior: ela chorava quando os pais partiam. Levaram-na, com eles, por duas semanas. Quando os pais estavam fora, ela perguntava: "Vovó, acredita que acontecerá algo ao meu pai?". Na metade das vezes não queria falar ao telefone quando os pais ligavam, mesmo que não fosse brincar na praça porque eles iam telefonar.

"Ela nos perguntou por que não a levávamos ao médico que operou seu pai, para ver se ele podia ajudá-la." Quando comentamos que a psicóloga que a atendia não podia fazer o tratamento, **disse que não importava, desde que tirassem isso que ela tem na cabeça, não lhe importava quem o faria.**

"Dorme bem, alguma noite despertou com o filme do tubarão. Não pede que a luz fique acesa."

Quando o pai chega à casa, só há o pai. O pai não nega nada, ela o vê perfeito, é um companheiro em suas brincadeiras. A mãe é a "má do filme", porém, diz que a compreende, e se tem problemas tem que contá-los à mãe."

"Quando estava triste, dizia que era porque 'eles tinham filhos e nós, não'. Perguntamos-lhe: 'por que chora?'. E ela respondeu que tinha inveja. Dissemos a ela que nasceriam mais tarde, e ela respondeu: 'já sei, porém, tenho uma coisa aqui, no peito, que não posso evitar."

"Às vezes nos diz que não sabe o que faria se tivesse tido outros pais." Junta as mãos do papai e da mamãe e as beija.

Meltzer: Tudo isso é informação da mãe?

T: Sim, do primeiro dia. Logo combinei que veríamos também o pai, porém não veio. Tinham consultas de controle com o médico e as coisas se complicaram... Apesar de o pai estar bem da sua enfermidade. De todo modo, não os encontrei juntos até bem pouco tempo.

Meltzer: Trata-se, indubitavelmente de uma dessas meninas com uma pseudomaturidade infantil, com desenvolvimento verbal precoce e em certo sentido com um desenvolvimento sexual precoce, que se expressa por meio dessa coqueteria.

A relação com as outras crianças é problemática porque está identificada de forma adesiva com pessoas maiores; quer ficar com os maiores e ajudar-lhes a cuidar e a castigar as crianças pequenas. A mãe deve ter-se assustado um pouco com esta oferta de sua filha de ajudar a cuidar e, sobretudo, de castigar as outras crianças. É como uma propaganda de: "Ingresse no Exército, conheça gente interessante e os mate".

É uma menina com fantasias sádicas. Ela provavelmente imagina que é uma bruxa e, em certo sentido, talvez seja, pois tem algo em sua cabeça e em seu peito que faz dela uma menina má.

Tem um pouco o estilo que costuma ser destas pessoas que fazem benemerências, que vão cuidar dos leprosos, curar suas feridas, beijam-lhes as feridas etc. Trata-se de uma vocação um pouco motivada por fantasias sadomasoquistas, uma preocupação constante com coisas mórbidas. Quantos meses tinha a menina quando sua mãe foi trabalhar?

T: Quatro meses – quando termina a licença oficial. A menina tinha 4 meses.

Meltzer: E quando foram para o estrangeiro?

T: No ano passado estiveram ininterruptamente durante três meses, e depois iam e vinham.

Meltzer: A mãe espera um bebê...

T: Já o teve, é uma menina.

Meltzer: Não deveria ter sido uma menina...

T: Não, já tinha nome, chamava-se Antônio.

Meltzer: É uma família com problemas, com "mau olhado". Bem, vamos ver o material.

T: Eu tenho que começar contando uma desgraça minha, que não sei se contribui muito, porém não tenho mais remédio a não ser contar-lhes porque senão não entenderiam nada. Dei à menina o material de outro menino, a caixa de outro menino: equivoquei-me... uma catástrofe.

Meltzer: Por que foi uma catástrofe?

T: Eu, quando vi... fiquei horrorizada. A menina ficou paralisada... porém, no entanto, ela já havia posto a mão dentro do material e havia tirado... por má sorte, um bebê da caixa que não era a sua. Bom, de sua bolsa, porque eu só utilizo bolsas. O fato é que ela não tem um bebê em sua bolsa.

Meltzer: É uma boa razão para ter uma caixa de brinquedos tipo na qual todos tenham os mesmos brinquedos.

T: É certo. Quase todos têm bebês, e esta menina não tem. Desde sempre os vem fabricando com massinha. Pensei várias vezes em pôr um bebê, porém, era como tirar a criatividade, pois o seu bebê ia trocando de forma, de cor... isto ocorreu na sessão anterior. Foi traumático; eu me desculpei.

Meltzer: O problema é que quando se comete esse tipo de erro, o tipo de erro que vai desde dar ao paciente outro material até chamar-lhe por outro nome, ou quando você dorme – ocorre com frequência... Você se equivoca com os nomes dos seus filhos... –, protestam um pouco. Você pode desculpar-se ou rir, contudo, logo há que se observar o material para ver se ocorreu algum tipo de impacto.

T: Creio que neste caso ocorreu bastante impacto.

Meltzer: Tem que usá-lo, tem que se usar a resposta do paciente. Bem, vamos ver o material.

T: Sim, o que eu disse na sessão anterior foi me desculpar e dizer-lhe que esperasse um momentinho. Guardei o material e lhe dei o seu.

Ps: E ela, como estava?

T: Paralisada.

A sessão que apresento é a seguinte àquela em que se deu essa situação.

Segunda-feira, 11 de novembro

P: (Ela chega, pega a bolsa onde estão os brinquedos e começa a mexer em seu interior. Diz, enquanto está com a mão dentro, que vai tirar o casaco, que assim poderá enfiar melhor o braço. Deixa o casaco no braço da cadeira, sem se levantar – habitualmente o coloca em um lugar da porta –, tira três bonecos crianças e três adultos: dois senhores e uma senhora.

Tira o carro, pega a menina de branco e a coloca em um bercinho de bebê. Um dos bonecos adultos pega o carro, começa a puxá-lo, move-o para a frente e para trás. A situação fica como detida, ela mesma fica parada. Recomeça – há umas folhas brancas sobre a mesa, à sua esquerda, que havia tirado da bolsa antes –, e coloca os meninos sobre a pilha de folhas. Dá-se conta de que debaixo da bolsa há outras folhas – as que eu deixo a cada dia –, pega-as, junta-as com as outras. Põe as crianças – agora são cinco – sobre as folhas. Explica que vão ao zoológico.

Indicando-me, diz que a folha representa um carro grande, que o menino pequeno é o que está de branco – o bebê que ela viu no outro dia estava de branco –; o pequeno vai deitado, bom, todos deitados, disse; enquanto vai colocando-os, porque é um carro grande. Tira da bolsa dois animais; um rinoceronte e outro animal cinzento mais ou menos indefinido, tipo urso. Também tira um cavalo. Diz que são seis filhos, cinco pequenos e um grande – um dos bonecos adultos –, e um cachorro, um gato e um cavalo. Monta os animais no carro insistindo em dizer que o carro é grande. Chegam ao zoológico. Uma vez ali, explica que o pequeno vai sozinho com o cachorro. Os pais e este maior não estão. As crianças sobem em um barco em uma piscina que, explica, está construída ao lado de um lago. É o zoológico, todavia em meio à selva, esclarece: há um rio na montanha e abaixo uma catarata – gesticula, como desenhando no ar – que forma o lago. Ao lado do lago está a piscina, os meninos se atiram porque a água não está contaminada. Pega os bonecos e vai movimentando-os, indicando que nadam. O cachorro, o gato e o cavalo começam a patinar porque havia gelo, disse, pois a água estava congelada.)

T: (Falo-lhe da impressão do outro dia: ficou gelada quando viu que aquela não era a sua bolsa, e não me disse nada do "corte" que se dava – ela expressou desse modo no dia anterior.)

P: (Começa a mover todos os bonecos com as mãos, agita-os, diz que saltam; vai jogando-os para cima e para baixo.) Vão à sua casa. (Diz isso atirando-os ao chão e move-se para longe de onde eu estou.)

T: Talvez tenha a intenção de que não fiquem gelados, que se aqueçam.

P: (Ela também vai se movimentando de uma parte a outra da sala. Vai se agitando, atirando os bonecos e movimentando-os pela sala. Sopra de agitação e de cansaço.)

T: Parece que está sentindo calor.

P: Estou suando. (Pega os bonecos e os coloca em uma bolsa: vão dormir. Pega uma folha, dobra-a pela metade e vai movendo-a de forma que me sugere uma boca que se abre e fecha. Passeia pela sala com a "boca" na mão; vai à janela e a fecha com força.)

T: É como uma boca grande.

P: (Pega uma pilha de folhas, vai dobrando-as de uma maneira bastante habitual para ela, de forma estereotipada, fixa. Fica assim no momento. Dobra as folhas, agora decidida, marcando com força a linha por onde estão dobradas. Pega uma destas folhas e a deixa em sua cadeira. Volta à mesa e começa a fazer bolsas utilizando o carro do bebê com uma pá. Vai fazendo como se pusesse algo nas bolsas, em silêncio.)

T: O que está pondo?

P: Castanhas com mel. (Ela segue gesticulando da mesma forma, e enchendo bolsas, me explica que agora são lionesas - um doce próprio da região de Lion, França –, croissants, bombons; disse nomes diferentes marcas de bombons e bolos, ao mesmo tempo vai se movendo de cá para lá, de um lado a outro da sala.

Explica-me que é Natal, e ela vai até a padaria, embora seja domingo e esteja fechada, porém está preparando a loja.

Gesticula, fazendo como quem fecha a porta por dentro, vindo de um lado para outro, como se transportasse bandejas de uma estante a outra. Gesticula também sobre o assento da cadeira e, quando lhe pergunto o que faz, diz que está apagando as listas de encomendas, e continua sua atividade desenfreadamente.)

T: (Digo-lhe que parece que está no mundo em que há tantos bolos, tantas coisas boas, tão abundantes e tão fácil, que já não importa o que falamos antes da água fria. Eu não faço falta nessa situação de tantas coisas boas as quais pode acessar sempre que queira, já que tem a chave e pode entrar e sair quando necessite, ainda que seja festa ou domingo, como disse.)

P: (Parece que não consegue escutar-me. Vai acelerando o ritmo e indo de um lado para outro.)

T: (Explico-lhe que está tão ocupada, tem tantos encargos para atender, que não pode me ouvir.)

P: (Ela diz que vai à loja X e encontra ali suas amigas. Quando lhe pergunto que loja é a X, me diz que é a maior loja de brinquedos do mundo).

T: É também, como eu dizia antes, um lugar cheio de coisas atrativas para ela. Ninguém vai sentir a minha falta, nem do meu pai e nem da minha mãe, em um lugar assim com tantas amigas e tantos brinquedos.

P: (Ela vai à mesa e pega um lenço de papel da caixa que está ali em cima. Coloca-o sobre a mesa e faz como se escrevesse. Comenta algo sobre encargos, como se aquele lenço de papel fosse para anotar encomendas. Depois limpa o nariz com ele e guarda em seu bolsinho de forma rápida e evasiva.)

T: (É certo que os lenços de papel são para usar e por isso estão aí, porém me parece que agora ela havia sentido a necessidade de pegar algo meu, de pôr esses mucos em um lenço meu – ela sempre traz lenços. De toda forma, acrescento, parece que tem que fazer isso meio que se ocultando, como que dissimulando, de modo que não possamos ver o que está acontecendo.)

P: (Ela sorri, com uma expressão de sentir-se descoberta. Debruça-se sobre a mesa, rosto para cima, e começa a olhar para as mãos. Parece um bebê: vai movendo as mãos; coloca-as perto do rosto e faz um gesto como de baile andaluz.)

T: Olhe, tenho umas mãozinhas para brincar...

P: (Levanta-se, vai à parede e começa a fazer brincadeiras com as mãos. Rosto na parede, de costas para mim, faz gestos como às escondidas. Gesticula mais e agora parece que esteve fazendo alguma brincadeira infantil das que se dramatizam. Faz um gesto de cortar o pescoço e outro como se picasse. Para assim durante algum tempo; parece muito ansiosa.)

T: (Imito o gesto do pescoço.) Como é esta brincadeira?

P: (Decidida, me canta a canção, que acompanha com um gesto, que diz algo assim como:) Don Frederico matou sua mulher, e fez picadinho e a pôs a cozinhar na frigideira...

Os vizinhos diziam: "Cheira coisa queimada, *sobrassada*[16] (tampa o nariz), e era a mulher de Don Frederico que se assava...".

T: É uma história grande com várias estrofes, e ao final Don Frederico se casa com uma charmosa dama.

16 Pedaço de carne de porco picada e temperada.

Meltzer: É uma canção que existe ou ela está inventando?

T: É uma canção infantil.

P: (Ela termina a canção e segue fazendo gestos e uma música, porém sem palavras, ou com palavras sem sentido, com som sem significado, como que vai perdendo o conteúdo.)

T: (Tento falar sobre a grande raiva contra mim, mas que se acentua depois do que se passou, que a leva a ter esses pensamentos; porém, a brincadeira não para, ela não consegue me escutar e segue com seus gestos.)

P: (Começa a fazer outra brincadeira, na qual me mostra que, quando se pronuncia uma palavra, tem que ficar fixo, de forma que alguém lhe pegue com uma perna só, por exemplo, ou me diz com a saia levantada – ela a levanta – e acrescenta que há um menino levantando-lhe a saia. Insiste nisso e repete várias vezes que se há um menino tem que ficar com a saia levantada. Então, põe os dois dedos indicadores nos buracos do nariz e mexe nos dois ao mesmo tempo com uma expressão muito feia no rosto.)

T: (Explico-lhe que as brincadeiras de parar e arrancar à vontade são tranquilizadoras: posso parar, não vou fazer essas coisas que penso; e acrescento que com as brincadeiras excitantes pretende tampar a raiva com que havia feito picadinho de mim.)

P: (Ela continua, faz brincadeiras de meninos e meninas. Vai até o interruptor e apaga a luz.)

T: Não vemos nada. (Eu estava comentando que ela insistia em brincadeiras com uma palavra que eu ia denominar mágica, porém ela se adianta e diz "negra".)

T: Negra. (Repito.) Bom, se algo que apaga a luz na cabeça... Tudo fica escuro... E assim não vemos essas emoções tão intensas que assustam você.

P: (Ela diz que sim, que o negro não se vê, que não é como isto – pegando a caixa de lenço de papel branco –, que isto, sim, se vê. Volta à luz, acende e a apaga. Acaba a sessão.)

Meltzer: É uma demonstração sem vergonha de feitiçaria. Como pôde registrar tudo isso?

T: Pude registrar logo após a sessão.

Meltzer: Duas vezes por semana; essa é de uma segunda-feira e o erro foi... quinta-feira?

T: Sim, quinta-feira.

Meltzer: A impressão geral que temos até aqui é o sangue frio dessa criatura, sua preocupação mórbida. Quase tudo que faz tem uma preocupação mórbida por trás: cair no gelo e se afogar, os animais selvagens que atacam, assassinatos...

É um pouco difícil saber o que fazer com um material como este, além de notar que ela mostra o que está falando com certo desafio. É também um exemplo de como perde o controle, que é um dos motivos da consulta. Quando disse a ela que está se aquecendo, que faz esta demonstração desavergonhada de técnicas masturbatórias genitais e anais, materiais fecais etc. A impressão geral é a exuberância e o desafio de seus impulsos satânicos.

A. Hahn: A questão é em direção a quem ou em direção a quê.

Meltzer: Tudo está dirigido ao terapeuta, que confessou que tem outros pacientes, que tem outros bebês. Os processos que ocorrem dentro dela são processos parecidos aos que ocorrem com Frederico e sua esposa. Ela transforma os objetos em carne queimada. A questão é o que fazer com um material assim...

A. Hahn: Uma das possibilidades não seria estar alerta, tendo em conta o que ocorreu na sessão, assim como a terapeuta, estar alerta e ver se aparece alguma evidência de que ela registrou o erro e de que teria havido alguma consequência, buscar estes sinais? Uma das evidências, muito antes que a terapeuta lhe interprete, aparece quando começa a lançar todos os bonecos, corre de um lado para outro e se agita. Estava pensando se esta não seria uma de tantas estratégias.

Meltzer: Teria que ver se este é um material atípico ou se todas as sessões são parecidas.

T: É um material típico e atípico. O que é atípico é o grau de descontrole ao qual a menina chega: a agitação é maior, e um material tão abertamente sádico como o de Don Frederico não havia surgido antes. Essa sessão é mais clara que outras.

Meltzer: É um material mais aberto e mais brutal, mais descarnado, porque seu erro a fez se sentir depreciada perante você. Você diz: "Eu estou a ponto de dizer 'mágica' e ela diz 'negra'". Você diz: "Negra, sim, algo que apaga a luz na sua cabeça".

T: Eu disse isto: "Algo que apaga a luz em sua cabeça".

Meltzer: Você disse isso porque ela vai antes de você.

T: Ela vai sempre à minha frente. Isso é bastante típico. Vou dizer uma palavra e ela completa a interpretação. Porém, bastante na linha do que eu ia interpretar.

Meltzer: Sim, você está interpretando que ela tem controle sobre sua mente e capacidade de apagar a luz, e ela também pensa.

Por exemplo: com uma paciente esquizofrênica, estou sentado com ela em silêncio, cruzo as pernas, e a menina me diz: "Não se pode conter... somente há duas pessoas nesta sala... eu devo estar controlando você". E esta é a convicção que ela tem: "Foi feito um erro, ah! Eu fiz você cometer esse erro"; toma-o como evidência da sua onipotência. É uma brincadeira de criança. As crianças fazem isso o tempo todo e, perante a reação dos demais, exclamam: "Ah! fiz você reagir! Fiz você piscar, mover o braço!".

Parece ser parte desse desprezo e do sentimento de que é capaz de controlar a mente da analista o fato de se permitir manifestar suas preocupações satânicas; está muito excitada e desfruta.

Negro não se pode ver... A menina esquizofrênica disse: "Não pude ver, só um chapéu azul sobre uma porta azul".

Parece ser uma menina que está entre sentir-se terrivelmente perseguida, porque tem algo na cabeça ou no peito que a controla e se identifica com isto, e se rebela praticando magia negra e controlando as pessoas, o que significa entrar na cabeça ou no peito delas.

A vida no reto, ou seja, viver em identificação projetiva no compartimento do reto, tem diferentes graus de participação. É exatamente como ir ao cárcere. No princípio, a pessoa tem medo de tudo. No próximo estágio, a pessoa começa a aprender como se fazer invisível de forma que os outros sejam castigados.

Depois, eventualmente, é convidada a ser um dos guardas em vez de ser um dos prisioneiros. Entre o segundo e o terceiro níveis de adaptação, entre se fazer invisível para não ser castigado e se fazer carcereiro, há um ponto em que é agente duplo. A paciente está atualmente nessa posição. Em parte, ela se comporta como uma bruxa, demonstrando o seu desprezo e sua maneira de fazer feitiços. Por outro lado, conta qual é o segredo da feitiçaria, com a esperança de que você possa resgatá-la desse lugar. Isto é comum em crianças com fobia escolar: no primeiro dia estão aterrorizadas, não conseguem se separar da mãe; então começam a se verem invisíveis; e depois, gradualmente, vão se convertendo em um problema para a professora: perseguem as outras crianças, têm problemas na classe e logo, eventualmente, tentam se converter em um aluno perfeito para a professora. Nesta situação de ser agente duplo, quando se sentem demasiadamente ansiosos ou demasiadamente perseguidos, de repente há uma explosão de agressividade, em geral bastante selvagem, em direção às outras crianças.

Isto é exatamente o que ocorre nas prisões. Quando os carcereiros têm medo, geralmente acabam atacando os prisioneiros, quase sempre os mesmos, porque há outros que permanecem invisíveis. Certamente, as piores agressões nas prisões se dão quando o carcereiro tem medo.

Parece que a tendência desta menina em direção a você é de agente duplo, porém, quando você comete erros e ela sente desprezo em relação a você, então se converte em uma autêntica bruxa. Não a despreza porque cometeu um erro, mas, sim, porque a bruxa a fez cometer esse erro. Também se pode ver, com uma paciente desse tipo, que ela está constantemente levando você a que adivinhe.

A posição mais segura com esse tipo de paciente é pedir-lhe explicações, ficar em um lugar do não entender e pedir à paciente que se explique. Um dos maiores perigos é que atuem essa forma de desprezo mediante a superioridade. A estratégia com esses pacientes, não só com crianças, mas também com adultos, é de dois tipos: primeiro, tentar eliminar esse atrativo fascinante que tem autoridade, o topo da hierarquia neste claustro, privá-los da fascinação, e isto se faz mostrando os mecanismos onipotentes por meio dos quais atuam sua magia.

Um elemento essencial da onipotência é que tudo o que é previsível pode ser controlado; é como as crianças brincam com semáforos: "Vira vermelho, vira verde". Com crianças, e também com pacientes adultos, outra forma de surpreendê-los é quando alguém os descobre interpretando equivocadamente o significado de uma palavra porque não a conhecem. É preciso fazê-lo com bastante tato, para separar a parte onipotente da outra parte que admira a parte onipotente; não humilhar a parte não onipotente, caso contrário, vai desaparecendo a fascinação da parte onipotente. Essa parte da estratégia tem como objetivo principal devolvê-los a uma situação de claustrofobia máxima: inverter o processo que vai da perseguição a fazer-se invisíveis, logo a se fazer de agentes duplos e, finalmente, unir-se aos conselheiros; vê-los na situação de perseguição inicial, e logo insistir que a porta está aberta e que não se trata de uma prisão. A porta consiste realmente na oportunidade de ter uma relação com a analista em lugar de tratar-lhe como membro de uma instituição. Isto se dá, parcialmente, indicando constantemente que você sabe muito bem que o paciente não tem uma relação com você. Na verdade, não há uma transferência propriamente dita. Se a transferência é a expressão da configuração da vida familiar, não há transferência: só há uma relação com uma instituição.

Você sabe muito bem que eles têm a convicção de que o analista não tem nenhum interesse, nenhum afeto por eles, e que eles não têm nenhum interesse, nenhum afeto pelo analista.

A indicação de que estão saindo desta situação é quando começam a ter ansiedade de separação. A posição mais útil frente a um material assim é de um desapego amigável, mostrar que, a você, o sadomasoquismo e os processos de feitiçaria não lhe interessam minimamente.

A. Hahn: Essa posição de desapego amigável e de achar tudo um pouco divertido não se confunde um pouco com uma imagem no espelho da paciente, com uma imagem de desprezo?

Meltzer: É uma situação muito delicada. Obviamente se pode confundir com isso, porém alguém tem que ser claro: não tem nada de mal rir-se da feitiçaria e das bruxas. Justifica-se não ter muito interesse nas práticas de feitiçaria, porque quando se examina com cuidado as operações da onipotência de todas as práticas demoníacas, o que têm em comum é a estupidez, a absoluta falta de imaginação. Estão todas baseadas em um mecanismo: a caricatura negativa, "branco é preto". Este caso é muito interessante, é uma boa experiência de aprendizagem. Tem que pensar muito porque assusta um pouco ver como uma menina pode ser devorada por uma situação assim.

T: Eu sinto o sofrimento dela também. Também a sinto, em parte, ligada a mim.

Meltzer: Porém, é provavelmente mais incipiente que fato. Você não é como os pais dela, é diferente dos professores dela, é um enigma para ela, alguém com um potencial para ter uma relação. Quando a relação propriamente dita começar, você vai notar as ansiedades de separação. Que, desde logo, são diferentes de simplesmente estar chateada com você quando você se vai. Quando tiver provas de que ela se sente desprotegida, quando chegar numa separação, então saberá que ela emergiu do claustro o suficiente para fazer contato com você e estará iniciando um movimento de entrar e sair. Ela está provavelmente ligada a você no sentido de que ainda não foi capaz de desqualificar você. Temos que estar permanentemente alertas para prevenir que você lhe faça truques que a desqualificam. Esse tipo de pacientes podem provocá-la, podem feri-la, desqualificá-la; para eles, isso significa que você é parte do mesmo sistema em que eles operam. Ela também me parece que é uma menina... não há nada em sua história que alguém poderia, realmente... não é o caso de um menino que tenha sido abusado sexualmente ou que vive em uma família em que há violência, ou em que há estranhas fantasias religiosas... tudo isto é gerado nela. Eu diria que o eixo do seu masoquismo – como as pessoas que cuidam de leprosos

– toma esta forma de identificação com os pobres, os enfermos, que sugere que, na verdade, seu temperamento não é mau, que ela não é esse tipo de criança de um temperamento tão frio, tão insensível, que o sadomasoquismo seja para ela a coisa mais natural do mundo. É, provavelmente, uma menina em que esta situação surgiu no momento de controle dos esfíncteres, em que a idealização de suas fezes era tal que não podia soltá-las sem sentir-se roubada por sua mãe. Há outra sessão?

T: Sim, há outra sessão.

Meltzer: Bem, vamos vê-la amanhã.

Sessão de quinta-feira, 14 de novembro

P: (Ela chega, senta-se, boceja. Pega a bolsa, tira os bonecos maiores, as crianças, o carro do bebê. Põe dentro do carro um menino de branco. Um senhor leva o carro; chega outro senhor também. Cai a bolsa da mesa. Vai recolhê-la.)

Meltzer: Como caiu? Ela empurrou?

T: Sem que eu visse, caiu; eu tampouco sei se ela a empurrou ou como ocorreu... Ficou-me impreciso.

Meltzer: Ok, prossiga, por favor.

P: (Vai e a recolhe, passando por baixo da mesa.)

Meltzer: Era esta maneira mais fácil?

T: Não, fez o difícil... poderia ter ido pelo lado. Foi por baixo.

P: (Sai pelo lado oposto ao que estava, com a bolsa na mão. Os bonecos estão todos em fila. Ela para e fica olhando para eles. Explica que em casa tem bonecos como estes, um vai de branco e preto porque é polícia. Que na segunda-feira os trará e voltará a levar em outra segunda-feira, porque na quinta-feira não vem. Ocorre a circunstância de estar fora por uns dias em excursão com o colégio. Por isso não poderá vir.)

Meltzer: Você sabia disso antes?

T: Sim.

T: (Em tom de piada.) Este policial, pois, vigiará a bolsa durante sua ausência; e assim, se outras crianças colocarem a mão (como aconteceu com ela), elas vão encontrá-lo e ele não as deixará entrar.

P: (Parece que faz graça com a ideia, a repete, ri.) Já, já vou guardar a bolsa.

T: Quando aconteceu o episódio da bolsa, um dos poucos comentários que ela fez naquela sessão foi: "Ah! Isto pode acontecer com outras crianças? Não? Pode dar a elas a minha bolsa".

Meltzer: Bem, prossiga, por favor.

P: (Ela explica, enquanto vai colocando os bonecos, que há três crianças que são pobres; na realidade, é um orfanato, e os pobres não têm pais, brincam como podem, têm um rato – bom, um rato não –, têm uma rã, retifica, depois de duvidar. Dois se jogam para pegá-la, você é o juiz. Um dos bonecos grandes é também humano, é maior, diz, e jogam dois a dois. Dois estão juntos, outros dois passam pelo meio dos que estão juntos; sim, os tocam, trocam. Não parece muito convencida da organização deste jogo, que se mostra confuso. Pergunto-lhe. Contudo, repete a mesma coisa, também sem demasiada convicção. Hão de construir a casa porque não têm, diz, enquanto vai dobrando uma folha em forma de tenda de campanha e a coloca sobre os bonecos. As crianças estão nos quartos. Bom, a casa é maior. Esta parte, a que está construída agora, são os quartos, diz, enquanto dobra outra folha da mesma maneira que a anterior. Quando a coloca, explica que isto é sala de jantar, a cozinha, o banheiro. Constroem com cimento, acrescenta muito baixinho. Fazem pipi na palha, logo tira um balde de água para limpá-lo. Bom, tem água, uma torneira para lavar-se. Há umas monjas neste orfanato. Os bonecos que representam as monjas estão muito longe, junto à bolsa.

Os meninos pobres têm bonitos trajes porque a seda, os tecidos muito bons, são muito baratos. Umas cem pesetas o metro, custa a seda.)

T: Sim, porém parece que esses trajes escondem as crianças que não têm demasiadas condições para lavarem-se bem, para sentirem-se limpos. Não há um bom banheiro, como você dizia.

Meltzer: Parece que não lhes falta um banheiro, mas, sim, que eles gostam de fazer pipi na palha.

P: (Ela faz, com uma caçarola de alumínio, um lugar com água onde diz que podem entrar. Os meninos fazem isto com queijo e leite. O menino rico vem da sua casa vestido com um traje rasgado, o rosto pintado com carvão, e o deixam entrar pela janela. É, continua dizendo, isto era falso porque o menino rico tinha pais adotivos: não eram seus pais, e ele e sua irmã – a irmã está no carrinho de bebê – unem-se aos outros meninos. Agora sobem todos a uma balsa; o maior é desajeitado, cai com o movimento da balsa. Ela volta a endireitá-los. A balsa, diz, vai puxada por um golfinho que os leva a outro lugar. Insiste no golfinho que a leva a outro lugar.)

T: Parece que vão a algum lugar de sonhos onde as coisas são como eles imaginavam. Ainda que estas crianças, de todas a formas, tenham ficado órfãs, você diz: tinham pais, porém esses pais morreram. Faz-me pensar no que falamos no outro dia de Don Frederico. Aquele da música... que matou sua mulher... e eu lhe explicava que, zangada comigo, você me elimina... porém, talvez logo se sinta órfã, se sinta pobre...

P: (Ela move o carrinho do bebê como uma boca, mostra-o abertamente. Pega uma folha e cobre a cabeça. Com a mesma folha, envolve uma caixa de lápis de cor, fazendo um pacote fechado. Começa a fazer saltar as crianças, diz que têm papai e vai tirando-as... pega um boneco grande e vai fazendo-o saltar. Vão todos dando saltos, atira-os ao solo, e ao papai também. Vai se excitando.)

T: Creio que quer pensar que saltar dessa forma dá força, tira o vazio, o desânimo de sentir-se órfã.

P: (Ela pega todos, pega o cesto de papéis e o põe na cabeça, tira-o, coloca bem uma tiara que trazia, arruma o cabelo. Fica com a tiara apoiada na barriga.)

T: Parece que esteve pensando em como está sua cabeça com tanta orfandade: estará feito um cesto de papéis, estará cheia de coisas quebradas.

P: (Abre a caixa de lápis de cor – a que havia envolto em uma folha. Parece que necessita comprovar que os lápis continuam lá, e volta a guardá-la. Guarda os brinquedos e vai se sentar em outra cadeira, em uma cadeira ao meu lado. Tira um lenço do bolsinho, assoa o nariz enquanto olha a caixa de lenços de papel.)

Meltzer: Parece que está se deprimindo. O que ela continua fazendo?

P: (Junto ao lenço tinha um papel de bala. Tira-o, cheira-o, coloca-o nos olhos e vai olhando pelas diferentes tiras de cores.)

T: O papel, embora esteja vazio, conserva ainda o cheiro da bala, parece.

P: Era um bombom. Olha o que diz aqui. (Mostra-me o papel para que eu leia.) Além disso, pode-se olhar por diferentes cores.

T: É um papel mágico que tinge as coisas de cores diferentes.

P: E rasgado. (Ela diz isso pondo-o na boca, mordendo-o e destroçando-o muito fortemente com os dentes.)

T: Está vazio, claro, já não tem bombom, que raiva dá! Não?

P: (Levanta-se, pega o cesto de papéis, faz um gesto oculto e deixa ali o papel rasgado do bombom. Vai até a bolsa, fecha-a muito fortemente, apoia-se em cima – não estoura, embora haja bastante ar –; parece como se tivesse que estourá-la e que, de fato, faz alguns dias que a estourou. Está bem amassada, lhe dá golpes com o punho, forte. Então senta-se novamente.)

T: Não está rasgada, apesar dos golpes.

P: (Reproduz com gestos os golpes que lhe tem dado, agora o faz sem a bolsa.)

Meltzer: De que material é?

T: De plástico.

Meltzer: Então não ocorre como com as bolsas de papel, que fazem barulho ao explodir... estas não fazem barulho.

T: Não. Bem, geralmente não.

P: (Reproduz com gestos os golpes que tem dado, logo faz outros gestos como desenhando arcos com as mãos. Pergunto-lhe o que quer dizer, e me responde:) Agora estão saltando todos os brinquedos pelos ares. (Na continuação, faz uns ruídos entre as pernas, movendo as mãos, algo como "clique, clique, clique".)

T: O que é?

P: (Responde-me, com cara de prazer:) Caem os brinquedos, caem todos os brinquedos... (Levanta-se, olha uns pequenos buraquinhos que há no plástico e me diz:) Sim, a bolsa está rasgada.

*Meltzer: **Como era este ruído dela, "clique, clique"?***

T: Com a boca.

T: Quer romper a bolsa e esvaziá-la, quer tirar tudo, não deixar nada aqui comigo... antes, talvez, que outras crianças entrem e coloquem a mão na bolsa.

P: (Vai para a porta, fecha-a com o trinco; tranca-a por dentro. Olha meu relógio, senta-se, boceja. Brinca com as mãos – de cantigas infantis – e aqui se acaba a sessão.)

Meltzer: Parece que esta sessão tem a ver, antes de mais nada, com o seu equívoco; e agora está preocupada com a separação que se aproxima, ainda que seja ela quem vai faltar. A isto não se pode chamar de ansiedade de separação; é antes algo como fechar a casa quando alguém se vai por medo de ladrões... há também tanta desconfiança de você nesta sessão! O fato de ela ir para debaixo da mesa para buscar sua bolsa deixa muito claro que a casa, a bolsa e você são a mesma coisa, e ela vai dentro de você, tendo o objetivo de proteger você de qualquer invasão. Em outro momento da sessão há um menino que entra pela janela...

O problema parece ser a polícia, este policial branco e preto – na sessão anterior apareceu o problema do branco e preto –, e você também recorda o Frederico e o que fez com sua esposa.

Mais tarde aparece um pai que se une a seus filhos em suas brincadeiras delinquentes, um pai que parece ser um representante de Frederico. Quando você interpreta que a polícia tenta proteger, ela acha sua ideia divertida, porque não está muito segura da diferença: se é uma questão de cuidar dos objetos para que não sejam roubados ou se é uma questão de cuidar dos objetos esperando a oportunidade para entrar e roubá-los. É uma diferenciação um pouco sutil da função do policial.

T: Parece que o dr. Meltzer dizia algo sobre uma ambiguidade no idioma, falava de certa ambiguidade na expressão inglesa, não?

A. Hahn: Estava dizendo se se poderia expressar em espanhol a diferença entre um policial que cuida do objeto e um policial que trabalha com os ladrões, um policial corrupto.

T: A mim me pareceu que ela o via como um policial que cuida e que fez piada da expressão, o cuidar da bolsa... creio que no melhor sentido. A de branco e preto, não sei... pensava que neste caso sua risada era inocente, não sei...

***Meltzer: Se a casa representa o objeto materno, um lugar para viver... não há** outros objetos que sejam realmente objetos bons. Todos querem entrar na casa, tê-la para eles, fazer brincadeiras interferindo uns com os outros, pondo-se no meio: a casa é um lugar de atividade delinquente. Estas pobres crianças, porque não têm pais, brincam com tudo o que está à mão, uma rã, um rato... Ou seja, estamos claramente na área da masturbação, de fantasias masturbatórias que vão intensificando-se mais e mais desordenadamente, mas sem intenção e de modo cada vez mais selvagem, para terminar com toda esta questão das mãos com "clique, clique", e tudo cai... Que é uma representação de um orgasmo, creio.*

O problema técnico é, realmente, fazer contato com ela, porque está fora de contato com o todo, exceto na representação da analista na bolsa, a bolsa que dessa vez representa a casa... Ela está realmente perdendo o controle.

Parece-me que o vital nessa brincadeira é o pedacinho em que dois estão juntos e o outro passa pelo meio deles, e, os toca, trocam de papel; isto parece ser a magia. Isto tem a ver com o uso da língua e com a ambiguidade como uma forma de criar magia. Na obra de Strindberg, O cisne branco, *há um personagem chamado "Discórdia", que está trajado de um lado de azul e de verde do outro. Quando há um par de namorados, ele passa pelo meio dos dois e um diz: "Viste este senhor azul?", e o outro responde: "Não, era um homem verde", e ali começa a discórdia.*

Quando isso ocorre, todos os valores são trocados: a seda passa a ser barata, o menino rico descobre que ele só tem pais adotivos, então, é pobre e o deixam entrar pela janela... O grupo de crianças vai voando a um mundo mágico, como Peter Pan... abandonam o mundo real por um mundo que é, na realidade, basicamente o sistema delirante.

É desta forma que os acontecimentos no claustro estão sempre a ponto de precipitar o movimento até o sistema delirante, até a esquizofrenia. Não é somente o mundo da perversão em que o branco é negro, mas, sim, que vai mais além, a um mundo de objetos bizarros.

Nesta situação, ela trata de preservar algo, trata de fechar este pacote com os lápis de cor; tudo se converteu, em sua cabeça, em detritos e sujeira, e em sua mente aparece uma certa ansiedade, que toma forma de querer preservar algo intacto.

T: Faz cara de angústia quando abre o pacote para ver as cores.

Meltzer: Sim, e este momento é quando começa a deprimir-se. Limpa o nariz, olha para a caixa de lenços de papel, e é aqui que descobre o papel que tem o cheiro de bombom. Neste momento descobre algo bom, porém não pode tolerar esta situação e começa a usar o papel de forma delirante para ver o mundo de cores diferentes...

A. Hahn: Se o título dessa sessão fosse uma interpretação da sessão anterior, algo assim como: "Com os brinquedos excitantes tenta tampar a raiva que a faria picadinho"; se este fosse o título dessa sessão com toda esta atividade maníaca e masturbatória, não haveria dentro dos matizes do papel colorido uma diferença se comparado com o branco e o preto da sessão anterior, em que a ênfase está mais na atividade mágica e havia mais sadismo? As fantasias masturbatórias podem corresponder a uma coisa mais neurótica, cujo manejo requer uma estratégia diferente... creio que os matizes de cores são bom prognóstico.

Meltzer: É uma sessão muito diferente: ela não está mostrando seu poder mágico de bruxaria. Se você pergunta como é a sequência em razão da sessão anterior, parece-me que não há uma sequência direta, porque há uma situação externa que está influindo neste material, e isto parece pôr em evidência a outra face do erro que a terapeuta cometeu ao dar-lhe a bolsa equivocada, e é a possibilidade de que volte a se enganar e dê o seu material para outra criança.

Em meio à ansiedade pela perda de uma sessão e de que a terapeuta volte a cometer o mesmo erro dando seus brinquedos a outro paciente, a bolsa cai, ela se mete debaixo da mesa para recuperá-la, e a brincadeira passa a desenrolar-se agora dentro da bolsa, representada como uma casa, e as crianças tomam posse da casa; porém, no processo de apoderar-se dela, abusam dela e a destroem.

Esta situação vai aumentando de intensidade e culmina com o ataque à bolsa, até que ela se rompa, e fica com a convicção de que tudo o que havia dentro havia se convertido em porcaria.

Isto a põe em uma posição em que as alternativas são: ou evitar essa situação, o que significa fugir completamente e voltar à Terra do Nunca, ao mundo delirante; ou tratar de encontrar algum elemento resgatável, criar uma nova casa, empacotar os lápis de cor e tentar preservar algo bom em meio a toda esta porcaria.

Destas três possibilidades surgidas, ou seja: viver na porcaria – na porcaria que está na cabeça –; fugir para o mundo delirante; ou tentar resgatar algo bom – coisa de que ela não tem esperança –, e acaba fechando a porta, como se a única solução possível fosse fechar-se no objeto para deixar os outros de fora, porém, fica então prisioneira entre os detritos.

A sessão tem também que trazer a polícia que não está muito segura se é branca ou negra, que é uma figura demasiado ambígua; porém existe, de alguma forma, a possibilidade de uma situação edípica com o pai-papai-polícia – que é, por sua vez, capaz de proteger a mamãe e os filhos. De alguma maneira, há a possibilidade de: se eu trago a polícia e o deixo com ela etc.

T: A polícia é branca e preta.

Meltzer: Sim, porém ela não tem confiança na polícia: é uma figura ambígua que pode transformar-se em um Don Frederico a qualquer momento.

T: Eu achava que o branco era também a cor do bebê para ela.

Meltzer: É uma sessão muito mais promissora, que mostra que algo está causando um impacto que lhe traz memórias de algo bom em sua vida, representado pelo cheiro do papel do bombom.

É interessante a relação que se pode ver com o menino que vimos ontem, que falava do cheiro da pele da moça.

Uma paciente me disse, na sexta-feira, que se dava conta de que eu às vezes tirava os sapatos pelo odor dos meus pés. Perguntei-lhe se o odor era agradável ou não, e me respondeu: "Sinto muito, porém não é um cheiro muito agradável". [Gargalhadas gerais.] A verdade é que nunca tiro os sapatos.

Uma das coisas com o sentido do olfato é que, de todos os sentidos, é o que mais facilmente se alucina, e tem uma origem muito primitiva. Este cheirar o papel do bombom é uma manifestação de nostalgia, uma vaga recordação de algo bom a que não pode dar forma, só uma vaga nostalgia.

A. Hahn: Por que isto é tão ambíguo? Não poderia o papel ser uma versão modificada da casa?

Meltzer: Eu não disse que o papel era ambíguo; o ambíguo é aquilo que o papel a faz pensar em relação ao cheiro. Depois é capaz de usar o papel de uma forma diferente em relação ao outro sentido, isto é, quando o usa como um papel colorido para olhar através dele, e então se faz maníaca outra vez... Porém, o cheiro, é nostálgico.

T: Uma versão da casa e, portanto, também da bolsa, porque quando eu lhe digo que o papel está vazio, morde-o com raiva e destroça-o; logo vai à bolsa e a destroça. Parece que há uma equivalência entre o envoltório do bombom e a bolsa.

A. Hahn: Na Espanha se utiliza a expressão "É um bombom" em refência a uma mulher bonita?

Ps: Sim.

Meltzer: Influências externas têm trazido trocas inesperadas, e inesperadamente promissoras, na forma como essa menina está se apresentando. No que você nos apresentou antes parecia tão dura, tão fechada, tão onipotente. Porém, este material é bastante diferente e implica que o contato dela com você a recorda vagamente que, em algum momento de sua vida, teve algo bom.

T: A loucura da sessão anterior também teria a ver com algo até certo ponto externo, creio eu: com meu erro.

Meltzer: Porém, esse não era um erro externo, esse foi um erro na sessão. A chamada consensualidade, ou seja, a forma como todos os sentidos trabalham, por sua vez, para experienciar um objeto, é o que pensamos que as crianças autistas desmantelam, de maneira que separam o olfato do paladar, do tato, da visão etc. Estes lápis de cor que vêm em um estojo e têm um efeito de um arco-íris, que frequentemente parecem representar este tipo de objeto estético integrado que atrai todos os sentidos. Noutro dia me mostraram um material de uma criança que começava cada sessão com um ritual que chamava os lápis de cor de "O pavão real". Quando tirava estas cores da caixa, num ritual no princípio de cada sessão, dizia: "Todas as plumas do pavão real caíram".

Depois punha dois lápis na caixa e atirava o resto no cesto de lixo.

Às vezes, só guardava um lápis, e em algumas ocasiões, três. Alguém teria a impressão da destruição deste objeto estético representado pelo esplendor do pavão real; e depois o reconstruía só pluma a pluma, porém evitando que voltasse a ser um objeto tão impactante como o que representava o pavão real, para mitigar um pouco a experiência do objeto estético.

O cheiro do papel de bombom, com sua nostalgia, pode ser imediatamente transformado em uma vitrine: ela estaria dentro da casa olhando para fora e vendo as coisas de maneira deformada através de janelas coloridas.

T: Coloca-o absolutamente junto a seus olhos: chama a atenção.

Meltzer: Pode-se ver que há, por um lado, a capacidade de contato com o objeto de fora e a recordação de haver tido um bom objeto; porém, ela não pode, na realidade, tolerar este tipo de objeto por muito tempo, e imediatamente se põe dentro dele, e tudo começa a mudar para esse mundo da identificação projetiva.

A outra representação está nessa brincadeira quando dois estão juntos, um se mete no meio, toca-os e, então, mudam os papéis. E se pode ver como se os dois lábios estivessem juntos e se põe o dedo, ou se os dois lábios da vagina estão unidos ou as nádegas estão unidas, e se põe o dedo entre elas, e então muda a situação e o estado mental.

Em resumo, esta sessão dá uma visão muito mais fluida de seu estado mental, de sua estrutura mental. Também indica que você fez algum contato com ela que lhe traz a recordação de um objeto bom. Dá, por um momento, a impressão de que é capaz de ter uma experiência de ansiedade depressiva.

Comentários posteriores

Esta apresentação do material foi, para mim, surpreendente, por dois motivos: pelo tipo de material que apareceu nas sessões e pela compreensão que Meltzer deu ao material.

São duas sessões muito diferentes entre si, nas quais se veem aspectos da paciente também muito distintos: a primeira mostra o "brutal" e "descarnado" do mundo mental da menina, com expressões abertamente sádicas, e Meltzer a aborda a partir da perspectiva do fenômeno do *claustro*; na segunda sessão, uma mudança, mais promissora, em que fala de momentos de certa depressão nos quais se insinuaria a nostalgia por um objeto bom.

Parece-me, agora, que nas sessões que seguiram imediatamente a esta apresentação utilizei muito pouco esta compreensão: ficou comigo como um esquema referencial que foi impregnando lentamente minha visão do material que ia aparecendo; parece-me que determinou, de forma fundamental, o curso posterior do tratamento.

Em posteriores apresentações do caso, a impressão de Meltzer não diferia substancialmente da que deu do material aqui transcrito, e, particularmente, da primeira sessão. Na última apresentação, na mudança, dois anos depois dessa, pareceu a ele ser uma menina muito diferente: uma púbere que me combate, que me confronta e que, portanto, "está relacionada com o objeto"; já não haveria por que pensar ser uma paciente *borderline.*

O tratamento continua, e este é um momento de maior elaboração e menor atuação nas sessões. Os medos, a perda de controle e a agitação, motivos pelos quais vieram me consultar, têm diminuído.

Índice de temas principais

Índice de diagnósticos